Kükelhaus · Das Erlebnis des Feuers

FSC
www.fsc.org

MIX
Papier aus verantwortungsvollen Quellen
Paper from responsible sources
FSC® C105338

Hugo Kükelhaus

Das Erlebnis des Feuers

Gesammelte Radiovorträge
von 1953 bis 1981

Edition Isele

Neuauflage 2024

ISBN 978-3-86142-392-8

www.klausisele.de

Druck: BoD, Norderstedt

Inhalt

Vorbemerkung

> »Der rote Faden bin ich selbst.« – Der Sog, dem er folgte, »wie die Raben, die durch den Himmel jagen«, war sein Antrieb.
>
> Hugo Kükelhaus, 1900-1984

Im 25. Jahr seines Todes wird mit dem Erscheinen dieser gesammelten Vorträge meines Vaters ein von mir lange gehegter Wunsch erfüllt. Darum möchte ich an dieser Stelle den Menschen, die mir bei der Durchführung geholfen haben, meinen Dank aussprechen:

Ich danke Herrn Jürgen Sprick. Herr Sprick hat, fasziniert von dem Kükelhaus-Vortrag »Realität und Wirklichkeit«, die Unterlagen der Rundfunkvorträge zusammen getragen. In mühevoller Arbeit hat er handgeschriebene Texte und Tonbandaufnahmen transkribiert und damit diese Sammlung ermöglicht.

Mein Dank gilt Herrn Prof. Dr. Elmar Schenkel, der als junger Freund von Hugo Kükelhaus das erklärende Vorwort zu diesem Buch geschrieben hat. In seinen Publikationen bringt Elmar Schenkel auf wunderbare Weise seinen Gleichklang mit Hugo Kükelhaus zum Ausdruck.

Barbara Vogel-Kükelhaus — Mustin, im April 2009

Die Entdeckung des Selbstverständlichen

Hugo Kükelhaus' sinnliche Pädagogik

> *Das Wort ward Fleisch. Indessen, die Menschen haben zwar Augen, jedoch nicht solche, welche die Leibhaftigkeit der Wahrheit sehen; sie haben zwar Ohren, aber nicht solche, die die leibhaftige Stimme der Wahrheit vernehmen.*
>
> Hugo Kükelhaus: *Dennoch heute*

Feuerzeug und Streichholz gehören zu den Selbstverständlichkeiten des modernen Lebens. Der englische Schriftsteller Gilbert Keith Chesterton, den Hugo Kükelhaus bewunderte, schrieb einmal, wie er auf der Suche nach einer Fahrkarte seine Hosentasche ausstülpte und unter anderem auf ein Messer, ein Stück Kreide und eine Schachtel Streichhölzer stieß. Doch in diesem Moment, als er erstmals mit einem objektiven Auge den Tascheninhalt vorbeiziehen läßt, erscheinen ihm die einfachen Dinge wie flammende Symbole, kultische Objekte, die sich mit den frühesten Institutionen der Menschheit verbinden. Sie haben ihn unversehens zu den Ursprüngen menschlicher Gesellschaft, zu Urerfahrungen zurückgebracht, zumindest in dem Essay, den er nach dieser Suche schrieb. Denn das eigentlich Gesuchte, die Fahrkarte, fand sich leider nicht in der Tasche. Feuer, stärker als Stahl, schreibt er, das, was wir alle lieben, aber nicht zu berühren wagen. Den meisten von uns gelingt es nicht, an solchen Erfahrungen, noch dazu im Alltagstrott, zu rühren. Wovon wollen wir uns berühren lassen? Wir leben in einer Zeit, in der wir zunehmend gepanzert sein müssen gegen eine überströmende und oft überflüssige Umwelt. Wir werden mit Informationen zugeschüttet, mit Anfragen, Werbungen, Innovationen, Vergünstigungen: Versuchungen sind es allesamt, uns aus uns selbst herauszureißen, neue Bedürfnisse zu wecken, bis wir untergehen in einem Strom der Reize und Dinge, die wir für unersetzlich und notwendig halten.

Der Titel, der für die vorliegende Sammlung von Kükelhaus' Rundfunkvorträgen gewählt wurde, ist daher ein Signal. Er verdankt sich einem Dennoch wie schon 1956 die Schrift *Dennoch heute.* Er steht im Widerspruch zur Zeit, er ist ein Strudel innerhalb der Strömungen, die uns alle mitziehen wollen. Unsere Zeit kann nicht zurückgedreht werden, denn Zeit ist kein Rad und kein Uhrwerk, auch wenn wir sie gerne mit diesen Instrumenten abbilden. Aber innerhalb von Entwicklungsphasen sind Pausen und Knoten hilfreich, indem sie Prozesse verlangsamen oder neue Orientierung ermöglichen. Eine solche Pause besteht darin, wenn wir im Sommer uns nicht nur um den Grill versammeln, sondern auch um ein richtiges Feuer. Wer Feuer nur noch von Bildschirmen kennt, wird eines anderen belehrt. Das Feuer spricht die ältesten Erinnerungen an, die unsere Gattung kennt. Vieles spricht dafür, daß die Beherrschung des Feuers, die vor vermutlich 500.000 Jahren stattfand, auch mit geistigen und sozialen Entwicklungen einherging, vielleicht auch mit den Rudimenten von sprachlicher Kommunikation. Kükelhaus schlägt in seinem gleichnamigen Vortrag vor, man solle Kinder mit Feuer hantieren lassen; sie sollen es intensiv beobachten und nachher versuchen, es in Sprache umzusetzen. Damit begibt sich der moderne Mensch auf eine Zeitreise, die Kindern aber womöglich leichter fällt als Erwachsenen. Nicht nur werden alte Empfindungen gegenüber dem Feuer wach – von Furcht und Faszination bis hin zu Neugier und Experiment. Das Kind oder der Erwachsene, der seine Kindlichkeit bewahrt hat, kann durch die Suche nach dem präzisen sprachlichen Bild auch Verknüpfungen im Bewußtsein aktivieren, die zwischen Erfahrung und Ausdruck vermitteln und so Sinn über die Sinne vermitteln. Denn kaum etwas erfüllt mit einem größeren Sinngefühl, als wenn man das richtige Wort gefunden zu haben glaubt. Sinn ist – ungreifbar, aber doch erfahrbar – in dem Spielraum zwischen Flamme und

Wort angesiedelt. Es ist eine schöne Übung, die Kükelhaus hier vorschlägt, wir nennen sie heute kreatives Schreiben. Man könnte ihr viele andere folgen lassen: über Bäume und Wege, über Steine und Blumen, über Handbewegungen und Fußschritte. Die ganze Welt liegt unerforscht vor uns, dem Bewußtsein entzogen, und zwar nicht zuletzt deshalb, weil wir dem Irrglauben anhängen, die Wissenschaft wisse über alles Bescheid. Vor allem aber bringt sie Erfahrungen zur Sprache zurück und ist daher eine wichtige Praxis in einer Zeit, in der bei Schulanfängern immer größere sprachliche Ausdrucksschwierigkeiten festgestellt werden. Das Feuer allein macht es natürlich nicht, die Menschen müssen lernen, mehr miteinander zu sprechen und zu erzählen, überhaupt mehr miteinander zu tun. Für viele Kinder stellen die Medien heute einen Ersatz für die Familie und oft auch Freunde dar. Dies ist der Weg nicht nur von sprachlicher, sondern zugleich emotionaler Verkümmerung.

Auf den Erfahrungsfeldern der Sinne, die Hugo Kükelhaus (1900-1984) initiiert hat, trifft man immer wieder auf jene Oberlehrer, die sagen: »Das ist doch längst bekannt.« Da geben Kugeln ihre Impulse weiter, oder ein Pendel schwingt vor meinen Augen, da lasse ich durch Schwingungen Muster in einem Sandkasten entstehen, und der Oberlehrer sagt immer noch: »Das ist doch längst bekannt.« Wir gehen durch einen schalltoten Raum und fühlen uns schlecht, wir sehen eine Doppelhelix in sich selbst gewunden auf und abgehen, wir balancieren auf Scheiben und lassen uns durch rotierende Scheiben einen dreidimensionalen Raum erzeugen. Der Oberlehrer aber sagt immer noch: »Das ist doch alles längst bekannt.« Und genau hier liegt das Problem. Auffällig ist zunächst die sprachliche Formulierung. Man benutzt gerne das unpersönliche Passiv oder ein »man«: das kennt man doch längst. Die Frage ist aber nicht, ob man es kennt oder es bekannt ist, sondern ob ich es kenne und erkenne. Und es ist weiterhin ein Unterschied, ob ich etwas kenne im Sinne von Wissen oder ob ich es erlebt habe. Das Erleben selbst kann schon so weit zurückliegen, daß die Erinnerung daran auch nicht viel mehr als jenes abstrakte Wissen ist. Die Neurologie lehrt (vgl. die Arbeiten von Ernst Pöppel), daß ein Augenblick im Schnitt 2,5 bis 3 Sekunden dauert. Alles, was darüber hinausgeht, gehört der Erinnerung, das heißt, es wird repräsentiert. Jede Repräsentation, jedes Zeichen, das für etwas anderes steht, stellt eine Verkürzung dar. So geht es uns, wenn wir aus dem Urlaub zurückkehren. Nach wenigen Tagen schrumpfen unsere Erlebnisse auf ein paar stereotype Anekdoten zusammen, die wir immer wieder erzählen, bis wir sie langsam vergessen. Ich kann allerdings nicht jedes Mal wieder in mein Urlaubsland fahren, um die Erlebnisse zu aktivieren. Dazu muß ich meine Phantasie anstrengen, meine Sprache und meine Erinnerungsfähigkeit. So ähnlich geht es mit dem Feuer, das Kükelhaus mit den Kindern beobachtet und beschreibt. Er versucht zu zeigen, wie man bildlich gesprochen die Flamme in das Wort hineinträgt, so daß sie vor dem inneren Auge und dem Auge des Zuhörers weiterbrennt. Daher auch immer sein Rückgriff auf Goethe, der eine Alternative zu einer rein objektivierenden Wissenschaft suchte, indem er stets das Subjekt mitdachte. Eine Wissenschaft, die auf der Spaltung von Subjekt und Objekt beruht, kann zwar große Erfolge für sich verbuchen, wird aber immer wieder eingeholt und zum Straucheln gebracht durch das erfahrende Subjekt, den Menschen. Genausowenig kann es der Neurologie gelingen, etwas über die Bewußtseinsinhalte auszusagen, so sehr sie auch durch Tomographie und Farbgebung die Prozesse im Gehirn von außen her sichtbar macht. Das Innen oder besser: Die Beziehung zwischen Innen und Außen bleibt ein Geheimnis.

Nicht anders sind Kükelhaus' Erfahrungsfelder gedacht, die inzwischen an vielen Orten in Deutschland und der Schweiz zu finden sind. Sie sollen kein Ersatz für eigene Sinnestätigkeit sein, sondern vielmehr diese anregen. Wenn wir den Kopf in ein Summloch stecken und summen, beginnen wir mit der Eigenresonanz mitzuschwingen. Das Mitschwingen aber ist für Leib und Seele eine wohltuende Erfahrung, die auch in den alten Höhlen der Antike praktiziert wurde, sicher auch bei

Initiationen und Mysterienkulten. Übrigens muß man dazu nicht immer eine Steinskulptur haben, es geht noch einfacher. Stopfe dir die Finger in die Ohren und summe – der eigene Kopf ist nämlich ein tragbares Summloch. Was Kükelhaus vorschlägt, hervorhebt und anregt ist immer etwas, das man im Umgang mit sich selbst ausführen und erleben kann. Für den Gedanken an Feuer reicht ein Streichholz, für ein Nachvollziehen der Goetheschen Farbenlehre der Anblick eines Sonnenuntergangs oder des blauen Himmels: Beides lässt sich mit einer milchig-trüben Flüssigkeit in einer Flasche und einer Lichtquelle nachmachen. Wenn Kükelhaus seine Vorträge hielt, so referierte er nicht ein entferntes Problem der Architektur oder unseres Städtebaus, sondern brachte das Problem hautnah an das Publikum heran. So durfte regelmäßig ein Zuhörer seinen Oberkörper freimachen. Kükelhaus hielt dann einen großen tibetischen Gong vor dessen Brust und schlug ihn an. Das war vielleicht zunächst eine Gaudi, und er fühlte sich ohnehin gut als Bänkelsänger, aber es hatte auch eine weitere Bedeutung. Denn so wie der Zuhörer von den sanften und tiefen Schwingungen der fernöstlichen Bronze ergriffen wurde, so wollte Kükelhaus die Hörer mit seinen Gedanken ergreifen. Seine Leidenschaft sollte auf sie übergehen, sie sollten tätig werden, sie sollten aus einem Papierstreifen eine Schleife falten oder wenigstens mitschreiben. Biblisch ausgedrückt: Das Wort sollte Fleisch werden. Worte, die nicht Fleisch werden, sind leere Hülsen. So wie die Hülse der Oberlehrer: »Das ist doch längst bekannt.«

Heute leben wir in einer Zeit, in der die Sinne zunehmend nur virtuell eingesetzt werden. Computerspiele und Medien fressen den größten Teil der Zeit vieler Kinder. Sie lernen dort bestimmte Verknüpfungen zwischen Gehirn und Feinmotorik und intensivieren ihr Reaktionsvermögen. Das ist allerdings nur ein minimaler Bereich unseres Potentials, zu dem nicht nur der optische Sinn gehört, sondern das gesamte Gefüge unserer Sinne vom Riechen und Hören bis zum Tasten und Schmekken. Längst hat eine extreme Reduzierung dieses Potentials eingesetzt; auch hier schmelzen die Gletscher wie nichts dahin. Die Klimakatastrophe begann im Kopf des Menschen, in seiner Ablösung von der Umwelt. Kükelhaus mochte das Wort »Umwelt« gar nicht, denn darin steckte für ihn schon eben diese Trennung zwischen Mensch und Welt. Diese Ablösung ist unsere Stärke und Schwäche zugleich. Abstraktion hat uns geholfen, viele Überlebensaufgaben zu lösen, aber sie stellt auch immer unser Überleben in Frage, da sie Zusammenhänge zerschneidet. Wir müssen mit Hilfe von Abstraktion und Technik solche Zusammenhänge wieder mühsam herstellen. Kükelhaus' Methoden sind dafür hilfreich. Inzwischen wird Kükelhaus oft für einen Anthroposophen gehalten. Das war er nicht, ich habe ihn selbst einmal danach gefragt. Auch wenn seine Ideen sich gut mit der Waldorfpädagogik vertragen und er die Verbindung zu Goethe pflegte wie Rudolf Steiner, so teilte er doch nicht deren okkulten und metaphysischen Überbau und die daraus entstehenden Dogmen. Ihm ging es immer um die nachvollziehbare Erfahrung: am eigenen Leib. Wer sich des eigenen leiblichen und sinnlichen Gefüges bewußt ist, baut anders, ißt und kocht anders, geht anders mit der Erde und den Nachbarn um. Man wird nicht notwendig ein besserer Mensch dadurch, aber die Erfahrung im Summloch oder auf der Balancierscheibe kann einem wenigstens eine Pause verschaffen in einer Welt, die durch Abstraktion verhext erscheint.

In seinen Vorträgen war Kükelhaus noch inspirierender als in seinen Schriften, verständlicher auf jeden Fall, denn er vertraute auf die Mündlichkeit und den direkten Umgang. Er war, wie ein Freund es einmal formulierte, »extrem spontan und extrem entspannt«. Seine Radiovorträge liegen etwa in der Mitte zwischen solch mündlichen Energieübertragungen, wie sie die Veranstaltungen und Workshops darstellen, und den Schriften. Sie tragen daher etwas von der Spontaneität und der komplexeren Sprache beider Medien. In den Büchern konnte er sehr in die Tiefe bohren, dort knüpfte er stärker an geistige Traditionen an, wie etwa Goethe, Kant und die Mystik.

Die Vorträge entstanden in einer Zeit, in der ihm die brutalen Auswirkungen einer modernen, auf reine Funktionalität ausgerichteten Architektur immer bewußter wurden.

Einige der hier vorliegenden Texte finden sich in dem 1973 erschienenen Buch *Unmenschliche Architektur* wieder, vielleicht seinem wichtigsten und für die Praxis relevantesten Werk. Hier wird die Verbindung hergestellt zwischen einem leibfernen Denken und einer Architektur von Schulen und anderen Bauten, die unsere Welt dominieren. Oft wird die Rechnung ohne den Wirt gemacht, und der Wirt sind die Kinder, die in solchen Häusern lernen sollen: kaum Tageslicht, glatte Wände und Böden, gleichmäßige Temperatur. In diesem Buch erfahren wir, was mit diesen Kindern (und Lehrern) passiert. Wichtiger noch: Wir lernen durch Erfahrungen mit unseren eigenen Sinnen, wie eine andere, menschengerechte Architektur aussehen könnte.

Ähnliche Themen greift er in dem 2006 neu aufgelegten Buch *Organismus und Technik* wie auch in *Organ und Bewußtsein* auf. Das Verhältnis des Menschen zu seinem Organismus als einer von embryonalen Tagen bis zum Tod hin aktiven Verbindung oder Nicht-Verbindung hat ihn schon in frühesten Zeiten fasziniert, so in *Urzahl und Gebärde* oder *Das Wort des Johannes*. Kükelhaus war neben seiner schriftstellerischen Tätigkeit vor allem als Handwerker und Künstler tätig. Geboren 1900 in Essen, legte er nach dem Abitur eine Meisterprüfung als Tischler ab und studierte Philosophie, Soziologie und Physiologie in Heidelberg, Münster und Königsberg. Danach war er freischaffend tätig und lebte vor dem Krieg in Caputh/Potsdam, nach dem Krieg in Soest in Westfalen. Er war als Vortragsreisender unterwegs, er arbeitete als Redakteur, Gestalter, Designer und Künstler. So malte er Kirchen und Verwaltungsgebäude aus, brachte eine Schriftenreihe zum Handwerk heraus und gestaltete Möbel und Spielzeug. Oder er legte einen Kräutergarten in einer Wurstfabrik an und bemalte die Wände mit pflanzlichen Motiven. Auch als Schriftsteller war er tätig. So zeichnete er die Geschichten vom Träumling, eine Art kleiner Prinz, der uns durch einfachste Dinge zur Erleuchtung bringt. Es sei daran erinnert, dass zwei Brüder von Kükelhaus, Hermann und Heinz, auch Schriftsteller waren, der eine ein Lyriker, der andere Romancier. Hugo Kükelhaus starb 1984 im Schwarzwald. In Soest, wo sein Haus in der Nöttenstraße zu besichtigen ist, wird sein Nachlaß verwaltet.

Elmar Schenkel

DIE MACHT UND DIE HEILKRAFT DES GERINGEN TUNS

Rundfunkvortrag
gesendet am 28.6.1954
im Hessischen Rundfunk

Abschrift des maschinengeschriebenen Manuskripts

Dies wäre das Bild:

Eine Wolke, die sich lange ballt, ehe sie niederfeuchtet. Ein Baum, der im Laub steht, in vielen Ästen sich verzweigt, ehe der Wind und die Vögel ihm die Früchte abpflücken. In diesen Früchten aber ist er ganz enthalten. Wie klein sind die Samen gegenüber dem Baum? Aber eben auf diese Weise ist er im Ganzen darin. Das Ganze ist an das Kleine gebunden. Wo etwas ganz und in Gänze ist, erscheint es klein, ist es winzig.

Wo etwas in Gänze ist, erscheint es klein. Wo etwas in Stärke ist, erscheint es schwach. Wo etwas in Klarheit erscheint, ist es undeutlich.

Ja, das lesen wir im Bilde des Samenkorns und seines Baumes. Von diesem Bilde soll geredet sein in Hinsicht auf unser menschliches Verhalten und Tun.

Wir wollen lernen.
Was wollen wir lernen?
UNS

Eine Katze wirft ein Knäuel, ein Kind wirft einen Ball fort, holt ihn wieder; wirft ihn hoch, fängt ihn auf. So gewinnt es den Ball. Nicht, wenn es den Ball festhält, gewinnt es ihn. Sondern wenn es ihn wirft und wiederholt, gewinnt es ihn. Nicht, wenn es ihn in Gänze hat, festhält, in der Zange faßt, hat es den Ball, sondern wenn es ihn entläßt und holt, ihn kreisen läßt von hier nach dort, von diesen zu jenen, hinüber und herüber, hoch und nieder, überwärts und unterwärts, wird der Ball dem Kind zu eigen.

Das ist auch so beim Katze- und Maus-Spiel.

Ja, das ist wie mit dem Baum und seinem Samen: Der Baum entläßt ihn. Und in ihm sich selbst. So gewinnt er sich. So wird er sich zu eigen. So er-eignet er sich, wird er Er-eignis. Dieses wär's, was zu tun, was zu üben ist, wenn anders wir uns leben wollen, wie der Baum sich lebt, das Kind sich lebt, das Tier sich lebt.

Sehr bedürfen wir Erwachsenen der Mahnung dessen! Denn das ist unser Jammer, unsere Not: Wir halten alles fest und klammern uns an und wollen zuviel und immer alles auf einmal. So wie Jesus von Petrus, als er ihm die Füße waschen wollte, die Entgegnung erhielt: »Nimmermehr sollst Du mir die Füße waschen. Und wenn es schon sein muß, dann auch Haupt und Hände.« Worauf ihm Jesus antwortete: »Wenn ich Dir die Füße wasche, so bist Du im Ganzen rein.«

Fuß und ganzer Petrus:

Das ist auch solch ein Verhältnis wie Samenkorn und ganzer Baum. So deutlich ist dieses Verhältnis, daß man wohl sagen kann: Es ist das Füßewaschen durch Jesus ein Samenkorn-Tun. Christus bezieht sich auf einen Teil, ein Glied des Petrus, noch dazu auf die Füße, die dem Staub und Schmutz der Wege ausgesetzt sind; der Erde am nächsten. Ist das nicht sehr wie Baum und Samenkorn? Ist nicht auch das Samenkorn das Unansehnlichste und Erdnächste des Baumes, mehr noch als die Wurzel?

Wir wollen lernen. Im Lernen entfalten sich Anlagen. Sie entfalten sich durch nichts anderes als dadurch, daß sie in Anspruch genommen werden. Auch das Gehen lernen wir dadurch, daß wir die Beine in Anspruch nehmen.

Was aber am meisten bei uns verkümmert, weil es am wenigsten beansprucht wird, das ist das Leben selbst. Wie aber wäre das Leben selbst in Anspruch zu nehmen? Nun, ganz allgemein: indem wir, wie der Baum es tut im Samenkorn, es preiszugeben wagen; und zwar: nicht in etwas Großem und Gewichtigem, sondern in etwas senfkornartig Winzigem. Hierfür ein Beispiel, das es zu tun, zu üben gilt.

In dunkler Nacht steht ein einsamer Stern. Ich sehe genau hin. Nach einer Weile bemerke ich, daß in meinem Auge der Stern dann am deutlichsten erscheint, wenn ich nicht ganz geradeaus hinsehe, nicht starre. Wann sehe ich den Stern am schärfsten? Wenn ich in einem leichten Winkel daran vorbeiblicke.

Da haben wir es wieder! Mein Blick muß sich lösen vom Gegenstand, wenn anders dieser zur Erscheinung gelangen soll. Mein Blick darf nicht anklammern.

Tue das! Laß es, wenn du es übst, auf dich wirken. Dazu mußt du es in dir ganz still werden lassen. Sodann spricht diese Erscheinung. Sie ergreift dich vom Auge aus langsam und ganz fein und unmerklich durch und durch. Wie wenn ein Arzneitropfen in einem Glas Wasser zerrinnt und dieses in der Verdünnung heilkräftig macht.

Ein anderes:

In einem abgedunkelten Zimmer hänge an einen Faden einen großen einfarbigen Ball. Nun leuchte ihn von der Seite mit einer Kerze an. Wie etwa der Dreiviertelmond am Himmel steht, so erscheint der Ball sehr körperhaft als Kugel, weil – und das ist der Witz – das der Lichtquelle abgewandte Viertel sich im Schatten verliert. Da die Kugel sich dort verliert, muß das Auge sie eben dort suchen: Und so erscheint sie.

Nimm jetzt mehrere elektrische Lampen und leuchte den Ball von allen Seiten aus an. Was tritt ein? Der Ball erscheint nicht mehr als Kugelkörper, sondern als eine ebene Scheibe.

Da haben wir es! In einem Falle erscheint der Ball in seiner Wirklichkeit, nämlich als Kugel: weil er nicht »ganz da« ist, vielmehr ich ihn suchen muß. Das andere Mal ist er »ganz da«, nämlich (wie man es heute ausdrücken müßte) in Totalität angeleuchtet. Diese Totalität aber bezahlt er (oder besser gesagt: ich) damit, daß er nicht als das erscheint, was er ist. Es ließe sich viel darüber sagen. Tu es und sinne darüber nach und suche vorsichtig selber Brücken zu eigenem Verhalten und Tun in anderen Breiten, auf anderen Ebenen: jetzt und sogleich! Zum Beispiel: Du willst Dich bald zu Tisch begeben. Nun, ehe Du den Löffel hebst, entsinne Dich, was die Schattenkugel sagte: Wie das Auge nur erkennt, wenn es etwas zu suchen hat, so bin ich als Ganzes nur dort am Platze, wo ich etwas zu suchen habe. Das heißt, angewandt für das Essen und Trinken: fall nicht darüber her! Verhalte Dich. Deck Dir den Tisch in schöner Ordnung. Stelle eine Blume dazu. Sprich ein Gebet oder einen Spruch. Erwarte das Zeichen dankbaren Beginnens.

Oder auch: Zu gewissen Festtagen forme Gebäck in angemessenen Symbolen, die Dich mahnen, weiterer und höherer Dinge zu denken, während Du ißt. Immer und dort, wo etwas noch zu suchen, noch zu vollbringen ist, geschieht wahre Wirklichkeit. Wo eine abgeschlossene Summe vorgesetzt wird, bin ich ausgeschlossen.

Beispiel:

Der Nikolaus-Test. Wenn Du Dich den Kindern als Nikolaus vormachst, so bemerken sie, auch wenn sie es für sich behalten, den Betrug. Geh ganz anders vor und damit erfüllst Du den Sinn des Spiels (denn es ist ein Spiel): Breite alle Zutaten: Mantel, Bart, Kapuze, Sack, Geschenke und Rute vor den Kindern aus und sprich: »Kinder, verkleidet mich als Nikolaus; aber so echt Ihr nur könnt!« Dann geht ein Geschaftel los. Sie verkleiden Dich mit großem Ernst. Dann bugsieren sie Dich hinaus. Nach einer Weile trittst Du ein und bist überrascht: Du stehst vor einer mäuschenstillen Gemeinde! Jetzt *bist* Du der Nikolaus! Warum? Weil die Kinder, die Dich wissentlich als solchen vermummten, ihn in Dir suchen! Würdest Du sagen: »Ich bin's ja nicht«, so würden sie antworten: »Du bist ein Spielverderber!« Und das ist der schlimmste Vorwurf im Kindermund.

Das ist also wieder ein Beispiel.

Stelle nun sinnend Brücken her zum bereits Erfahrenen: schwachleuchtender Stern, Festgebäck, Tischgebet, Schattenkugel ... Der Zen-Buddhismus stiftete im mittelalterlichen Japan als eine Übung vollkommener Verhaltung die berühmte Tee-Zeremonie. In dieser Sitte ist alles so geordnet und vorbedacht, daß das eigentliche Tee-Trinken nur der Schlußpunkt eines umständlichen Rituals der Bereitung in feierlicher Anmut aller Bewegungen und Geräte ist. Die Gegenstände des Gebrauchs, Kessel, Schale, Feuer, Löffel, Behälter werden gleichsam mithandelnde Personen: Das Ding ist nicht nur Mittel zum Zweck, ebensowenig wie der Tee-Trinkende ein bloßes Mittel sein möchte. Es ist Sinnträger und als solcher gleichsam eine Person. Das Ding ist Subjekt wie der, der sich seiner bedient.

Auch hierin tut sich ein Hinweis für unseren Lebensalltag kund: Nur solange und nur in dem Maße als wir die dienenden Dinge, Tiere, Pflanzen, Mitmenschen nicht als Zweck-Sklaven behandeln (wir würden heute sagen als »Funktionen«), sind wir davor bewahrt, selber Funktionssklaven zu sein: trotz mit und in der immer nur zweckhaft funktionierenden Welt.

In der östlichen Menschheit, China, Japan, Indien (und darum schlug Goethe im *West-Östlichen Diwan* eine Regenbogen-Brücke dorthin) ist viel samenhaftes Leben, ist Lebensstiftung in einem samenhaften Tun, ist Vollzug reinen Sinnes, aus dem danach die Zwecke aufgehen mögen wie ein Baum. Hierzu gehört das Stellen und Ordnen der Blumen in sinnbildlichen Linien und sprechenden Zeichen, die ein jeder versteht und ehrt, weil sie eine ebenso verschwiegene Sprache sprechen wie ein Mondlied, ein Liebeslied, ein Wiegenlied.

Auch solches müßten wir tun! Solcher Sitten, Tischsitten, Umgangssitten, Arbeitssitten, Dingsitten (dieser vor allem!) müßten wir gedenken, sie befolgen. Warum? Weil es Zeit beansprucht: reine Stund, reiner Morgen, reiner Abend. Mit der Zeit ist es wie mit dem Leben: Wenn ich sie beanspruche, ergibt sie sich. Zeit zu gewinnen ist das größte und eigentliche Werk des Menschen.

Das nimmt ihm niemand und nichts ab. Im Gegenteil: Je mehr er es sich abnehmen lassen will (durch Menschen- oder Sach-Sklaven), um so weniger Zeit hat er.

Will ich Zeit ernten, muß ich Zeit säen …

Schiller sagt:

»Sammle still und unerschlafft
im kleinsten Punkt
die höchste Kraft.«

Da haben wir aus dem Munde des Dichters, was wir tun müßten, um uns enthalten zu können in einer Welt, die wie eh und je alle Kugeln total ausleuchtet.

Und dann und wann um das Lichtfünkchen einer Kerze versammeln, des Lichtes gedenken. Um ein Flackerfeuer unterm Sternenhimmel. Das unbestimmt sich Wandelnde und im Kleinen sich Verzehrende, Waltende macht uns, wenn wir uns ihm zuwenden, zu solchen, die hier etwas zu suchen haben.

»Seid vor allem getreu im Kleinen, so wird das Große gedeihn.« Wir hingegen jagen immer auf's Große, Ganze, verachten das Kleine, geraten damit aus dem Leben, wie wenn das Meer austrocknet – wo doch jeder Baum zeigt: seiner Dehnung in die weite Krone entspricht die Dichtung in Blüte und Samen.

Indes: Das Kleine zu tun, ist schwer – weil es leichte Last ist. Und weil es von mir das Wagnis des Vertrauens fordert, daß ich, während ich mich einer Andacht hingebe, nichts verpasse... Tue ich's aber, so habe ich bald alle Kinder auf meiner Seite. Denn um diese vorzüglich geht's!

Wie liebt das Kind seine Puppe mit nur einem Bein und abgegriffen, doch viel mehr als eine fehlerfreie neue. Ja, da hat es etwas zu suchen und zu behüten. Und eben darin sucht, findet und behütet alles Lebendige in jedem Augen-Blick sich selbst, daß es auf der Suche ist nach dem Verlorenen; niedergebeugt zu Geringem: nicht etwa bloß in der sogenannten »Gesinnung«, nicht im sogenannten »Geiste«, sondern leibhaftig, greifbar in den nackten Bedingungen des übernatürlichen Lebens von Essen, Trinken, Schlafen, Gehen, Sehen, Hören, Tasten und allen Sinnesverrichtungen, im Wirken und Tun aus erster Hand, so im Sprechen, so im Schreiben.

Wir erfahren's auf's deutlichste: Das Sehen bildet sich in der Hinwendung des Auges auf das ungewiß sich Wandelnde, das Kommende und Gehende. In der Aufmerksamkeit gegenüber feinsten Unterschieden. Nicht Rot von Grün, Gerade von Krumm zu unterscheiden, ist der Sinn des Sehens, sondern Rot von Rot, Gerade von Gerade zu unterscheiden, ist die Kunst des Sehens.

Also üben wir solches!

Das Hören bildet sich im Lauschen auf Verklingendes (ferne Glocken, schwankende Hirtenflöte, Bachesmurmeln, Meeresrauschen).

Also üben wir solches!

Das Greifen und Begreifen bildet sich, wie es uns der Umgang mit Blinden lehrt, im zärtlichen Abtasten.

Also üben wir solches!

Das Denken und Urteilen bildet sich am Gleichnis, am Bild, am Märchen.

Also üben wir solches!

Die Bedrohungen durch das Totale wachsen – wie zu allen Zeiten – ständig. In vielen Spielarten schillert das Totale. Die letzte und bekannteste ist das politische Total; das soziale Total, das ökonomische Total. Es steht aber noch ein viel grausamerer Hydrakopf vor uns, kaum bemerkt, viel umtanzt: das Total, welches die seelischen und biologischen Abläufe betrifft: den Leib, die Sinne, die Denkkraft. Es ist das technische Total. Dieser Fetischismus ist aber wie jeder Teufel nicht durch Gegen-Aktionen, nicht durch Groß-Angriffe, überhaupt durch keinen Angriff, durch keinerlei Nein, durch kein noch so groß Getanes oder Gesprochenes zu überwinden, das heißt: im Maß zu halten, sondern nur und allemal durch ein Einziges: durch ein Leises, Leichtes, gleichsam durch ein Wörtlein…

Indes: Dieses Wörtlein will wirklich gesprochen sein.

MIT DEM OHR SEHEN

Einübung in die Entfaltung der Sinnesprozesse

Ein Vortrag mit akustischen Demonstrationen

Rundfunkvortrag
gesendet am 21.10.1960
im Norddeutschen Rundfunk
Hannover / Kirchenfunk

Abschrift des maschinengeschriebenen Manuskripts

Mit den nachfolgenden Einübungen wollen wir genau dort beginnen, wo die Gedanken der Sorge darum enden, wie es mit dem lebendigen Menschen in der Bedrohung durch die Existenzapparaturen der Technik weitergehen soll. Analysen der Sorge haben wir genug; übergenug. Die Frage ist, was können wir tun? Was kann ich tun? Was kannst du tun? Welcher noch nicht vorfabrizierte Rest Lebendigkeit ist uns verblieben, an dem wir den Hebel ansetzen können?

Wo ist der Punkt, an dem ich – nackter noch als Robinson – auf keinerlei Hilfe von außen zu rechnen habe, weil keinerlei Hilfe von außen ihn zu ersetzen vermöchte? Wo ist das, was ich in keinerlei Tauschverfahren mehr aushandeln könnte? Wo bin ich selber unkäuflich, unbezahlbar, unersetzbar?

Mit diesen auf den ersten Augenblick seltsam erscheinenden Fragen habe ich unversehens bereits den oben beschworenen Anfang gemacht – insofern als die Frage nach dem letzten Rest unersetzbaren Lebens schon identisch mit der Antwort ist. Der Mensch in der Nacktheit nämlich ist die Antwort auf die Frage nach dem »Wo beginnen«? Nur will sie wörtlich verstanden sein. Es kommt nur (und dieses »nur« ist in seiner Unbedingtheit das Entscheidende) darauf an, die anfänglichen, die Primärprozesse des Lebendigseins, des Lebens sowohl als auch des Erlebens, das eine Mal gewähren zu lassen, das andere Mal zu vollziehen.

Das klingt einfach: »Das Lebendigsein« vollziehen. Oder: »Das Leben erleben«. Es ist auch ein-fach. Aber dieses Einfache, Selbstverständliche, Leichte ist das Schwerste überhaupt. Die Last des Lebendigseins ist leicht. Aber diese Leichtheit auf sich zu nehmen, ist schwer.

»Was ist das Schwerste im Leben?« – fragt Goethe, ganz im Sinne unserer Fragestellung, und antwortet: »Was dich das Leichteste dünket: Mit den Augen zu sehen, was vor Augen dir liegt.« –

Was vor den Augen dir liegt, das zu sehen soll schwer sein? Das Schwerste im Leben? Merken Sie auf! An einem Beispiel, dem Geständnis eines Gärtners, wird es deutlich. Sagte mir doch eines Tages ein Gärtner mit resigniertem Seufzen: »Meine Frau und mein Kind, die können sich noch freuen an einer Rose, weil es eine Rose ist. Ich dagegen – ich sehe statt der Rose nur noch Katalognummern, Preise, Mendelsche Reihen, Schädlinge, Bekämpfungsmittel.« – Der Existenzkampf hatte ihm die Unschuld des Sehens genommen. Begriffe, ein ganzes Raster von Fremdbegriffen und Ziffern, hatte sich ihm vor den Anblick der Blume geschoben, in dem ihr Bild, wie ein Soldat im Drahtverhau, hängenbleiben und sterben mußte.

Prüfen Sie sich! Es geht uns allen so. Die oben gestellte Grundfrage nach dem Vollzug der Erlebensprozesse engt sich hier auf die Sonderfrage: Was kann ich tun, um die Unschuld des Sehens zu erlangen? Was tun, wie mich verhalten, damit der Sehvorgang als solcher sich vollbringt und nicht im Dornengestrüpp von Registrierungen hängenbleibt?

Sie sollen eine genaue Antwort darauf erhalten. Indes: Diese Antwort hat nur für denjenigen Bedeutung, der die mit ihr gegebene Anweisung vollzieht.

Die Antwort ist nämlich nichts zu Registrierendes, sondern sie ist ausschließlich eine Erfahrung, die ich mit und am eigenen Leibe selbst zu bewirken habe. Dann erst können Sie sagen: »Aha! So ist das!« Allerdings ist die Bedingung des Selber- und noch dazu des *leiblichen* Tuns der Haken dabei. Das ist auch der Haken etwa der Goetheschen Farbenlehre und aller damit verwandten Lebensschritte. Diese Farbenlehre ist nämlich keine Lichttheorie in der Ebene der Messungen, sondern es ist eine Ethik; d. h. eine Vollzugsordnung, die jeweils nur durch die Tat gültig und wirklich wird. Die selbst bewirkte Erfahrung am eigenen Leibe ist unübertragbar und unkäuflich. Aber: Die Bedingungen, die Weisen der Verhaltung, diese sind übertragbar, mitteilbar, sind lehrbar. Sie bilden als Gesamtes eine lehrbare Disziplin. Von dieser Disziplin ist hier die Rede. An ihr gemessen gilt das Wort: »Grau, Freund, ist alle Theorie.«

In diesem Zusammenhang möchte übrigens ein Vorschlag erwähnt werden, der aus unseren Tagen stammt und auf unsere Bestrebung gemünzt ist; und zwar deswegen, weil an seinem geradezu verzweifelten Postulat das Maß der Notlage deutlich wird. Ich meine den Vorschlag Aldous Huxleys, die Sperrmauer der Registrierungen zu sprengen mittels der staatlich gesteuerten Dauereinnahme einer Droge, des Mescalins. Der Mescalinrausch hat die Eigenschaft, mit halluzinatorischer Überdeutlichkeit und Ausschließlichkeit das vor die Seele zu rücken, worauf gerade der Blick fällt. Die Bügelfalte deiner Hose erscheint dir als Urfalte der Schöpfung, ungeheuerlich; du kannst dich kaum von dem Anblick losreißen. Der Vorschlag ist deswegen verzweifelt, weil hier – weil hier abermals eine neue Abhängigkeit, nämlich von einer Droge, statuiert wird. Wir wollen aber doch den Punkt finden, in dem wir frei sind von irgendwelchen Krücken, lebend rein im Vollzug der eigenen Kreatürlichkeit.

Stellen Sie sich vor, Sie gingen über eine Straße, zu deren Seite eine Baustelle ist. Sie gehen hundert Meter an ihr entlang. Bauleute sehen Sie; Kräne, Bagger, Lufthämmer, Baumaschinen aller Art sind im Betrieb. Sie gehen daran vorbei, ohne es sonderlich zu beachten. Es ist ein alltäglicher Anblick.

Nun malen Sie sich aber einmal aus, da wäre in ganzer Länge ein Bauzaun, zu hoch, als daß Sie hinübersehen könnten. Sie recken sich vergeblich. Nur an einer Stelle entdecken Sie ein winziges Astloch. Sie können nicht widerstehen, Sie schauen hindurch. Nun wird alles, was dahinter vorgeht, nicht nur sichtbar – die Sichtbarkeit erscheint vielmehr gesteigert. Durch die Engung des Blickwinkels gewinnt das Blickfeld an Bedeutsamkeit... ebenso, wie durch die Engung oder Hinderung der Sehvorgang als solcher intensiver wird. Betrachten Sie einmal Ihre Umgebung, insbesondere eine Landschaft, in der ungewohnten Weise des zur Schulter geneigten Kopfes – oder stellen Sie sich gar auf den Kopf: Wie anders sieht alles aus! Wie bedeutungsschwer, wie symbolhaft ein Baum, ein Berg! Wie leuchten die Farben von innen her!

Der Blick durchs Schlüsselloch war doch allemal der höchste Weihnachtszauber! Es war ein Abenteuer dabei. Ein »Du darfst nicht.« Die verbotene Tür im Märchen. Aber lockt nicht das Wagnis? Was überhaupt vermag zu locken, wenn nicht das Wagnis? Behalten Sie wohl im Sinn das Beispiel des Löchleins im Bretterzaun. Es ist von schlüsselhafter Bedeutung.

Ein anderes Beispiel: Sie sind dazu verurteilt, einen kilometerlangen Fußmarsch über eine schnurgerade Betonbahn zu machen. Am Ende sind Sie wie gerädert. Nun legen Sie dieselbe Strecke über einen Waldweg zurück. Sie werden bemerken, daß Sie am Ende erholt und angeregt oder angenehm müde sind – keinesfalls aber erschöpft. Was war hier eigentlich geschehen? Die Betonbahn ist völlig eben, schnurgerade, hart. Der Waldweg windet sich, ist hügelig; Wurzeln kriechen darüber; höckerig ist er; Steine liegen herum, mal ist er felsig, mal morastig, mal sind da Moospolster, mal Grasbüschel. Ihre Füße sind – wie eigenständige Lebewesen – immerfort in Tätigkeit, indem sie ertasten müssen, wo sie hinzutreten haben. Ihre Augen sind ständig den Füßen voraus. Ihre Bewegungen sind balancierend. Wenn Sie einen Stecken in der Hand haben, laufen sogar Ihre Hände mit. Und wenn ein Hund Sie begleitet, fangen Sie unwillkürlich an zu schweifen und zu schnuppern und im Geiste mitzuwühlen, wo er schnuppert und scharrt. Und alles strengt sie nicht an, sondern steigert noch das Wohlbefinden, die Erholung. Anders bei dem Betonmarsch. Da ist nichts, was Sie nötigt, zu suchen, zu tasten, vorauszuschauen, zu balancieren. Es ist alles glatt. Keine Unsicherheit. Alles ist mit einem Blick zu erfassen. Keinerlei Wagnis wird Ihnen abverlangt.

Nun sehen Sie! Gerade das ist es, was uns kaputtmacht: der Mangel an Wagnis. Das Fehlen der Unsicherheit. Wägen Sie diese beiden Erfahrungen einmal gegeneinander ab, dann wird Ihnen die Wahrheit des chinesischen Sprichwortes aufgehen: Der Umweg ist der kürzeste Weg. – Nun, wir haben aus dieser Erfahrung für die Anlage der Autobahnen gelernt: Windungen, wechselnde Anpflanzungen, ab und zu ein großer Baum, beflügeln den Fahrer. Gleichförmigkeit, weil sie mir nichts abfordert – lähmt.

Was ist mit all dem gesagt? Was haben wir erfahren? Das Gehen, das Sehen gehören zur Kategorie der Lebensprozesse. Wir haben am Beispiel des Gehens und Sehens erfahren, daß ein Prozeß die in ihm selbst liegenden Bedingungen stellt, ihm jenes Maß von Unsicherheit zu belassen, das ihm ein Wagnis abverlangt. Kein Prozeß ohne Wagnis. Kein Wagnis ohne Unsicherheit. Anders ausgedrückt: Ein Prozeß gelingt nur im Maße der Entsicherung. Absolute Sicherungen töten die Prozesse. Tod ist Prozeßlosigkeit. Letzteres haben physiologische Versuche am lebenden Menschen besonders eindringlich gezeigt. Die Versuchsanordnungen bestanden im Schweben in blutwarmem Wasser mit geringster Schwere-, Temperatur- und Reibungsempfindung. Vollkommene Lautlosigkeit. Vollständiges Dunkel. Keine Tastempfindung. Schon nach zwei, drei Minuten standen die Versuchspersonen am Rande des Wahnsinns und innerer Vergiftung.

Wir wollen uns übrigens darüber klar sein, daß unsere Automatik, sich selbst überlassen, uns alle automatisch in diesen Laborzustand hineinmanövriert. Es hilft da kein Bremsen von oben her. Kein Druck auf den Knopf. Kein sogenanntes »Herumwerfen des Steuers«. Es hilft überhaupt keine Hilfe, die nach vorn oder zurück oder sonstwie auf Änderung zielt. Die Hilfe liegt nicht in der Breite und der Menge, nicht in Macht, nicht in irgendeiner mit diesen Komponenten operierenden Konstruktion – sie liegt (wie in der Eingangsfrage beschworen) einzig im Vollzug der letzten Reste oder ersten Anfänge deiner eigenen, keines anderen, nackten Lebensprozesse. Du bist in der Menge der Abermilliarden Menschen, die den Planeten bevölkern, ein winziger Punkt. Ein Stäubchen. Dieser Umstand aber, daß du ein Stäubchen nur bist, ein Fast-Nichts, der ist es, der dich in die Vergleichsnähe des Astlochs in dem Bretterzaun bringt. Wir müssen durchaus in einem analogen Sinne von einer Wendung ins Nukleare, Kernhafte sprechen. Meine ureigensten Nuklear-Prozesse haben für das Menschheitsganze eine den physikalischen und biologischen Vorgängen analoge Bedeutung und Auswirkung. (Dieses Paradox ist eine Grunderfahrung der religiösen Bewußtheit.)

Unsicherheit und Wagnisse sind es, welche die Werdeschritte meines Lebens und Erlebens ermöglichen, die Vor-gänge, die Prozesse. Prozesse wiederum sind ihrer Natur nach auf Minimalgröße bezogen und daran entzündet. Beispiel: Sie sind verschüttet. Können sich kaum rühren. Würgende Angst (Angst kommt von Enge) umklammert Sie. Da plötzlich gewahren Sie ein winziges Fünkchen Licht. Vielleicht durch einen Haarritz im Gestein. Sie sehen genauer hin: Da ist es weg. Aber wie Ihr Auge an der Stelle herumwandert und -schweift, fällt das Fünkchen, wie von schrägher, wieder in Ihren Blick. Sobald Sie aber wieder genau hinsehen, ist alles abermals dunkel. Sehen Sie: Jetzt haben Sie in reinster Form den Prozeß des Sehens erfahren. Nämlich: Das Pünktchen Licht, nicht das diffus und gleichförmig Verteilte ist im eigentlichen Sinne, ist wirkliches Licht. Das Pünktchen wiederum erfüllt seine Punktnatur dadurch am reinsten, daß es sich dem direkten Zugriff entzieht. Wie ein seitlicher Hauch nur will es sein. Dergestalt ist auch der anatomische Bau des Auges.

Wie ein elektrischer Schlag hat das Fünkchen Sie belebt. Und Sie haben etwas Wunderbares erfahren, viel intensiver, durchgreifender, als wären Sie plötzlich aus dem Dunkeln ins Helle gerettet worden, dieses nämlich: Nicht das Auge ist es, welches sieht, sondern der Mensch ist es, der sieht. Der ganze Mensch. Im Auge wird der ganze Mensch sehend – vorausgesetzt, daß er die Seh-Bedingungen erfüllt. Nicht das Ohr hört, sondern der Mensch hört.

Wenn Sie sich der Erfahrung des Verschüttetseins gewissermaßen meditativ hingeben, sie ganz ausloten, so wird Ihnen bewußt – und zwar leibnervlich fühlbar bewußt – der Organ-Vorgang des Auges ist es, in den Sie als ganzer Mensch einmünden. Ja, in diesem Gliedvorgang gewinnen Sie sich als Ganzes. Man kann es abgekürzt so ausdrücken: Im Teil erwirkt sich das Ganze.

Das Evangelium mahnt: »Sei getreu im Kleinen!« Oder: »In der Beschränkung zeigt sich erst der Meister!« Oder (Schiller): »Du sammle still und unerschlafft – im kleinsten Punkt die höchste Kraft!«

Ein weiteres Beispiel: der Fährtensucher. An ihm wird deutlich, worin eigentlich die Kunst und Lust des Sehens besteht – gleichsam dessen Witz. Aus der Spur oder Fährte vermag der Jäger zu erkennen, welches Tier vor ihm war, wann, welche Richtung, in welchem Zustand, wie alt etwa und vieles andere. In der Spursuchung, in der Spürung vollbringt sich das Sehen. So auch das Hören. Jeder Prozeß ist auf Spuren bezogen. Fülle lähmt. Und hieraus ergibt sich die Methodik zur Erweckung, Entfaltung, Ausbildung meiner Sinnesglieder, meiner Organvorgänge. Der Mensch muß sich, anders als das Tier, in einer seinen Organbedingungen analogen Disziplin selbst aufbauen. Nichts wird ihm geschenkt – er *erwirke* es denn zugleich.

Die Kunst des Sehens bewährt sich nicht darin, daß ich Rot von Grün unterscheide, sondern darin, daß ich Rot von Rot, Grün von Grün unterscheide! Die Unterscheidung, das »Fast-Nichts«, das »Soeben noch« und das »Beinahe nicht mehr«, das Flüchtige, diesem nachzustreben: das ist die einem Prozeß immanente Bedingung seines Verlaufs. Ist seine Struktur, seine Figur.

Nehme ich die Beziehung auf das Fliehende, Enteilende, Sich-Entziehende, so verhindere ich den Prozeß. Nehme ich meiner Zunge das Abenteuer des Herausschmeckens des geringsten Zuviel oder Zuwenig eines Gewürzes, einer Ingredienz, einer Temperatur (der Rotwein ist ein Winziges zu kühl…), einer Konsistenz (der Mokka ist zu leichtflüssig …) – so hebe ich den Prozeß des Schmeckens auf. Das Schmecken bewährt und erwirkt sich in der Unterscheidung von Nuancen, von Übergängen – wie alle Wahrnehmungs-Akte.

Hier sind zwei rote Blütenblätter ein und derselben Blüte des Alpenveilchens. Auf den ersten Blick erscheinen ihre Rots völlig gleich. Aber bei verweilendem Zusehen bemerkt das Auge: Das eine Rot ist einen Hauch gelber als das andere. Oder ein bißchen blauer. Es ist nur ein Hauch. Ein ganz schwebender Übergang. Und sehen Sie! Das ist es, was ein Prozeß zu seiner Entzündung und Entfaltung benötigt: flüchtige Übergänge.

Hören Sie Goethe:

> »Doch ihm erteilen luftige Welten
> das Übergängliche, das Milde,
> daß er es fasse, fühle, bilde.«

Im Übergänglichen (welch herrliches Wort!) Entscheidungen zu treffen oder zu suchen auch nur, Grenzübergänge zu erspüren – Wo fängt dieses an? Wo hört jenes auf? – Das sind die Fragen eines »Organgewissens«.

Dem Organgewissen auf der Spur zu bleiben, das ist der Akt, durch den es sich, auch als anatomische Einheit, entfaltet und gedeiht. Beanspruchung ist seine Speise. Wann aber beanspruche ich mein Ohr, meine Zunge, meinen Tastsinn, mein Auge? In der zartesten und zärtlichsten Berührung. In der Huldigung an die Nuance. Hierin nun wurzeln die lehr- und übertragbaren, die disziplinhaft zu erfassenden Anweisungen, Einübungen meiner Organik – in Hülle und Fülle, für alle Bereiche.

Zum Beispiel für das Verhältnis von Bauform und Licht. Oder für das Verhältnis von geschlossenem Raum und Temperatur. Diffus verteiltes Licht, Licht ohne Spannungsgefälle zum Dunkel, ohne Schatten, ist kein Licht, sondern eine nur fotometrische Quantität.

Es ist hier nicht der Ort, auch nur ein Wort über die Ignoranz der Bauschaffenden hinsichtlich der Lichtdynamik zu verlieren. Ich erinnere nur an die Glasexzesse beim Schulbau. Solche quantitativen Überflutungen paralysieren nicht nur das Sehen als solches, sondern, da es keine Organisolierungen gibt, den Menschen im Ganzen. Schlimm nur, daß es an Kindern und Jugendlichen geschieht. (...)

Darf ich in diesem Zusammenhang auf drei für dynamische Lichtführung räumliche Beispiele hinweisen, soweit das Baugeschehen unserer Tage hierauf zu prüfen wäre: die Pilgerkirche bei Ronchamp von Le Corbusier; die großflächige Waisenhausanlage von Aldo van Eyck am Stadtrand von Amsterdam und Wohnbauten von Lehmbrock – Düsseldorf.

Überhaupt wollen wir uns darüber klar sein, daß die Gewähr für die mikrologischen, die Keim=Vorgänge, die Kernstrahlungen des menschlichen Erlebens in erster Linie durch den baulich geordneten Raum zu leisten sind. Davon kann heute noch keine Rede sein.

Das lateinische Wort für Weisheit ist sapientia. Sapientia kommt von sapere = schmecken. Diesem Wortsinn gemäß liegt die Weisheit in der Fähigkeit, feinste Unterscheidungen zu treffen, gleichsam das Ungleiche im Gleichen zu erspüren – und umgekehrt. Das Gleiche im Ungleichen wahrnehmen. Wobei dann Wahrnehmung in des Wortes tiefer Doppelbedeutung zu verstehen ist – einmal als Akt des Erkennens, zum anderen als solcher der Wahrung und Hütung. Der Weise erkennt nicht nur Nuancen, er hütet sie auch. Der Dummkopf schaltet gleich.

Das Zusammenspiel von Zunge, Gaumen und Nase bildet das Schmeckorgan, den Geschmack. Wenn Sie jemandem die Nase zuhalten, die Augen verbinden und geben ihm Apfelsaft zu trinken mit der Behauptung, es sei Wein, so wird er diese Behauptung schlucken. Er kann es nicht feststellen. Das dreifache Zusammenspiel ist aber noch viel verwickelter, da die Zunge nicht nur im chemischen Sinne analysiert, sondern die Substanzen noch abfühlt mit dem Temperatur- und Tastsinn. Bis in die Molekularstruktur reicht das Unterscheidungsvermögen des so vielfältig gebündelten Geschmacksinns. Ein Kakaogetränk z.B. muß sämig sein. Dünnflüssiger Kakao schmeckt nicht. Auch das Randprofil des Trinkgefäßes spielt eine erhebliche Rolle für die Geschmacksqualität. Gar nicht zu reden von meiner eigenen Körperhaltung. Kalte Süßigkeiten munden, warme schmecken widerlich (z.B. flüssig gewordenes Fruchteis). Bitterstoffe schmecken umgekehrt in wärmerem Zustand besser (z.B. Rotwein). Kurz: Die Weisheit der Fein = Unterscheidung waltet im leiblichen Bereich als Zusammenspiel einer ganzen Reihe von Wahrnehmungsgliedern (Sehen, Riechen, Tasten, Schmecken, Atmen). Wird nun ernst gemacht mit der Erfahrung, demgemäß Leibvorgänge mit ihrem vegetativen Nervengeschehen der Wurzelgrund der seelischen und – in einer weiteren Stufe – der geistigen Wirklichkeit ist, so bleibt zu schließen: Wie einer ißt, so ist er.

Das Aromatische, Atmosphärische, das duftend Flüchtige ist die Dimension der Nase. Der Duft der Speise ist der eigentlich gasförmige Zustand der Substanz. Riechend wird er eingeatmet, gelangt als feinste Ingredienz, in höchst potenzierter Verdünnung durch das Blut an das Steuerorgan des vegetativen Nervensystems, die Hypophyse, und mobilisiert, bevor du den ersten Bissen im Munde, den ersten Schluck getan hast, alle mit der Einverleibung der Speise beteiligten Vorgänge, Drüsen, Organe und Nerven – kurz, dich als Ganzes. Denn nicht der Mund und Magen: Du bist der Essende. Die auf das Aromatische bezogenen Feinst-Vorgänge sind es, welche die wahre und vollkommene Vermählung von dir und der Speise, d.h. eigentlich von dir als Subjekt und der Welt als Objekt, von dir als dem Innen und von der Speise als dem Außen vollbringen. So wird die Nahrungsaufnahme zum Mahl, zur Feier, zur Weise.

Anders, so lehrte Paracelsus, bedeutet sie Leichenvergiftung. Das andächtige Mahl ist das Schrittmaß des Menschen auf dem Weg zum Menschen. Aber nicht nur beim Menschen. Zwar in einer anderen Seinsschicht, kann auch das Tier – hinsichtlich gerade der Nahrungsaufnahme und der Paarung – nur leben in der strengen Ordnung eingefleischter Verhaltungen, die sich für uns vor allem als Spiel und Tanz äußern. Es kann den Tieferblickenden nicht verwundern, daß in der Rangordnung der Eß-Sitten die sogenannten niederen, die Naturvölker, die aristokratische, eigentlich die priesterliche Stufe einnehmen. Alles in allem: Beim Anfang muß ich anfangen – beim Essen und Trinken. Und mitwissend vollziehen, worin die Bahnen des Leibes, dieses unergründlichen Kosmos, schwingen und sich vollbringen: in der Hinwendung zum flüchtig Entschwindenden, zum Geringsten, Schwächsten und Unerreichbaren. Transfinit (so würde der Logiker und Mathematiker es nennen) ist die Strukturrichtung der Leibvorgänge … ausgeliefert an die Überspielung dessen, was im Sein verharren will. Behutsame Komposition, Umständlichkeit und Vielschichtigkeit der Bereitung, zärtlichste Abwägung sind die Tugenden, kurz: die Weisheit, welche bei der Zurichtung einer Speise gefordert und gefördert wir.

»Aufmerksamkeit ist das Leben« – sagte Goethe. Oder – Simone Weil: »Wenn ich dem innersten Ziel aller Pädagogik einen Namen zu geben hätte, so würde dieser Name lauten: Aufmerksamkeit.«

Leonardo da Vinci empfahl, dem Phänomen, das er das sfumato nannte, lebenslang anhaltende Aufmerksamkeit zu schenken. Sfumato: der Leuchtrauch der Ferne. Und diese Empfehlung war keineswegs gerichtet an eine bestimmte Kategorie von Leuten wie Maler, Bildhauer, Architekten, die Künstler des Sichtbaren; nein: an den Menschen schlechthin und an den Menschen im Künstler.

So empfahl er weiter, als einen Gang des Menschen zu sich selbst – den Blick nicht in erster Linie zu richten auf die Gegenstände als solche, sondern auf das sfumato, den Leuchtdunst der Ferne, die aurahafte Verhüllung, aus der heraus, wie aus einem Schöpfungsnebel, einer Mutterlauge die Gegenstände sich ins Nahe gebären. Diesen Blick der Jäger, Seeleute, Bauern von der Ferne ins Nahe oder im Wechsel von Wolke und Erde, Trübem und Klarem hielt Leonardo ebenso wie Goethe für lehrbar. Es ist sogar das einzige Lehrbare und Lernwürdige.

Nun noch ein Hinweis zum Hör-Erleben. Ich klatsche in die Hand. Es entsteht ein Schall. Was hören Sie darin? Etwa nur einen Ton? Nein, Sie hören den Schall als ein Ineinander von hellen und dunklen, hohen und tiefen Tönen. Es ist, als wenn er im Augenblick der Entstehung auseinandertritt nach verschiedenen Wert-Richtungen hin. Der Schall erweist sich als ein mit sich selbst in sphärischer Spannung lebendes Wesen. Der Schall tönt. Der Wunderbau des Ohres, in dem sich Vorgänge aus zahllosen Bereichen vereinen, Vorgänge, die bis ins Molekulare von Flüssigkeitsspannungen, Druckverhältnissen, elektromagnetischen und chemischen Impulsen bis zu arithmetischen Proportionen reichen, wiederholt als Vielgestalt die Vielschichtigkeit dessen, was es hört. Man darf sagen, und es ist auch immer gesagt worden: Das Ohr vernimmt die Mathematik des Universums, die harmonices mundi.

Wo und wie balanciert sich dieses Vielschichtige aus? Ist es doch – in unerhörter Steigerung –, als wenn ein Seiltänzer im Kopfstand mit einem Dutzend Bällen, Ringen und Stangen jongliert. Wie hält er das Gleichgewicht? Wobei wiederum zu bemerken ist, daß, was da am Ohr geschieht, an mir selbst geschieht. Ich bin es, der, indem er hört, ganz Ohr geworden ist, »Das Rad kreist« – sagen die Chinesen – »um eine ruhende Mitte. So schwingt sich das, was du hörst, um die Stille. Die Töne sind das Gefäß der Stille. Die Musik ist eine Muschelschale, in der die Perle der Stille ruht.«

Wenn ich in die Hände klatsche, bleibt etwas im sich ausbreitenden Schall unhörbar; etwas, dem dennoch der Schall sein Dasein verdankt… Die Wissenschaft nennt dieses Etwas den »Zeugerton«. Und eben dieser ist unhörbar. Er ist transfinit. Um diesen unhörbaren Ton kreisen die Bahnen des Gehörten. Und er ist es, dessen Sog die Gewichte bändigt. So gesehen, erweist sich das Hören in seiner Prozeßgestalt ganz und gar als ein nuklearer, kernbezogener Vorgang. Das Hören ist ein Lauschen in die Stille. Als Hörender bin ich ein ganz der Stille hingehaltenes Ohr, der Stille geöffnet; der Mitte, dem Centrum aller Bahnen ergeben. Mittels des Hörens kehre ich ein in das Herz der Dinge – sofern ich dem Hören Gehör verleihe.

Ich werde jetzt einen tibetischen Tempelgong anschlagen. Dabei müssen Sie wissen, daß es Priester sind, welche diese Gongs in kultischen Werkhandlungen herstellen, unter dem ständigen Absingen von Litaneien und Gebetsgemurmel und ganz dem Sinn des Hörvorgangs verpflichtet: dem Hörenden die Stille des Buddha als eine Stille in ihm selbst erfahren zu lassen.

Sie hören eine Fülle von Ober- und Untertönen … als Symbol des tönenden Universums. Die zeugende Mitte hören Sie nicht. Aber sie ist es, auf die Sie sich beziehen. Mit Leib und Seele liefern Sie sich im Hörvorgang dem Sog der Stille aus, der Mitte, die so viele Namen hat, und lassen sie walten. Und dann lasse ich den Gong ausklingen, während Sie versuchen, dem Verklingenden nachzulauschen, so lange, bis Sie bei aller Anspannung nichts mehr hören, bis Sie meinen, taub geworden zu sein. Dann atmen Sie tief aus und dann – sind Sie einen Augenblick sehend gewesen …

ÜBER DEN UMGANG MIT DER MACHT

Rundfunkvortrag, gesendet am
23.2.1964 in Radio Bremen
und am
5.2.1968 im WDR Hörfunk, 1. Programm
Sendereihe »Die Stille Stunde«

Abschrift aus dem Buch:
»Über den Umgang mit der Macht« – 1970, GAIA Verlag, Köln,
überarbeitete und ergänzte Fassung der Hörfunksendung

Rot in grüner Umgebung erscheint anders als in blauer oder gelber oder violetter oder sonstfarbiger Umgebung. Die Art von Veränderung betrifft nicht die Farben in ihrem isolierten Zustand und als solche. Vielmehr ist ihr jeweiliges Anderserscheinen das Ergebnis ihres Zusammenspiels mit anderen Farben. Wir nennen dieses Phänomen nicht Änderung, sondern Wandlung. Wandlung bezeichnet den Zustand der Dinge, in dem sie ihre Wesensart dadurch gewinnen und behaupten, daß sie sich ändern je nach dem Zusammenhang, dem sie sich einfügen. Das Bewirkende dieser »Wandlung ohne Änderung« wollen wir MACHT nennen. Durch sie werde ich mehr und anders, als ich bin, ohne aufzuhören, der zu sein, der ich bin. Ja, in diesem Anderswerden als ich bin werde ich der, der ich bin. Paradox. Wandlung ohne Änderung ist ein »Von-neuem-Geborensein«. Was diese Neugeburt bewirkt, das wollen wir Macht nennen. In diesem Sinne begriffen, ist sie von Erscheinungen, die ihr im politischen, militärischen, ökonomischen oder sonstigen Bereich zu ähneln scheinen, scharf unterschieden. Denn diese Kräfte verändern, aber wandeln nicht. Sie können den Leib töten. Der Name Gewalt kommt ihnen zu, und sie gehören damit zu der Legion Versuchungen, gegen die ich mich in mir selbst zu wehren habe. So aufgefaßt, stellt die Macht nur zwei Weisen meines Verhältnisses zu ihr frei. Ich kann die eine oder die andere wählen. Entweder, daß ich mich ihr stelle oder daß ich vor ihr flüchte. Gestellt hat sich ihr Jakob, als er mit dem Engel rang, dieser ihm die Hüfte verrenkte, während ihn Jakob beschwor: »Ich lasse Dich nicht, Du segnest mich denn.«

Was aber im Falle der Flucht geschieht, das zeitigt eine Folge, die nur der Macht eigentümlich ist und worin sich ihre Majestät erweist: Es geschieht, daß nichts geschieht.

Vielleicht ist diese Alternative gleichbedeutend mit jener ewigen Verdammnis, die die menschliche Seele zittern macht. Denn was es bedeutet, wenn »nichts geschieht« und wenn solch eine Formel einmal am Menschen und mit Menschen verwirklicht wird, das zu ermessen – nicht mit einer Tabelle, sondern mit dem eigenen Leib – gibt ein inzwischen bekannt gewordener astronautischer Test Anlaß: Danach setzt man einen Menschen einem biologischen Vakuum aus. Einer Isolierung, welche infolge Ausschaltung aller Widerstandsmedien keine körperlichen Reizempfindungen mehr aufkommen läßt. Drosselung des Gleichgewichts- und Muskel-Sinnes sowie der Temperatur-Empfindung durch Schweben in Wasser von Blutwärme. Künstliche Beatmung, absolute Lichtlosigkeit, Lautlosigkeit, Reizlosigkeit der Haut. Nach wenigen Minuten schon nötigen Wahnvorstellungen, panische Angst, Krämpfe und Zerrüttung der Drüsenfunktionen zum sofortigen Abbruch des Versuchs. Andernfalls wären dauernde Schäden oder Tod durch innere Vergiftung die Folge. Das besagt: Ohne Auseinandersetzung mit Widerstehendem oder mit einem Gegenüber oder, genauer gesagt, ohne eine vielgestaltig andringende Mächtigkeit ringsum ist die Verfassung des Lebendigseins nicht möglich; ist »Leben« nicht einmal denkmöglich.

Macht sei also in dem Sinne verstanden, daß ich untergehe, falls ich mich um das Wagnis bringe, sie zu bestehen. Macht ist aufzufassen als Geschehen im Unterschied zum Nicht-Geschehen. Wer sich der Macht stellt, befindet sich mit Fleisch und Blut im Geschehen, geschieht selber in unablässigen Wagnissen von Spannung und Lösung: er lebt. Und kann als Lebendiger nicht anders, als ringsum Geschehen zu entbinden; es ist sein Element. Nicht nur, daß er um sich herum ein Ringen um das Werden, der man ist, duldet: Er fordert es heraus. Das »Leben und leben lassen« wird ihm zu »Leben und Leben zeugen«.

Das eigentlich Erregende bei den astronautischen Testversuchen liegt aber hierin: Das personenhafte Menschsein, das seiner selbst bewußte Ich, dieses ganz ungreifbare Etwas, löst sich auf, wenn den durchaus greifbaren körperlichen Umweltorganen (Auge, Ohr, Haut, Muskeln, Nerven) der Gegenstand ihrer Prozesse entzogen wird. Es kann sich auch, über seine enggezognen Grenze hinaus experimentiert, nicht mehr erholen oder wiederkehren, wie es bei Schlaf, Ohnmacht, Rausch, Narkose und Hypnose der Fall ist. Die Auflösung ist radikal. Sie ist so radikal, daß der umgekehrten Schlußfolgerung nicht mehr ausgewichen werden darf: Personsein bedeutet, es mit Fleisch und Blut zu sein. Durchaus im Geiste der Botschaft »Die Wahrheit ward Fleisch«. Dabei aber sind Leib und Körper, das Nachinnen-und-außen-Gewandte, mithin das ganz Konkrete, Begrenzte und Allernächste, das Urfeld der Auseinandersetzung mit dem grenzenlos Geschehenden und des Umgangs mit der MACHT … bis zur Hüftverrenkung.

Wir können nicht umhin, aus diesem Zusammenhang, diesem Ineinander des Endlichen und Unendlichen, das den Stempel einer polaren Wechselbeziehung trägt, eine klinische Praxis abzuleiten.

Der Mensch muß, um die Verbindung mit der Macht nicht zu verlieren, darum bemüht bleiben, seine leiblichen Prozesse ihren Strukturen gemäß in Gang zu halten und weiter noch: sie feiner und umfangreicher zu entwickeln und sie, wie wir gleich sehen werden, als das zu begreifen, was sie sind: als universale Vorgänge im irdischen Feld. Wer versäumt, seine leib-körperliche Auseinandersetzung mit der Umwelt (von Essen und Trinken, Gehen und Stehen bis zu den Sinnesschöpfungen) als ein jakobhaftes Ringen mit der Macht des Lebendigen zu vollziehen, der ist bereits dem Nichtgeschehen anheimgefallen.

Die derzeitigen Symptome dieses Nichtgeschehens sind mit wenigen Stichworten aufgerufen. Die Nachrichtenmittel der ganzen Welt sind erfüllt von ihnen. Bernanos sprach von der »weißen Hölle«. Wir befinden uns allesamt und jeder einzelne in ihrem Sog.

Preisgabe eigener Denktätigkeit an den Konsum von Aussage-Matritzen. Auslieferung eigener Augen-Entdeckung an Fernsehen und Film. Aushöhlung eigener Organprozesse durch Reizüberwältigungen (Leuchtstoffmassen und Lärm). Verschreibung des eigenen Ringens um Gesundheit an Tabletten; eigener Mahlbereitung an Fertigspeisen; eigener Bewegung und Verrichtung an Motore, vom Auto bis zum Mixer. Wobei diese Aufzählung deutlich macht, daß der Ersatz der Muskelkraft durch Maschinen, vor 150 Jahren bejubelt, praktisch erfüllt ist und die Stoßrichtung der Ablösungstechnik auf die mentalen und sensiblen Organprozesse übergegriffen hat, auf Nervensystem, Gedächtnis und Gehirn. Der 350 Jahre währende Nikotingenuß spielt bei dieser Prozeßverdrängung eine erhebliche Rolle.

Diese Stillegung hat im Gefolge: Schwund der Planungsfähigkeit auf lange Sicht, z. B. hinsichtlich Bildung, Verkehr, Städtebau, Agrarwirtschaft, Geburtenregelung. Raubbau an den natürlichen Arsenalen ohne Ausgleichsbemühungen, Verkarstung, Verseuchung von Wasser und Luft, Zerstörung der Biosphäre der Erdkugel. Akustische und photonische Exzeß-Produktion. Unfähigkeit, Zweifrontschablonen zu überwinden und Kriege, wenn entfesselt, vor der Totalzerstörung zu beenden. Erlöschendes Geschichtsbewußtsein. Im Licht der Unterscheidung von Geschehen und Nicht-Geschehen sind diese sich heute bietenden Erscheinungsformen der Stillegung lebenerzeugender Prozesse nichts grundsätzlich Neues. Die Pendelschwingung »Geschehen – Stillstand« ist mit dem Phänomen »Leben« selbst gegeben. Und was die Gattung Mensch angeht, so suchte schon Diogenes (412–323 v. Chr.) mit der Laterne den sich verwirklichenden, den Menschen im Menschen. Und es ist nichts Neues, daß dieser Mensch im Menschen, wenn in Fleisch und Blut erschienen, beseitigt würde.

Es ist die quantitative Ausgedehntheit, die uns heute alarmiert. Ihre Breite ist erdumspannend geworden, und in die Tiefe und Höhe hat sie alle Organsphären erfaßt. Dennoch klingen die Begriffe der früheren, quantitativ beschränkten Phasen der Entlebung nach und verstellen uns den Blick. Bei dem Wort »Macht« stellt sich (abgesehen vom falschen Begriff) noch immer der relativ harmlose politische Aspekt ein, mit seinem Narrenzug von Despoten, Demagogen, Verführern und Institutionen. Im ökonomischen Aspekt schieben sich Kapitalismus, Kolonialismus, Sozialismus in den Blick. In Wirklichkeit sind diese Phasen überholt. Während hier noch Personen und persongelenkte Apparaturen, Parolen und Doktrinen ihre Fahnen schwingen und Frontbildungen provozieren, gibt es der Automatisierung der Lebensprozesse gegenüber keine Frontbildung mehr. Sie ist allerfassend wie die Schwerkraft. Jeder einzelne hat begonnen, ihr zu gehorchen, so wie eine Vogelfeder oder ein Stein der Schwerkraft gleichermaßen unterworfen sind.

Was kann geschehen? Diese Frage enthüllt sich nun als die ganz anders lautende: Wie kann *ich* es ermöglichen, daß Geschehen sich ereignet? Wie bleibe ich im Umgang mit der Macht? ... Und die Frage: Was können *wir* tun? stellt sich als die ganz andere: Was kann *ich* tun, damit ein *Wir* möglich wird?

»Naturam parendo vincimus.« – »Wir meistern die Natur, indem wir ihr gehorchen.« Mit diesen Worten bezeichnete der englische Naturwissenschaftler und Philosoph Bacon (1561-1626) das einzigartige Vermögen des menschlichen Gehirns, sich durch Abstraktion und Repräsentation von der Natur sowohl zu distanzieren als auch sich mit ihr zu verbünden, mit dem Ergebnis der Schöpfung einer Neuen Natur. Umwandlung ist das Thema seiner Wissenschaft. Abstraktion ihr Werkzeug. Einfügung ihre Strategie. Weder legt sie es darauf an, das Entgegenstehende auszulöschen und Widerstände zu brechen, noch unterwirft sie sich, sondern sie beweist ihr Genie, indem sie es wie der Seemann macht, wenn er mit Hilfe des Gegenwindes gegen die Windrichtung kreuzt mittels Verwinklung der Angriffsflächen, die er dem Wind als Segel darbietet. Wir sehen: Die Macht des Lebendigen verschreibt sich weder dem einen noch dem anderen, seinem Gegenteil – sondern sie erzeugt ein DRITTES als den Zustand der pendelnden Auswiegung des einen und des anderen. Nicolaus von Cusa nannte dieses DRITTE: die coincidentia oppositorum, das unvermischte In- und Miteinander der Gegensätze. Und dieses Dritte zu finden und zu erzeugen: dazu befähigt der Umgang mit der Macht – und nur dieser!

Die Legende berichtet von einem Heiligen, der die Versuchung des Teufels, als dieser ihm die Macht anbot, Gutes zu tun, mit der Antwort überwand: »Die Macht ist Gottes, und nur er ist gut.« So scheiterte er nicht an der Klippe, die den meisten am Thron der Macht und ihren Opfern zum Verhängnis wird: die eigene Vorstellung vom Paradies durchzusetzen und alle Widerstände auf diesem Wege zu brechen, um schon nach den ersten Schritten den letzten Bremsklotz auf der Gleitbahn zur Bestialität wegzustoßen, eingereiht in den Totentanz der patentierten Heilsbringer, Aufklärer, Hexenjäger, Ideologen und Skeptiker; mitgerissen in die kopflose Flucht vor der Macht.

Das Scheitern an der Macht ist eine Krankheit. Nicht Bosheit, sondern Blindheit. Um so eindeutiger stellt sich die Frage nach einer Therapie, nach einem Verhalten und Tun, in dessen Übung ich »der Macht mächtig bleibe« – statt aus ihrem Schwerefeld, in dem alle Sonderziele aufgewogen sind, herauszufallen. Irgendwo ist jeder irgendeines Vorgesetzter. Irgendwie steht jeder an der Jakobsleiter. Werde ich den Engel aushalten – oder werde ich fliehen? Werde ich wie jener General sagen können: »Mit harten Befehlen zementierte ich meine Schwäche«?

Es gibt eine hübsche Geschichte, die das Wesen eines machtvollen Wirkens gewissermaßen für den Hausgebrauch illustriert. Der zur Goethezeit lebende Maler Kügelgen, dessen Lebensbericht unter dem Titel *Jugenderinnerungen eines alten Mannes* berühmt wurde, erzählt von einer Erziehungsmaßnahme seiner Mutter, die mit neun Kindern fertig zu werden hatte. Wenn eines derselben allzu unbotmäßig geworden war, band sie es mit einem Fuß am Bein des großen Familientisches fest – aber nicht mit einem Strick, sondern mit einem seidenen Faden, der wahrscheinlich schon bei der geringsten Zerrung gerissen wäre. Die Wirkung war, daß das so behandelte Kind mäuschenstill verharrte, bis es befreit wurde. Dabei war jedesmal offensichtlich, daß das Kind, statt den Versuch zu machen loszukommen, sich mit sich selbst befaßte, d. h. spielte – und dabei langsam ruhig und vergnügt wurde. Nun, diese Methode ist kein Rezept, da sie auf der persönlichen Autorität dieser Mutter beruhte. Aber die Geschichte läßt doch erkennen, daß Autorität eine Art persönlichen Fluidums ist, etwas Substantielles, das wie ein wohltätiger Zustrom sich an den anderen mitteilt. Und zwar in der Weise, daß sich dieser dann aus seiner Affektlage zur stilleren Mitte zurückfindet.

Die Frage (in unserem Zusammenhang und ins Allgemeine gewendet) wäre: Was kann ich tun, um so zu werden und zu wirken wie diese Mutter? Wie finde ich jene Autorität, die der Macht den Weg offenhält? Wie bleibe ich auf ihm? Gibt es einen Kompaß, dessen Nadel auf den Magnetpol der Macht gerichtet ist, so daß ich nach ihm steuern kann?

Es gibt ihn. Die Naturkunde vom Menschen hat längst das immer Gewußte und Geleistete bestätigt gefunden und epochal erweitert. Danach ist das Leibgeschehen deutbar als ein dem Makrokosmos zugehöriger Mikrokosmos, wie Frucht und Keim aufeinander bezogen. Das Gehirn repräsentiert mittels Zeichen und Mustern und reflektiert. Und das »Ich« wölbt sich wie ein Regenbogen über den Fußpunkten Leib und Gehirn – beide auswiegend und überstrahlend. Es sind die Leibkörper-Prozesse, jenes tiefe, unablässige Pendelgeschehen (dessen autonomes Walten vor allem der Schlaf offenbart), die im Zusammenspiel mit den Prozessen der Umwelt-Wahrnehmung und den Operationen des Gehirns, dem Denken, das wogende Spannungsfeld bilden, in dem und als welches das »Ich«, die Person, auf den Plan tritt.

Das dem Wachzustand zugrunde liegende universale, alle Zellen, Häute, Nervenfasern und Gewebe durchwaltende Ausgleichsgeschehen des Organismus ist der Dunkelgrund, in dem das Licht des Ich leuchtet und ohne den es erlischt.

Darum, frage ich nach dem Kompaß, dessen Nadel auf den Pol der Macht gerichtet ist, unbeirrbar wie der Zug der Kraniche oder der Gang der Sterne: Hier ist er.

Als Goethe den Zeitgenossen seine Pflanzen-Metamorphose anbot, entstand bei ihnen das bis auf den heutigen Tag fortdauernde Mißverständnis, es handele sich dabei um eine Gestalt-Theorie oder naturphilosophische Spekulation, zu der man so oder so, ablehnend oder zustimmend, Stellung nehmen könne. Während es sich in Wahrheit um eine vom Organismus zu leistende Methode der Aufladung jenes fruchtbaren Spannungsgrundes zwischen Gehirn und Leib handelt. Und zwar vermöge einer »anschauenden Urteilskraft« gegenüber »geprägter Form, die lebend sich entwickelt«. Den Rhythmus ineinander greifender, in Lösung und Bindung sich steigernder Phasen und Orte der Pflanze verwandelt das mitvollziehende Exerzitium in ein leiblich erfahrenes Mitschwingen, in ein Entstehen und Vergehen, in das Stirb und Werde, das »Urpflanze« heißt.

Die Goethesche Farbenlehre ist ein weiteres Beispiel der Einschulung zum Umgang mit der Macht (es lassen sich für die erfragte Therapie hierorts nur beispielhafte Modelle vorstellen). Entgegen dem noch heute geltenden Mißverständnis ist sie primär keine Farben- oder Lichttheorie, sondern eine werkzeugliche Methode zu einer sich im ganzen erfassenden Einstimmung: Ich gelange mittels einer stufenhaften Seh-Disziplin in das zwischen Licht und Dunkel polar kreisende Farb-Geschehen, in welchem gegensätzliche Farben (Rot – Grün, Blau – Orange, Violett – Gelb) statt sich zu unterdrücken, einander hervorrufen und steigern: Das erstrebte ganzleibliche Ergriffensein von diesen Augenereignissen ruft resonanzhaft die geistig-sittliche Fähigkeit auf den Plan, Gegensätzliches in der Dimension der Macht auszuwiegen, zur Koinzidenz zu führen, zu überhöhen oder, wie wir heute sagen, zu integrieren.

Das Integrations-Vermögen wird Fleisch und Blut; wird Person: im selben Maße, wie es aus Fleisch und Blut konkret hervorgeht.

Diese konkrete, durchaus gymnastische Methode der Leibgründung des Geistig-Sittlichen oder der Geisterregung des Leibes, wie sie sich im Goetheschen Lebensbeispiel mitteilt, ist dadurch gekennzeichnet, daß sie sich durch jede Art von Einseitigkeit selbst aufheben würde. Es gibt keine Patente. Es gilt auch kein Totalanspruch. Therapien, Heilverrichtungen gelten nur im Sinne des Salzes, des Senfkorns, des Sauerteigs. Es sind Botenkräfte des Lebendigen. Religionen, Kulturen, Epochen, Individuen haben die ihren besonderen Anfälligkeiten gemäßen Schwerpunkte zu finden oder zu verfehlen. Das Alte China beispielsweise ging den Weg, durch Schreibübungen, durch das manuelle Ritual des Bambusschreibens, das Ausgleichschaffen in Menschen von Fleisch und Blut, gewissermaßen in menschliche Struktur zu verwandeln. Es spricht viel dafür, daß, da im Tempo der technischen Totalisierung nicht nur einzelner, sondern aller Organfelder die Zonen der Prozeßentleerung sich rapide und weltumspannend ausbreiten, die Methodik der Leibwerdung eine radikale und umfassende sein wird. Das Leibgeschehen wird erfahren und bewirkt Werden in Wechselwirkung mit den atomaren und astrophysikalischen Abgründen, in welche das Abstraktionsvermögen verändernd eindringt. Der solchermaßen leibliche Umgang mit der Macht erfordert und erzeugt aber Menschen, deren Leibperson, deren Existenz eine einzige auf Versöhnung, auf das Ziel hinter den Zielen gerichtete Magnetnadel ist. Der Umgang mit der Macht fordert und stiftet eine Neue Sensibilität.

Es war nie anders. In früheren Epochen wurden solche Menschen in den Kasten der Priester, Adligen und Herrscher exerzitienhaft gezüchtet.

»Nur das Höchste im Menschen ist der Mensch«, postulierte Paracelsus. Wir dürfen sogar sagen, daß im eigentlichen Sinne nur ein Gott fähig ist, Mensch zu sein. Wie schon immer, im anhebenden Jahrtausend jedoch in einer wissenschaftlichen Bewußtheit, wird sich der Mensch diesem Menschen im Menschen zugeordnet erkennen und es bezeugen – oder die Gattung verfehlt ihre Möglichkeit und verschwindet.

Wir müssen uns darüber klar sein, daß die Betrachtung und Bedenkung dieser Sachverhalte, wenn sie sich als Appell an die Einsicht der Erwachsenen verstehen würde, zu spät kommt. Mit Appellen an Erwachsene ist nichts mehr ausgerichtet. Das Einzige, was dem Erwachsenen im Rahmen der ihm verbliebenen Fähigkeit noch zu tun bleibt, ist, daß er des Kindes gedenkt und ihm seine Aufmerksamkeit und Energie zuwendet. Dabei kann dieses Kind auch noch in ihm selber wohnen. Der Grund für diese rigorose Beschränkung auf das Kindsein liegt in folgendem Umstand: Bis zum 11. oder 12. Lebensjahr, bis zur Pubertät, ist das Kind der Mensch, dessen Organismus noch im Aufbau, in der Ausreifung, in der Entwicklung seiner inneren und äußeren Funktions-Glieder begriffen ist.

Der Mensch ist eine Frühgeburt, insofern dessen vorgeburtlich begonnene Entwicklung erst nach Ablauf eines Jahrzehnts nach der Geburt abgeschlossen ist. In diesem Zeitabschnitt ist der Mensch am meisten aufnahmefähig, aufnahmehungrig und bildsam. Alles, was er sich in dieser Zeit zu eigen macht, wird seine organismisch-dingliche Substanz, wird Fleisch und Blut. Die Muttersprache oder zwei, drei vom Kinde spielend erlernte Fremdsprachen werden zu substantiell verankerten Verrichtungs- und Verhaltensweisen. Die Sprache ist vorgebahntes Leben.

Wenn es also auf den leibsinnlichen Umgang mit der Macht ankommt, dann ist nur das Kind dazu imstande, weil das Kind nur in eben diesem Umgang sich entwickelt. Wir nennen diese Form des Umgangs mit der Macht, die zugleich dessen eigentliche Form ist, das Spiel. Das Spiel ist Spiel mit Regeln, allemal, strenggenommen aber ist es Spiel mit den Regeln der Macht.

Jedes Kind, das sich auf eine Schaukel stellt, um sie aus dem Stand heraus in Schwung zu bringen, sucht und erfährt solche Macht-Regeln als die seines eigenen Organismus: das Gesetz des Pendels. Auf der Wippe das unverrückbar mächtige Gesetz des Hebels. Das Spiel mit dem Ball ist Umgang mit der universalen Macht des Elastischen, wobei das Kind sich selbst als elastisch erfährt und erprobt. Das Spiel mit dem Bauklotz ist Spiel mit der Schwerkraft und dem Gleichgewicht. Das aus Klötzchen einen Turm aufrichtende Kind erfährt und erprobt an der Kipplichkeit des Klötzchen-auf-Klötzchen-Setzens den eigenen Balanceprozeß. Mit dem Turm richtet das Kind sich selber auf.

Stellen wir also als Erwachsene die Frage nach der konkretesten Möglichkeit unseres Tuns, so lautet die Antwort: Gebt dem Kinde Spielräume, in denen es der Macht in aller Gestalt und in jedem Gewande begegnen kann.

ÜBER DIE SCHÖNHEIT

Rundfunkvortrag
gesendet am 2.5.1965
im Hörfunk Bremen

Abschrift des maschinengeschriebenen Mauskripts

Wenn wir versuchen wollten, das Phänomen »SCHÖNHEIT« begrifflich zu fassen, so würden wir bald bemerken, daß wir damit nicht viel anderes erreichten, als die Masse der ungezählten Aussagen, Meinungen, Maximen und Theorien über dieses Thema zu vermehren.

Wem wäre damit geholfen? Das einzige, was dabei zu gewinnen wäre (...und das dürfte schon viel sein), könnte ein Blickpunkt oder einige Gedanken sein, die zu weiteren Überlegungen anregen.

Wir werden bemerken, daß »SCHÖNHEIT« kein Gegenstand ist, der mit Definitionen abgegrenzt und als Information weitergegeben werden kann. Und das gilt heute in besonderem Maße deswegen, weil die zeitgängige Opposition gegen das Schöne gerade durch deren Programmierung und doktrinäre Festlegung hervorgerufen wurde – wobei noch erschwerend hinzukommt, daß auch diese Opposition selber schon geworden ist, was sie bekämpft – nämlich doktrinär.

Was nützt es, daß wir den Menschen mit vielen schönen Worten die Herrlichkeit eines Sonnenaufgangs preisen, ohne dabei die Möglichkeit zu erwägen, ob nicht vielleicht die Augen der meisten zwar noch fähig sind, die Sonne zu sehen, aber nicht mehr ihre Herrlichkeit. Daß wir preisen und uns wundern über mangelnde Ergriffenheit, weil wir die Frage nicht geprüft haben, ob das Nicht-Sehen der Herrlichkeit gar nicht so sehr auf Gleichgültigkeit oder gar bösen Willen, als vielmehr auf einer Organkrankheit beruhen könne.

Denn es ist in der Tat so, daß die menschlichen Umwelt- und Sinnesorgane, das Auge zumal, rein physiologisch und neurologisch betrachtet, dazu geschaffen und beschaffen sind, die Dinge nicht isoliert und als solche, sondern als Eigenschaften von Herrlichkeit zu erkennen.

Hinsichtlich des Verhältnisses von Organ und Schönheit im allgemeinen, Kunst und Organ im besonderen, sagte Goethe, diese seien »partout nur sinnenhaft« zu verstehen. Damit traf er, ganz im Einklang mit den Ergebnissen heutiger anthropologischer Forschung, den Nagel auf den Kopf.

Was aber, wenn die Sinne verkümmert und – damit gleichbedeutend – verwildert sind? Das ist unsere Frage. Wir wollen – durchaus zu verstehen als das Ziel einer Sinnes-*Heilkunde* – erfahren, was zu tun ist; welche praktischen Wege zu gehen sind.

Hier eine hübsche Anekdote. Sie veranschaulicht in sarkastischer Form, um was es beim Verhältnis zu Schönheit, sei es ein empfangendes oder hervorzubringendes, eigentlich geht. Damit wäre zugleich die Wegrichtung markiert, in der wir versuchen wollen, uns dem Phänomen in einer Weise zu nähern, mit der man etwas anfangen kann – oder die mit uns etwas anfängt.

Im England der neunziger [1890er] Jahre galt der Maler Whistler als eine Koryphäe auf dem Gebiet des Schönen und der Künste. Er hatte gelegentlich eines Kunst-Streites vor Gericht als Gutachter zu fungieren. Nun war Whistler ein großer Herr und Dandy. Auf die Frage des Richters, ob er imstande sei, den ehrenwerten Geschworenen zu erklären, was Kunst sei, erhob er sich lässig, klemmte sein Monokel ein und fixierte jeden einzelnen der Korona. Darauf sagte er: »Nein«! – und setzte sich.

Offenbar muß also (– und davon ging der Maler Whistler aus) in den Augen eines Menschen etwas blitzen – müssen seine Gesichtszüge, seine Bewegungen, sein Gehabe etwas davon verraten, ob er in der Lage ist, »Herrlichkeit« zu sehen. Es muß sozusagen etwas Besonderes von ihm ausgehen, wenn er empfänglich ist für die Herrlichkeit, Schönheit, Würde … wie immer man nennen mag, was oberhalb dessen liegt, das auch Apparate (Film oder Tonband) registrieren können. Seine Erscheinung muß für die Sinne dessen, der für Herrlichkeit offen ist, mit dieser etwas Verwandtes haben. Definieren läßt es sich nicht: es ist Sache von Organ-Erfahrungen.

Es kommt oft vor, daß ein großer Künstler, Musiker, Dichter, Maler, Denker, Wissenschaftler – dessen ganzes Leben geprägt ist durch unablässigen Umgang mit dem Wahren, Schönen und Guten, eingekeilt in einer Menge steht. Über seinem Gesicht, seiner ganzen Gestalt liegt ein Leuchten – immer. Aber niemand sieht es … Niemand gewahrt, daß seine Züge leuchten im Abglanz der Schönheit, der er zugewandt ist.

Von Buddha hieß es, es sei eine Beglückung, zu sehen, wie er eine Treppe emporstieg oder eine Tür öffnete. Und weiter heißt es, daß die, mit denen er lebte, fähig waren, es zu sehen.

Vielfach begegnen uns auf der Straße, im Gewimmel des Verkehrs, in der Bahn Menschen, die nach den Maßstäben eines Schönheitsmodells, weder irgendeines noch des gerade zeitläufigen, gar nicht hübsch oder schön zu nennen sind: aber auf ihrem Gesicht liegt ein Leuchten. Ihre Bewegungen haben etwas Anmutvolles. Es handelt sich meist um junge, noch nicht durch sogenannte »Lebenserfahrung« gekennzeichnete Menschen. Über ihrem Wesen liegt der Widerschein gleichsam unsichtbarer Sonnen. Auf Kinder trifft es ausnahmslos zu: Ihre Gesichter sind – ob »schön« oder nicht – im eigentlichen Sinne immer *Spiegel* von Schönheit … derart, daß die Frage, wie dieser Spiegel gerahmt ist, ob er Flecken oder Sprünge aufweist, kaum aufkommt.

Unversehens haben wir uns mit dieser jedermann bekannten Beobachtung einem Merkmal des Schönen genähert. Dem nämlich, daß Schönheit eine Art von Schein oder Widerschein, daß sie etwas Spiegelndes ist.

In der Tat: Sie ist ein Schein. Denn wie sollte es anders zugehen, daß sie »erscheint«, daß sie sich als Schein darbietet, in dem sie sich gewissermaßen ganz nach außen bringt; und daß sie sich darin darstellt und verwirklicht, was ihre gänzlich nach außen gewandte Oberfläche bildet? Würde ich z. B. von einem Bühnenstück das abziehen, was Schein ist, so blieben nur Kulissen, Garderobe und gewöhnliche Sterbliche übrig. Oder würde ich von einer Bronzeplastik den Schein abziehen, so bliebe nur das Material, oder was sonst wägbar an ihr ist, übrig. Aber das WIE, was ja den Schein ausmacht, wäre verschwunden. Ich hätte nur noch das WAS. Übrig bliebe eine Menge genauer Wägbarkeiten. Ähnlich wie wenn man von einem Gemälde die Farben zusammenkratzen und unter der Behauptung, daraus bestünde das Bild, genaue Angaben über die Chemie der verwendeten Farben und ihre Mengenverhältnisse machen würde. Der Umstand indes, *wie* die Farbe (also das »WAS«) auf der Fläche angeordnet; *wie* die Töne einer Tonfolge ineinander und hintereinander zusammengefügt sind – dieser Umstand erst ist es, der den SCHEIN des Erscheinenden ausmacht.

Wenn Goethe sagt, das Schöne sei »partout nur sinnenhaft« zu erfassen, so sagt er hiermit zugleich auch etwas über die Art und Weise aus, wodurch das Verhältnis der Sinne ihrerseits zum Schönen charakterisiert ist. Dadurch nämlich, daß die Sinne radikal und absolut nur dem Schein und nichts als dem Schein zugeordnet sind.

Eine Sinnesfläche, genauer: der Prozeß eines Umweltsinnes kann auf gar nichts anderes bezogen sein als auf das, was sich als Erscheinung darstellt: Erscheinung als jeweiliges Endstadium einer unabsehbar langen und vielschichtigen Ursachenkette und Entstehungsgeschichte. In jedem Drosselruf zur Morgenfrühe, zur Abendstunde gelangt eine Million Jahre Drosselgeschichte zu Gehör.

Goethe präzisierte dieses Verhältnis der Sinne zur Erscheinung und der Erscheinung zu den Sinnen, das so ganz anders verläuft als das Reduzieren des Gehirns auf mathematische Gleichungen, mit der Bemerkung, daß »nichts *hinter* der Erscheinung zu suchen« sei; und daß, wer etwas »dahinter« suche, einem Affen gliche, der hinter dem Spiegel, in dem er einen Affen sieht, einen solchen sucht.

Fragen wir nach diesen Beobachtungen nun: Was kann geschehen, damit etwa verkümmerte Sinnesorgane wieder ihre Funktion antreten, so zieht sich diese Frage in die andere zusammen:

Was können wir tun, damit die Organe, die – seit mindestens 150 Jahren hinter den Spiegel sehend – mehr und mehr die Welt des Erscheinenden allein auf mathematische Lagebeziehungen reduzierten, sich nicht der *hinter*, sondern *vor* dem Schein liegenden Wirklichkeit öffnen und offen bleiben und immer geöffneter werden?

Rekapitulieren wir noch einmal: Ein Schönheits-Ideal, allgemein verbindlich und auf einem Sockel stehend, also daß man mit dem Finger darauf weisen und sagen könnte: »Das ist es!« – gibt es deswegen nicht, weil ich mit dem Feststellen von etwas Feststehendem die Sphäre des Scheins verlassen hätte. Es gibt die Schönheit als etwas Feststehendes ebensowenig, wie etwa ein Physiker von einem Ding der Erfahrung sagen würde: »So und so ist es.« Vielmehr sagt er: »So und so kann ich es mir verständlich machen.« --- Anders ausgedrückt: SCHÖNHEIT ist kein »IST«. Sie ist ein »ES-GESCHIEHT«. Und zwar ein »GESCHIEHT« in dem strengen Sinn, daß ich entweder produktiv Mithandelnder bin; – oder *es* geschieht eben nicht.

So viel Völker, so viel Zeiten – so viel Weisen, sich dem SCHÖNEN als etwas Erscheinendem zu öffnen, so viel Verhaltungen, Sitten, Kulte und Riten, ihm – organhaft wohlgemerkt – geöffnet zu bleiben. Die Griechen hatten das flüchtig Scheinhafte des Schönen nicht nur richtig begriffen, sondern auch die *Struktur* dieses Begreifens von Generation zur Generation mitteilbar gemacht durch [den] Mythos von der Geburt der Aphrodite aus dem Schaum des Meeres. Damit war jedermann gesagt: Gib acht auf den vergänglichen Schein! Übe dieses Achtgeben! Flüchtig wie Schaumgekräusel auf den Wellen des Meeres ist die – *Göttin*. Nicht etwa »die Schönheit«, sondern die Göttin, auf deren Gestalt der Widerschein des Schönen ruht.

Eigentlich verbinden wir den Begriff der Schönheit uneingeschränkt nur mit dem von den Augen Wahrgenommenen, mit dem Visuellen. Mit dem Ton- und Klangreich schon weniger. Mit dem Geschmack gar nicht. Kant lehnte den Begriff »schön« für eine Speise ab. Diese Stufung hat keinen dogmatischen, sondern einen physiologischen Grund. Die Nerven des Organs Auge führen mehr als bei allen anderen Sinnen zum Großhirn, dem Sitz des begrifflichen Denkens. Das Hören ist viel leibhafter, wie jedermann merkt, wenn ihm ein Rhythmus in die Glieder fährt, so daß es Überwindung kostet, sich nicht danach zu bewegen. Das gibt es gegenüber einer visuellen Erscheinung nur (dieses »nur« ist allerdings eine subtile Form der Steigerung) in mittelbarer Weise. Geschmack- und Geruchs-Empfindungen sind nur noch zum kleinsten Teil gehirnlich – um so stärker dafür mit Gedächtnis befrachtet.

Dieser physiologische Sachverhalt ist der Grund (wenn auch nicht der einzige) dafür, daß wir uns auf der Suche nach Methoden zur Entwicklung der Sinnes-Organe in diesem Zusammenhang auf Seh-Erfahrungen und -Veranstaltungen konzentrieren. Es kommt hinzu, daß sie leichter mitteilbar, leicht verständlich und ebenso leicht ausführbar sind.

Wenn ich mich in der Welt umsehe, um eine im Sinne der »Schaumgeborenen Göttin« besonders vergängliche, flüchtige, instabile Erscheinung zu finden – so begegne ich vor allem den wogenden Farben des Sonnen-Auf- und -Niederganges; dem Himmelsblau; dem Regenbogen; dem diamanthaft leuchtenden oder quecksilbrig spiegelnden Tautropfen, dem Nordlicht.

All diese Vergänglichkeiten beherbergen und hüten eine abermalige Vergänglichkeit, flüchtiger noch als diese, unfaßlicher noch, ja, wahrhaft geisterhaft. So geisterhaft, daß die seit Newton so gesichert erscheinende physikalische Optik die neuerlichen technischen Konsequenzen dieser Erscheinung noch nicht hat einordnen, geschweige denn voraussagen können. Im Gegenteil: Bis zu ihrer zufälligen Beobachtung wurde deren Möglichkeit nicht nur nicht bestritten, sondern erst gar nicht in Erwägung gezogen. Eigentlich dürfte es das Phänomen gar nicht geben …

Wir sprechen von dem in den »farbigen Schatten« wirkenden Prinzip.

Bitte, versäumen Sie nun nicht, es sich nach folgenden Angaben selbst zu demonstrieren.

Denn dadurch, daß sich hierbei der Schein offensichtlich als nichts anderes darbietet denn als *bloßer Schein* (»… eigentlich dürfte es ihn gar nicht geben …«), ist er eine radikale Herausforderung an die Fähigkeit, ihn wahrzunehmen. Nehmen wir diese Herausforderung an und gewähren wir dem, was dadurch an und mit uns geschieht, Raum, so hat sich bereits eingestellt, was es zu finden galt, nämlich: der *Organsinn* für das SCHÖNE hat seinen Prozeß angetreten.

Wir rücken bei Anbruch der Dämmerung, wenn das Tageslicht kühl und farblos ist, einen weiß ausgelegten Tisch in die Nähe eines Fensters. Darauf stellen wir eine Kerze, deren Flamme, verglichen mit dem Licht von außen, gelblich-warm ist. Zwischen Kerze und Fenster stellen wir einen Bleistift und beobachten die Farbe des Schattenstabes, den der Bleistift in Richtung Fenster über den weißen Grund wirft. Hoffentlich sind wir von der Erscheinung überrascht. Überrascht auch und gerade, wenn wir sie zu kennen meinen. Die Erscheinung ist durchaus unaufdringlich und leicht übersehbar. Überrascht zu sein von etwas Unaufdringlichem, ja Gewöhnlichem, ist ein seltener Zustand – ein Glücksfall. (Man denke an Newtons fallenden Apfel.)

Wir sehen, daß der Schattenstab leuchtet in einem morgendlichen sanften Blau.

Der Schatten leuchtet, und er ist von bläulicher Tönung. Wo aber kommt dieses Geisterblau her? Das Licht von außen ist weiß. Das Kerzenlicht gelblich.

Ist das alles?

Es ist alles in dem Sinn, wie ein Samenkorn ein Alles ist – eine Ähre, ein Baum.

Es ist nichts – wie dieses Samenkorn. Keine Ähre, kein

Baum wird, wenn ihm nicht die richtigen Bedingungen für sein Gedeihen und Wachsen zuteil werden.

Die Grundbedingung für das Wachsen solcher – so dürfen wir sie nennen: Erlebnis-Keime, wie sie das Phänomen der farbigen Schatten vor Augen führt und von der sich alle weiteren Bedingungen auszweigen, heißt: Aufmerksamkeit.

Natürlich Aufmerksamkeit in Hinsicht auf das, wodurch einzig Aufmerksamkeit herausgefordert wird: das Unscheinbare. Das Flüchtige. Das Gewöhnliche. Das entstehende Vergehende, das vergehend Entstehende. Das Übergängliche ...

Nun sei empfohlen, den Kerzenversuch, in dem der Schatten blau aufleuchtet, fortzusetzen und auszubauen.

Was würde, so wollen wir uns neugierige fragen, geschehen, wenn wir den Versuch umkehrten? Hatten wir es soeben mit dem gelben Licht der Kerze zu tun, die blauen Schatten erzeugte – was würde sich ergeben, wenn wir blaues Licht wählten? Oder rotes? Oder grünes, violettes?

Wie die Versuchsanordnungen zu treffen wären, könnten wir schon aus dem ersten, dem mit der Kerze ermitteln. Wir müßten uns lediglich das Wesentliche des Vorgangs vergegenwärtigen.

Wie war's?

Der Bleistift steht auf der weißen Unterlage genau zwischen dem Tageslicht des Fensters und der Kerze. Dabei wirft die Kerze den Schatten des Bleistifts dem Fenster entgegen. Und dieser Schatten ist blau.

Wenn wir das Fenster verdunkeln (oder wenn wir den Versuch abends vornehmen) – ist der Bleistiftschatten nur einfach grau – wie immer. – – – Worauf es also ankommt, liegt darin, daß der Schatten, der doch definiert werden kann als »mangelndes Licht«, aus einer zweiten, natürlich farblosen Lichtquelle *angeleuchtet* werden muß. Allerdings nicht so stark, daß er davon verschluckt wird. Sondern gerade nur soviel, daß seine von der Kerze herrührende Existenz noch erhalten bleibt. Es ist also kein ganzer Schatten, sondern ein halber, ein »Halbschatten«. – Das ist das Entscheidende.

Dieses gewußt, können wir nun die nächsten Versuche sachgemäß einrichten. Diesmal ohne Zuhilfenahme des Tageslichtes durchs Fenster, da seine Streuung zu groß ist. Wir arbeiten jetzt mit den Lichtkegeln gewöhnlicher elektrischer Lampen, die wir mittels schwarzer Manschetten zu kleinen Projektoren umgebaut haben. Wir brauchen deren zwei. Ein Projektor mit nur weißem Licht. Der andere mit auswechselbaren Farbglasfiltern. Man kann sie bei jedem Glaser erhalten: blau, gelb, rot, grün, violett, möglichst intensiv.

Diese Vorrichtungen dürfen ganz primitiv sein. Die Effekte versagen sich nicht.

Wir kehren also den Kerzenversuch um. Wir stellen den Stab mitten in einen blauen Lichtkegel. Den weißen lassen wir zunächst aus dem Spiel. Was erscheint? Ein fast schwarzer Schatten in einem blauen Lichtfeld, das auch über die weiße Unterlage ausgebreitet ist. Jetzt aber schalten wir den weißen Lichtkegel an und richten ihn (nicht zu stark, nicht zu schwach) auf den fast schwarzen Schattenstrich. Und nun taucht wieder die Geisterfarbe auf! Das Prinzip wird sichtbar, auf dem das Farbige Fernsehen nach dem »Land-Effekt« (genannt nach ihrem amerik. Entdecker Land, 1958) beruht: Der Schatten ist leuchtend gelb.

Man hat lange geraten: Ist er nun »wirklich« gelb oder »erscheint er nur« gelb? Bis eben der Land-Effekt die Frage entschied:

Subjektive Erscheinung und objektiver Befund decken sich.

Ja, gerade hier, am Phänomen der »Farbigen Halbschatten« betreten wir den Bereich des exakten Geheimnisses der Verbindung von Innenwelt und Außenwelt.

Wir setzen die Versuche fort – mit der Anwendung roter, grüner und anderer Farblichtkegel. Rotes Licht, so werden wir gewahr, läßt die Halbschatten leuchtend grün; gelbes Licht – das wissen wir schon –, leuchtend blau erscheinen usw.

Die Hauptsache bei allem ist, daß wir nicht nachlassen, uns zu wundern. Ja, daß wir uns bewußt entschließen, es zu lernen. Und zwar mit zunehmender Ergriffenheit. Zu lernen, daß der eigentliche Schlüssel des Be=greifens darin liegt, uns er=greifen zu lassen. Denn in dieser Verfassung bewegen wir uns auf der Grenzscheide, in der Subjekt und Objekt, Ich und Welt – *nicht* »ineinanderfließen«, sondern ein Neues, ein Drittes verwirklichen: eben die *Erscheinung!* die Erscheinung des Schönen.

Womit endlich wir das »Undefinierbare«, das heißt: das nicht durch anderes Austauschbare, erfahren, *leibhaftig erleben:*

Schönheit ist der unendlich flüchtige Übergang, in dem Ich und Welt zu einer neuen Wirklichkeit geboren und erhoben sind.

»... doch ihm bescheren luft'ge Geister das Übergängliche, das Milde – daß er es fasse, fühle, bilde.« (Goethe)

Hier einige weitere kleine, dem Aufmerkenden schon genügend bedeutsame Hinweise. Namen nur, mit denen sie aufgerufen sind.

Der Tautropfen. Flüchtig genug ist er. Unbeachtlich genug auch. Denn er ist überall und sattsam gewöhnlich. Scheinhaft genug auch – denn er kann funkeln wie ein Diamant und spiegelnd sein wie Quecksilber und zugleich durchsichtig wie Glas... Aber sehen wir näher zu, so hat er oben eine dunkle, unten eine helle Hemisphäre. Oben ist der Erdboden, unten der Himmel gespiegelt, mit Wolken, Bläue und Sonne. Und vergrößern wir ihn unter polarisiertem Licht, so enthüllt sich ein unaufhörlich im Gang befindliches Wogen grandioser, geradezu unglaublicher Stromgestalten. Der so harmlos erscheinende Tautropfen ist eine wahre Weltgeburt.

Ein weiterer Name: Regenbogen. Im Pentateuch heißt es von ihm, daß Gott ihn zum Zeichen der Versöhnung gesetzt habe.

Das stimmt.

Es stimmt in Buchstäblichkeit und wörtlich. Jeder Aufmersame erfährt es an seinen Organen.

Es stimmt aber auch, daß ohne eine sorgsame und genaue Anleitung das »Fassen, Fühlen und Bilden« des Übergänglichen schwerlich zustande kommt, vonstatten geht und durchgeführt wird, weil uns allen ein mindestens zweihundertjähriges Bemühtsein, Schein und Erscheinung zum Ausgangspunkt lediglich mathematischer Reduktionen zu machen, in den Knochen liegt.

Schein hat für die mathematische Reduktion nur soviel Realität, als sie eine Basis für ihre Operation darstellt.

Für die Organe aber gewinnt der Schein in dem Maße Realität, als der wahrnehmende Mensch deren Wirkung auf den Organismus, auf sein »Fleisch und Blut« zu fassen, zu fühlen und zu *bilden* willens ist.

Aldous Huxley vermutete, daß es der Bemühung mehrerer Generationen bedürfe, ehe sich – gewissermaßen genetisch – Organanlagen zu Gewohnheiten ausgeformt haben, welche die in der Wahrnehmung von Schein enthaltenen biotischen Wirkkräfte entbinden und fortentwickeln ... Wenn es nicht überhaupt zu spät wäre ...

Was die Bemerkung angeht, daß es nach den derzeitigen optischen Theorien die farbigen Schatten »nicht geben dürfe«, so bezieht sich diese nicht in erster Linie auf die farbigen Schatten als solche, vielmehr auf eine damit zum Problem gewordene Besonderheit derselben, die als Land-Effekt zur Ermöglichung des farbigen Fernsehens führten. Danach ruft das im Phänomen der farbigen Schatten waltende Prinzip durch eine einzige Hell-Dunkel-Stufe (etwa getöntes Gelb) auf dem Projektionsschirm die Totalität aller Farben in ganzer Pracht und Feinheit hervor ...

Das aber wäre für den Aufmerksamen kein größeres Wunder als das Blau des vom Tageslicht beleuchteten Schattenstabes, den eine Kerzenflamme hervorruft.

NICHT DAS AUGE SIEHT, SONDERN DER MENSCH

Rundfunkvortrag
gesendet am 12.6.1966
im WDR Hörfunk, 1. Programm
Sendereihe »Die Stille Stunde«

Abschrift des handgeschriebenen Manuskripts

In einem Brief Albert Einsteins an Max Born aus dem Jahre 1947 heißt es:

> »Immerhin kann ich mich auf kein *logisches Element* berufen, um meine Überzeugungen zu verteidigen – es sei denn mein kleiner Finger, alleiniger und schwacher Zeuge einer zutiefst in meiner Haut verankerten Ansicht.«

Wir würden schwerlich geneigt sein, dieses Bekenntnis eines Genies, auf dessen Abstraktionsvermögen die vor 50, 60 Jahren in Gang geratenen weltumspannenden Veränderungen der Realitäten zurückgeht, mit denen »fertig« zu werden unser Leben bestimmt ist, als unerheblich, als sozusagen privaten Stoßseufzer beiseitezuschieben. Zumal diese Worte an einen Mann gleichen Ranges gerichtet sind. Es ist nicht irgend jemand, der das gesagt und nicht irgend jemand, dem er es gesagt hat.

Dieser Umstand verpflichtet zum Aufhorchen. Wir müssen dieses Bekenntnis, das fast wie eine hinweisende Mahnung klingt, ernst nehmen. Wenn wir das aber tun, bleibt nicht aus, den sehr merkwürdigen Behauptungen darin – keinen anderen, noch dazu schwachen Zeugen zu haben als den *kleinen Finger* und als die *Haut*, mit bohrenden Fragen und Untersuchungen zu begegnen.

Denn was da gesagt wird, bedeutet ja nicht mehr und nicht weniger, als daß hier der Organismus mit Haut und Gliedern als der Ankergrund und Zeugenstand der Produkte eines Intellektes von höchsten Abstraktionsgraden bezeichnet wird.

Wir müssen, wenn wir die Tragweite dieser Äußerungen auch nur erst erahnen, zugeben, daß sie der landläufigen Auffassung von den Leistungen des Intellektes erheblich zuwiderlaufen. *Diese* ist vielmehr bestimmt von der Vorstellung, die Erzeugung von Ansichten, zumal solcher, die zum Bereich der Naturwissenschaften gehören und die de facto die Welt verändert haben, vollziehen sich – umgekehrt wie Einstein bekennt – in und durch *Ablösung* vom Organismus und es handelt sich dabei um den Effekt sich selbst fortheckender *logischer* Elemente.

Dieser landläufigen Auffassung steht Einsteins Bekenntnis entgegen, indem es, auf eine kurze Formel gebracht, besagt: Nicht das Gehirn denkt, sondern der mit Haut und Gliedern erlebende Mensch als Ganzes.

Wer im übrigen Bekenntnisse des gleichen Inhalts, dazu ebenfalls aus dem Munde eines Physikers, der als Zeitgenosse Einsteins beteiligt ist an der besagten Veränderung der Welt, vernehmen möchte, der lese das kleine, als Vermächtnis gedachte Buch Erwin Schrödingers »Meine Weltansicht«.

Die Frage, zu der die Worte Einsteins herausfordern, zielt in eine andere Richtung als die, eine Vermehrung von *Kenntnissen* zu erfahren. Darum handelt es sich nicht. Es handelt sich vielmehr darum, den *schwachen Zeugen* kennenzulernen, der sich hinter allen wie immer gearteten Kenntnissen, Vorstellungen, Denkmodellen, Theorien und Hypothesen verbirgt und den Einstein bei Namen nennt: den kleinen Finger, die Haut.

Einen kleinen Finger, eine Haut, dazu Glieder, Rumpf und schließlich einen ganzen Organismus, den haben wir ja wohl alle. Folglich, wenn der Hinweis Einsteins ernst zu nehmen ist, müßten wir über den gleichen Ankergrund weltbedeutender Ansicht verfügen wie eben Einstein. In der Tat: Einstein ließ erkennen, daß es ihm unmöglich sei, sich anders als einen normalen, absolut durchschnittlichen Menschen zu empfinden. Allerdings, die Berufung auf den kleinen Finger ist die logische Folgerung aus dieser Selbst-Empfindung, die uns normal Sterbliche bei einem Genie so verblüfft. Besagt sie doch beinahe: Der Mensch, wenn er Mensch ist, ist Genie…

Unsere Frage – es mag albern oder verwegen klingen, sie so zu formulieren –, hat der ihr innewohnenden Richtung gemäß zu lauten:

Haben wir das Verhältnis zu unserem kleinen Finger bewahrt, oder haben wir es verloren; und, wenn wir es verloren haben, wie können wir es wiedererlangen, wie weiterentwickeln, wie es sozusagen kultivieren?

Um letzteres soll es hier gehen. Was können wir *tun?* Wir fragen also nicht: Was gibt es zu wissen? Sondern: Was gibt es zu *tun?* Das ist unbequem. Zumal diese Aufforderung sich offensichtlich nur darin erfüllt, daß wir sie auf uns selbst beziehen; so, wie der Patient selber, nicht an seiner Statt ein anderer, die Arznei einzunehmen hat.

Was also ist zu tun, damit unsere sog. intellektuellen, unsere – wie sie genannt werden – »höheren« Fähigkeiten und Eigenschaften in unserem Organismus, in unserer Leib-Körperlichkeit, verankert oder gegründet seien – so wie etwa ein Baum mit seinem Wurzelwerk in der Erde? Immer vorausgesetzt, daß es überhaupt notwendig, daß es »natürlich« und also auch möglich sei, daß ihm also der Grad von Bedeutung »alleiniger und schwacher Zeuge« … zukommt, den Einstein ihm zumißt.

»Nicht das Gehirn, sondern der erlebende Mensch denkt.«

Diese Behauptung wollen wir in Einengung auf einen konkret faßbaren Tatbestand prüfen. Anstelle des gesamten Organismus nehmen wir ein einzelnes Organ aufs Korn (mit Recht: denn in jedem Organ ist der ganze Organismus anwesend…), und zwar jenes Organ, das durch seine physiologisch und pathologisch enge Verbindung mit dem Großhirn dem Vermögen, *An-Sichten* zu entwickeln, so nahesteht, wie es das Wort An-sicht sagt: *das Auge.*

Wir fragen: Was heißt Sehen? Was heißt es in jener Richtung, in der wir das Denken deuten? Wieso sieht nicht das Auge, sondern der Mensch, sofern er ein Erlebender ist? Und was kann ich tun, damit tatsächlich nicht nur mein Auge, wie landläufig gemeint wird, sondern ich als ganzer Mensch und Mensch im Ganzen ein Sehender, ein »Seh-Ich« sei?

Landläufig gemeint, ist doch das Sehen eine Art Schutzmaßnahme, um nicht anzustoßen, um heil über den Fahrdamm zu kommen, um mich in der Welt zurechtzufinden, um, auf primitiver Stufe, Nahrung zu erbeuten, Feinde zu erkennen oder um, auf der sogenannten höheren Ebene der Zivilisation, Naturgesetze zu erkennen, mit Hilfe derer sich Apparate, Maschinen, Waffen – kurz, das ganze technische Arsenal zur »Daseinsbewältigung« herstellen läßt. Das Auge wäre demnach der Apparat aller Apparate und Vorrichtungen zum Bestehen des Kampfes ums Dasein. Das ist der Kern der landläufigen, weil seit Jahrhunderten eingeformten, sozusagen vererbten Auffassung vom Sehen. Freilich, es wird dabei zugestanden, daß das Auge auch anderen Wirklichkeiten zugewandt sein kann, vor allem dem Bereich, den die Kunst bezeugt… Aber, so wird gemeint, das sind Wirklichkeiten zweiten und minderen Grades.

Konsequent auf den Organismus und als Ganzes übertragen, würde diese Auffassung besagen: Wir verfügen über ihn, um uns durch ihn in der immer feindlich entgegenstehenden Welt durchzuboxen, uns in ihr zu vermehren – wir tragen ihn wie eine Art Panzer oder Rammbock…

Doch die Vermutung, daß sich in dieser Empfindung vom Organ Auge und vom Organismus unser Daseinsgefühl ausdrückt, *ist keine aus der Luft geholte Unterstellung:* denn so sieht auf weiten Strecken die Welt aus. Das ist tatsächlich der Eindruck, den die Gattung Mensch auf einen »Gast vom anderen Stern« machen müßte.

Wir wollen unser Eingehen auf das Auge durch eine Mitteilung einleiten. Sie betrifft ein Ereignis, von dem sich ohne Übertreibung behaupten läßt, daß es nicht nur mehr oder weniger neben, sondern durchaus mitten unter uns geschieht (oder hoffentlich geschah) und eben darum den geeigneten Ausgangspunkt für unsere Organ-Erkundung bietet, für die Auslotung unseres Sehprozesses, deines wie meines…

Wir kennen – vielleicht aus Erfahrung am eigenen Leib, vielleicht durch Berichte aus dem Bekanntenkreis – die Erscheinung, daß amputierte Glieder mit genauer Ortung weiterhin schmerzempfindlich sind. Nun hat aber das so schwere Geschick der Kinder, die als Opfer des Contergan verstümmelt zur Welt kamen, Anlaß gegeben, jene geläufig gewordene Erscheinung hinsichtlich ihrer Hintergründe und Folgerungen für die Vorstellungen über die Naturkunde vom Menschen neu zu überdenken. In einer auch den Wissenschaftler, und gerade ihn, erschütternden Weise hat sich herausgestellt, daß arm- und beinlos geborene Kinder – Menschen also, die nicht wie die Amputierten bereits über Gliedmaßenerfahrungen verfügten – nicht nur Schmerzempfindungen in diesen nicht vorhandenen Armen und Beinen haben, sondern Empfindungen, als bewegten sie sich in ihrer natürlichen Funktion! Kinder, die nicht nur ohne Finger, sondern auch ohne Hände, ohne Unter- und Oberarme, mit nur stummelartigen Ansätzen an den Schultern und statt Beinen solchen an den Becken zur Welt kamen, lernen jetzt, wo sie Schulunterricht erhalten, das Rechnen, indem sie das Einmaleins – ganz von sich aus, so als wäre es selbstverständlich – an Fingern abzählen, die ihnen nicht nur fehlen, sondern die sie nie hatten, die nie entwickelt waren; an wahren Phantomfingern (wie sie auch genannt werden). Sie greifen um sich mit Phantomarmen, gehen mit Phantombeinen.

Man sollte den Atem anhalten: Arm- und beinlos geborene Kinder greifen um sich mit Phantomarmen, durchmessen die Welt mit Phantombeinen, zählen und rechnen mit Phantomfingern. In dieser Katastrophe steckt eine Kata-Strophe. Eine Verkündigung und Mahnung. Wir sollten zugreifen. Denn ein deutlicheres Zeugnis als es diese Opfer gaben dafür, daß alles Stückwerk Mensch die dingliche Möglichkeit nicht nur hat, sondern ist, der ganze Mensch zu werden, ist nicht denkbar, weil das Zeichen, auch umgekehrt gelesen, gültig ist, indem es besagt: Das Verhältnis des Phantomleibes zu seinen nicht vorhandenen Gliedern ist das Verhältnis des Organismus, sofern er lebt, zu sich selbst. Jede lebendige Bewegung, ja Regung, kann nur vonstatten gehen, weil es der Phantomleib ist, der sich darin verwirklicht.

Abermals: Was geschieht hier? Ist es nicht das, was Einstein seinen kleinen Finger als Zeugen anrufen ließ? Und, was mit ganz anderen Worten, aber im selben Sinne Picasso sagen läßt: »Ich suche nicht, ich finde«?

Sind nicht diese Bekenntnisse und unzählig ähnliche Projektionen auf den einen umfassenden Horizont des Platonischen »Alles Erkennen ist ein Wiedererkennen«, das seinerseits wurzelt in eben jenem Geschehen, das sich an den geschädigten Kindern offenbart?

Wir brauchen nicht weit in unserer Erinnerung zu kramen; es ist uns durchaus zugänglich, da wir es von Augenblick zu Augenblick erfahren, dieses Erkennen durch Wiedererkennen. Nachfolgend ein jedermann vertrautes Erlebnis als Beispiel, als Schlüsselbeispiel für alles, was wir und danach am Vorgang des Sehens und an seinem Organ, dem Auge, verdeutlichen und erfahrbar machen wollen.

Wir sind in eine Gruppe von Ausländern geraten. Sie sprechen eine uns fremde Sprache. Wir sagen dann: Sie sprechen Chinesisch. Damit wollen wir unser Erstaunen darüber zum Ausdruck bringen, daß wir nicht nur kein Wort seinem Sinne nach verstehen, sondern daß wir nicht begreifen können, wie es möglich sein soll, aus dem Wortschwall überhaupt verschiedene Laute, Lautfolgen und Pausen herauszuhören. Das kann uns sogar bei einem Dialekt der eigenen Sprache widerfahren. An derartigen Lauten kann unser Gehör keine gliedernden Unterschiede (Differenzierungen) wahrnehmen, während doch die Laute der Muttersprache als mannigfach vielgliedrige, in sich reichgestaltete, wohlunterscheidbare Klangwesen im Ohr ertönen. Wohlgemerkt: Wir meinen nicht das Verstanden-werden, sondern die bloße Hörbarkeit. Wir empfinden die Fremdsprache, die wir nicht erlernt haben, als einen Geräuschbrei; eine Art Lautsalat, der sich in nichts von einem rückwärtslaufenden Tonband unterscheidet.

Daß wir jede Silbe und Silbenfolge der Muttersprache als in sich selbst und voneinander klar gegliederte Lautwesen hören, von denen wiederum wir nicht begreifen, daß ein Fremdsprachiger sie als Tonbrei hört, muß doch offenbar daran liegen:

Während wir als Kinder die Muttersprache erlernten, müssen sich irgendwo in unserem Organismus Möglichkeiten entwickelt und verankert haben, durch die Ähnliches mit Ähnlichem verbunden wird. Was gehört wird (das jeweilige Hör-Erlebnis) muß aus einer Zuordnung äußerer Schalleinwirkungen zu Hör-*Mustern* hervorgehen, die in unserem Nervengewebe substantielles Ding geworden sind. Derart, daß, falls dieses Muster fehlt, der Schall nur als Tonbrei empfunden wird, aber nicht *»gehört«* wird.

Es klingt wie eine banale Selbstverständlichkeit, wenn wir folgern, das Sprachhören als ein Unterscheiden von Lauten (von Tonhöhe und Lautstärkepegel) entwickelt sich mit und nur mit der *Übung*. Dennoch ist in dieser trivialen Selbstverständlichkeit das Prinzip beschlossen, aus dem sich die praktische Methode zu einer systematischen Entwicklung aller menschlichen Fähigkeiten ableiten läßt, das Leben nicht nur dumpf zu *leben*, wie etwa ein Wurm, eine Muschel, eine Amöbe, sondern es zu *er=leben;* und, in einer weiteren Stufe, das Er-leben als solches wiederum zu erleben – gemeinhin bezeichnet als Bewußtsein.

Das Prinzip besagt, daß alle Erlebnisfähigkeiten sich der Bezugnahme auf Muster bedienen. Es gibt primäre und sekundäre Erlebnis-Muster. Die primären sind solche, die entwicklungsgeschichtlich, also aus der vorgeburtlichen Dynamik, in der sich der Organismus reifend ausformte, entstanden sind. Wir werden die für das Sehen maßgebenden Muster anschließend behandeln. Diese primären Muster wollen *geübt*, wollen in Anspruch genommen sein, wenn anders sie nicht verkümmern sollen: genau so wie auf einer sekundären Ebene die Sprache gesprochen sein will, innerlich und äußerlich, wenn anders deren erlernte Hör- und Sinn-Muster nicht verkümmern oder verwildern sollen.

Es hebt sich nun deutlicher hervor, wohin eigentlich und konkret Einsteins Bemerkung von der »zutiefst in der Haut verankerten An-Sicht« zielt.

Aber sehen wir nun zu, was es mit dem Auge auf sich hat.

Was geschieht mit dem Organismus, wenn der Mensch sieht?

Zunächst und grundsätzlich: *Das Auge ist kein Apparat zur Feststellung dessen, was draußen ist.*

Unter dieser vorgefaßten (allerdings naheliegenden) Meinung betrachtete man im vorigen Jahrhundert (fasziniert von der soeben erfundenen Fotografie) das Auge und kam zu dem Schluß, daß es im Vergleich zur Kamera doch eine erhebliche »Fehlkonstruktion« sei. Das stimmt: im Vergleich zur Kamera. Eine ganz andere Auskunft über das, was es in Wirklichkeit ist, gibt aber das Auge selbst: einmal durch die Art, wie es sieht, also durch die Vorgangsform, unter denen das Sehen zustande kommt; zum anderen durch Vorgänge seiner Entstehung während der Keimentwicklung; zum dritten durch die Wirkungen des Sehprozesses auf den Organismus.

Zunächst in schematischer Raffung ein Blick auf den Bau des Auges: eine Hohlkugel, an sechs Muskeln nach oben, unten und den Seiten beweglich aufgehängt. Nach vorn ist die sonst lederartige weiße Wandschicht durch die durchsichtige Hornhaut geöffnet. Hinter diesem Rundfenster liegt, getrennt durch einen Zwischenraum, der mit einer Flüssigkeit gefüllt ist, die glasklare Linse. Hinter der Linse befindet sich der größte, etwa dreiviertel ausmachende Teil der Hohlkugel, ausgefüllt mit einer kristallklaren, gallertartigen Substanz, dem sogenannten »Glaskörper«. Bis etwas über den Äquator ist die der Linse gegenüberliegende Innenschale mit einer aus zehn Stufen bestehenden, von Sehzellen und Nervenfasern sowie Blutgefäßen aufgebauten Schicht ausgekleidet: Netzhaut (Retina) genannt. Exzentrisch, seitlich von einer gedachten geometrischen Mittelachse, tritt der Sehnerv in die Netzhaut ein. Die Austrittsstelle ist blind; sie heißt daher »Blinder Fleck«. Symmetrisch zu diesem Ort, also auf der anderen Seite der gedachten geometrischen Achse, befindet sich die Sehgrube (fovea) als Ort des schärfsten Sehens. Sie hat den Durchmesser etwa eines Streichholzkopfes und ist gebildet von 20-30 Millionen Sehzellen. Die Sehzellen der ganzen Netzhaut, die also dreiviertel der Innenwandung ausmacht, werden auf 120-130 Millionen geschätzt. Jede der Sehzellen ist aus Molekülen aufgebaut. Die Moleküle vergleichsweise einer einzigen Leberzelle werden auf 100 Milliarden geschätzt. Wie Winde durch ein Kornfeld wehen, jeden einzelnen Halm ergreifend, so ziehen unablässig Orkane von elektrochemischen Vorgängen durch das Hundert-Millionen Feld der Sehzellen, während man sieht. Im Dunkeln kann man in seine Netzhaut hineinsehen und nimmt deren Vorgänge als wogende, farbige und figurale Lichtgebilde von unbeschreiblicher Schönheit wahr. Wenn man kurz in die Sonne blinzelt (was man mit Vorsicht ruhig öfter tun sollte, denn die Netzhaut hungert nach Sonne), danach das Auge schließt und die innere Handhöhlung über die Lider wölbt, sieht man, wie die durch das Blinzeln eingefangene Sonnenscheibe und die dadurch in der Netzhaut ausgelösten Vorgänge sich noch lange fortsetzen und farbig abwandeln, besonders wenn ich ab und zu bei weiter geschlossenen Lidern die Hand anhebe, so daß das Sonnenlicht auf den Lidern ruht. Dann sieht man hinter den geschlossenen Lidern die herrlichsten Sonnenauf- und Niedergänge, Sonnenhalos mit mehreren Sonnen gleichzeitig; mal sind die Sonnen blauviolett auf glühendem Goldgrund, mal türkisgrün in rosaroten Wogen; immer wieder anders – aber in gesetzmäßiger Abfolge. Der Augapfel als Ganzes befindet sich in ständiger Vibration, hervorgerufen durch die sechs Muskeln, die ihn halten. Auch die Sehzellen selber bilden ein ständiges Vibrationsfeld, wovon das Hineinsehen in die Netzhaut Kunde gibt. Weiter: Wenn man mit Hilfe einer entsprechend geformten durchsichtigen Haftschale den Augapfel umfaßt, so daß die Muskelvibration unterbunden wird, hört das Sehen trotz der Durchsichtigkeit des Glases auf. Es legt sich ein dikker, bräunlicher Nebel vor die Augen. *Vibration gehört zum Leben.*

Die 30 Millionen Zellen der Sehgrube, dem Ort des Schärfesehens, geben die Reize, die sich in ihnen durch Aufprall der Reizursachen entwickeln, an ihre Umgebung weiter, wie wenn es ein konzentrisch sich ausbreitender Waldbrand wäre, im millionsten Teil einer Sekunde, unausgesetzt verfolgt von neuen Waldbränden. Das Schärfefeld, die Fovea, ist aber nur unter der Bedingung sehtüchtig, daß kein Willensakt gleich einem Überfall aus dem Rücken sie nötigt, auf einen *Punkt* zu starren. Das Sehen erfolgt in ständigem Wandern von Punkt zu Punkt; in unablässig spielender Umwanderung dessen, was gemeint ist. Sehen heißt: *nicht anstarren!*

Ein weiterer wichtiger Aufschluß für den Grundvorgang des Sehens liegt darin, daß die Umwandlung einer Reizursache in einen Reiz *nicht* durch die Belichtung einer einzelnen Sehzelle erfolgt, sondern durch die Zustandsunterschiedlichkeit zwischen einer belichteten Zelle und ihrer weniger belichteten Nachbarzelle. Potentialdifferenzen sind Ursache von Reizentstehung, nicht der direkte Aufprall eines »Lichtstrahls«; nicht die Inzidenzen. Diese Potentialdifferenz als Grundbedingung der Wahrnehmung durch das Auge ist es, die wir erfahren, wenn wir Gegenstände in ihrer Eigenschaft als Körper von dreifacher Ausdehnung erst erkennen, wenn sie bei schrägem Lichteinfall mit ihrer Umgebung und auf ihrer Oberfläche Schatten bilden können. Eine schattenlos von allen Seiten gleichmäßig ausgeleuchtete Kugel erscheint nicht als Kugel, sondern als ebene Scheibe. Ein entsprechendes Experiment, leicht auszuführen, kann jedermann davon überzeugen. Es ist einfacher, um nicht zu sagen einfältiger Sachverhalt – aber von weittragender Bedeutung. Wenn man die Schattenbildung unterbindet mittels Totalausleuchtung, wird die Körperlichkeit der Gegenstände nur noch durch die besondere geometrische Richtung der Sehstrahlen im zweiäugigen – aber auch im einäugigen Sehen wahrgenommen. Jedoch – auch dieses »Stereosehen« beruht auf nervlichen Potentialdifferenzen subtilster und komplexester Art.

Das vom Auge befolgte Verfahren, Zustandsunterschiedlichkeiten aufzusuchen und aufzubauen, elektrischer, chemischer, mechanischer und thermischer Art (wodurch das Auge viel eher einem Elektronen-Mikroskop als einem Linsenapparat mit Belichtungsschicht ähnelt), als fundamentale Voraussetzung des Sehprozesses selbst, gibt die Prinzipien an, aus welchen die Methoden zu entwickeln sind, durch die wir seine Verrichtungsweisen freizugeben und zu unterstützen haben.

Wenn Goethe, dessen Farbenlehre – nicht zu verwechseln mit einer physikalischen Lichttheorie! – in Wirklichkeit eine informierende Vollzugs-Ordnung oder ein formales System von Handlungsanweisungen der Entwicklung zur vollen Entfaltung der Organtätigkeit des Auges ist – wenn Goethe also lehrt und durch Angabe zahlloser Selbstversuche für jedermann erfahrbar macht, daß die Farben Erscheinungen des Wechselspiels zwischen Licht und Finsternis, zwischen Hell–Dunkel, sind, so hat er hiermit die Wahrheit ausgesprochen, die das Auge selber aufs genaueste mitteilt. Für das Auge ist Dunkelheit nicht *Nicht-Licht*, so wie Licht ohne Relation zur Dunkelheit *nicht* Licht ist.

Die den Sehvorgängen genau angepaßten Methoden würden zu einer Praxis von ungeheurer Tragweite führen, vor allem für die Architektur, für das Bauen als das Durchgliedern der Welt mit Körpern, Grenzen, Bahnen. Sie würden ferner nötigen zu den verschiedensten radikalen Korrekturen, um nicht zu sagen einer Revolutionierung gerade des Bauens, wie es aus Unkenntnis oder wissentlichen Mißachtung der organhaften Differenzierungs- und Distanzierungs-Vorgänge betrieben wird.

Es kommt für die Ausbildung einer Methodik des Sehens als weiterer entscheidender Faktor ein Umstand und biologischer Sachverhalt hinzu, dessen klinische Bedeutung erst in den letzten Jahren mit fortlaufend neuen Entdeckungen erkannt wurde, nämlich: *Das Sehen ist ein Drüsenvorgang.*

Wie so oft waren es Tierversuche, die die Spur freilegten. Hierzu ein Beispiel:

Man hat zwei Gruppen von Jungtieren in der Weise behandelt, daß der einen Gruppe bei geschlossenen Lidern die Augen verklebt wurden. Beide Gruppen lebten unter den gleichen

Bedingungen: Sonnenbestrahlung, frische Luft, kräftige Nahrung usw. Die Gruppe mit den verklebten Augen begann bald zu kümmern. Niere, Leber, Galle wiesen, wie sich durch Sektion, die bei einigen vorgenommen wurde, herausstellte, Mißbildungen, Schrumpfungen und sonstige Erkrankungen auf. Nach Abnahme der Augenbinden erholte sich der Rest der Gruppe erstaunlich schnell. Schlußfolgerung, mit gebührenden Einschränkungen und Abwandlungen: Erst von der Netzhaut aktiv verarbeitetes, also *gesehenes* Licht ist Licht mit der Fülle seiner Wirkungen auf alle Systeme des Organismus.

Die embryonische Entwicklung läßt uns durch die Bewegungsvorgänge, mit denen die Organe entstehen und in welcher Zeitfolge und an welchen Orten und aus welchen Feldern und in welchen Funktionszusammenhängen sie hervorgehen, erkennen, daß das Auge eine Ausstülpung der frühesten Gehirnanlage, des Hirnstamms, mit engen Beziehungen zur Hypophyse ist. Die Hypophyse aber, jene innersekretorische Drüse am Zwischenhirn, ist das Bildungsorgan für die lebenswichtigen Hormone, die das Wachstum, den Stoffwechsel und unzählige andere Prozesse regulieren. Es hat sich neuerlich als besonderer Zweig der Forschung, welcher den neuro-vegetativen Zusammenhang zwischen Seh- und Drüsenfunktionen untersucht, die Spezialwissenschaft, der »Photo-neuro-endrokrinologie« gebildet. Den Forderungen gegenüber, die sich aus den hier gewonnenen Erkenntnissen für die Lebenspraxis ergeben, bedeutet die derzeitige Weise, Belichtung und Licht im Bauwesen überwiegend und auf breiter Front rein quantitativ, statisch und gleichförmig zu behandeln, eine Art »Kalter Krieg« des Menschen gegen sich selbst. Es ist, als wenn die Natur dem Menschen mit der Übertragung der Verfügungsmacht über sich selbst zuviel zugetraut hat. In den Bereichen, die wir mit den Begriffen »Kernenergie« – »Kern-Biologie« – »Physik-Bios« umreißen, droht dem kühnen Versuch der Natur ein gefährliches Versagen des Menschen.

Andererseits aber läßt sich aus den Einblicken in den Leistungszusammenhang von Auge, Hirnstamm, Zwischenhirn,

Hirnrinde mit dem Gesamten unter dem Axiom: »Nicht das Auge sieht, sondern der erlebende Mensch sieht« – ebenso wie aus der aufmerksamen Beobachtung des Seh-Erlebens selber, gewissermaßen aus dem *Sehen des Sehens*, das vielschichtige System der Methoden ablesen, in deren Befolgung die Bedingung für eine Einleibung der Technik beschlossen ist, die zur Zeit lebenswidrig auswuchert.

Als positives Beispiel (hier angeführt, weil es weltbekannt ist) für eine augengemäße, seh-gerechte Führung des Lichtes sei die Pilger Kapelle bei Ronchamp von Le Corbusier genannt: Hier wandert das Licht, durch die trichterartigen Lichtschleusen der Fenster modifiziert, in der Weise durch den Innenraum, wie der Sehstrahl des Auges über die Punktfelder des Sichtbaren wandert und kreist. Was im Inneren (im Organ-Vorgang) geschieht, geschieht und ist, durch die Kunst des Architekten, *geschehen gemacht* auch im Äußeren (dem Bauwerk). Der innere Vorgang wird gewissermaßen am Bauwerk mit sich selbst konfrontiert. Das Innere begegnet und entwickelt sich am Äußeren. Die Bedingungen dafür schuf der Architekt, der ein *Mensch-Wissender* sein muß.

Nun ist es allerdings nicht so, daß erst jetzt – nach dem Auftreten der Apparaturen – Anlaß gegeben wäre, ein den Augen gemäßes Sehen eigens zu entwickeln. Das Verhältnis des Menschen seinen Organen gegenüber war stets von dem Umstand bestimmt, der mit seiner Erscheinung selbst gegeben ist; er muß anders wie das Tier, das von seinen Organen belehrt wird, umgekehrt diese belehren (so Goethe). Er verhält sich ihnen gegenüber als einer Umwelt, mit der ein aufhebendes Ganzes, ein »Drittes« (eine Integration) zu bilden, er immer auf dem Wege ist; eine Aufgabe, mit der er und die Natur mit ihm nie zu Ende kommt.

Das Gehirn seinen Vorgangsgesetzen gemäß, das heißt denkgesetzlich, zu entwickeln – das hat der Mensch verstanden. Es gilt jetzt, die gleiche Methode, mit der er sein Gehirn dadurch entwickelte, daß er die Denkprozesse dessen Anlageplan gemäß vollzog, dem Organismus, insonderheit den Sinnen, durch das Innere und Äußere, Subjekt und Objekt, zu neuen Einheiten aufgehoben werden, angedeihen zu lassen. Das Auge ist seh-logisch, das Gehör hör-logisch, das Knochenmuskelsystem bewegungslogisch – kurz, die Organe sind durch organlogische Disziplinen zu entwickeln. Darin eben liegt das besonders Menschenhafte, durch das es sich abhebt von Pflanze und Tier – daß sein Leben sich einzig und ausschließlich als *er-lebtes* Leben verwirklichen kann. Verliert der Mensch die Fähigkeit, das Leben zu *er-leben*, dann fällt er nicht etwa zurück auf die vorangegangene Stufen des Vegetativen und Animalischen, sondern durch diese Stufen hindurch in die chemisch-physikalischen Ausgangsfelder, aus denen sich Leben und Er-leben des Lebens herausbildete. Die Religionen nennen es die Hölle.

Für den Mensch gilt: Erst das *erlebte* Licht ist *biologisch wirksames* Licht. Der Mensch muß die Bedingungen und Voraussetzungen, ja: die Veranstaltungen, die das Er-leben herausfordern, regelrecht und künstlich herbeiführen. Es geht nicht von selbst. Nichts beim Menschen geht von selbst. Er geht unerbittlich der Fähigkeit, zu er-leben, verlustig – und Er-leben ist für den Menschen identisch mit Leben –, wenn er nachläßt, diese Fähigkeit zu üben und systematisch weiterzuentwickeln.

Wir haben das Auge in Bau und Wirkweise betrachtet, nicht um physiologische Kenntnisse zu gewinnen, sondern um unser Verhalten daran zu orientieren. Die Erfahrung, zu denen dieses Verhalten führt, kann uns von außen niemand vermitteln. Das eigene Tun ist nicht austauschbar. Was wir von außen, durch den Mund anderer lernen können und was eben darum nicht nur gelernt werden kann, sondern auch gelehrt werden *muß*, sind Maßnahmen, Regeln, Methoden, Veranstaltungen und Wege, deren Sinn sich in nichts anderem erfüllt, als daß sie getan, daß sie sinnlich vollzogen werden.

Zum Schluß eine besondere Anweisung sinnlichen Tuns. Sie ist zum Kopfschütteln einfach. Nehmen wir an, wir befinden uns vor einem mächtigen alleinstehenden Baum oder wir wanderten im Schiff eines Domes um die Pfeilerbündel herum. Dann soll es von nun an ein ganz bestimmtes *WIE* des Sehens sein, durch welches das *WAS* (eben der Baum, das Bauwerk oder was immer ...) zur Erscheinung gelangt. Es handelt sich dabei um nichts anderes als darum, mit Bewußtsein jene Methode anzuwenden, die das Auge ohnehin befolgt, während es sieht.

Wir stellen uns in die Nähe des Baumstamms. Wir umwandern ihn in größeren und kleineren Kreisen, am besten in ein- und ausrollenden Spiralen. Dabei werfen wir den Kopf in den Nacken und schicken unsere Blicke über die Grenzen des Sichtbaren hinaus in eine gegenstandsfreie Ferne. Das heißt: Wir lassen die Sehstrahlen nicht in einem bestimmten Punkt zusammenlaufen (»konvergieren«). Es ist für den Anfang ratsam, daß uns ein anderer an der Hand führt, weil wir sonst leicht anstoßen und stolpern, da wir ja nun nicht mehr auf unsere Schritte achten können. Während wir nun so mit himmelsoffenen Blicken um den Baum herumkreisen, vollführt das vielschichtige Körperwerk von Stamm, Ästen, Zweigen, Stengeln, Blättern ein höchst seltsames, nie gesehenes Zauberspiel. Wir wollen uns aber zuvor klarmachen, was geschieht, damit wir mit aufmerksamem Sinn dabei sein können.

Während wir bei einer Bahnfahrt aus dem Fenster die Landschaft an uns vorüberziehen lassen, dürfte uns auffallen, wie die fernen Gegenstände am Horizont wesentlich langsamer aus dem Blickfeld verschwinden als die vorderen oder die mittleren zwischen Vorder- und Hintergrund. Mit der Entfernung nimmt die Geschwindigkeit der vorbeiziehenden Gegenstände ab. Je mehr vorn, desto schneller, je weiter hinten, desto langsamer.

Das Auge vergleicht, während es die vorüberfliegende Landschaft beobachtet, nicht nur die verschieden tief gestaffelten Gegenstände darin, sondern mit diesen auch verschiedene Geschwindigkeiten. Wir können sogar sagen: verschiedene Zeiten. Denn während die Berge am Horizont und die Wolken (ganz zu schweigen von den Gestirnen) im Zeitlupentempo vorüberschleichen oder gar stillstehen, jagt alles Vordergründige im Zeitraffer dahin. Das ist sehr eigenartig. Es gilt nicht nur während der Bahnfahrt. Es gilt während jeder Art von Bewegung. Jede Bewegung bezieht sich auf Ruhendes. Dazwischen aber gibt es so viele Übergänge, wie sich Gegenstände »dazwischen schieben«. Wir können unseren Kopf ziemlich schnell hin- und herbewegen, ohne daß die Wände des Zimmers die Bewegung mitmachen.

Wenn wir uns nun in der angegebenen Weise um den Baum herum bewegen, drehen sich die Äste, Zweige und alles sich Überschneidende mit verschiedenen Geschwindigkeiten in unser Blickfeld hinein und wieder heraus. Es ist, als wenn alles Einzelne, das Ferne langsam, das Nahe schneller, sich vor unseren Augen wie aus sich selbst, nicht aus irgendeiner ursächlichen Vorhandenheit, heraus entfalte; so, als ob es sich im Raum als räumliches Gebilde zur Erscheinung bringe, um alsbald wieder in sich selbst zurückzutreten.

Wie gesagt: Man muß es tun. Man wird bald erfahren: Der Baum, das Bauwerk oder was immer, erschließt sich in der wahren Energie seines Seins dem Blick erst durch diese sich im Zeit-Mosaik überlappenden und durchdringenden perspektivischen Schichten. Es ist wirklich, als sähen wir Altvertrautes auf diese Weise zum ersten Mal. Und: Es wird unvergeßlich, es wird wirkend.

Denn was geschieht, während wir so sehen, in unserem Organismus? Es geschieht Entsprechendes: Die Fähigkeit, nicht nur zu leben, sondern zu er-leben, erfährt an sich selbst das gleiche Sich-Entfalten, was es außen sah.

Wir sprachen anläßlich des Hörens von den primären und sekundären Erlebens-Mustern, mit denen sich das Erlebbare verbinden muß, um erlebt zu werden. Wir erfuhren: Wir können Sprach*laute* nur *hören*, wenn wir die *Sprache* gelernt haben. Die beschriebene Art zu sehen ist ein primäres Muster des Seh-Erlebens. Ebenso wie das Hell–Dunkel-Gefälle. Um wirksam zu sein, müssen Muster – ähnlich wie in der Sprache – durch Übung und Aufmerksamkeit zum Er-leben gebracht werden.

In der nächsten Sendung befassen wir uns ausschließlich mit einem einzigen solchen Seh-Muster.

GOETHES URPFLANZE –
EIN WERKZEUG ZUM SEHEN DES SICHTBAREN

Rundfunkvortrag
gesendet am 10.7.1966, 11:00 - 11:45 Uhr
im WDR Hörfunk, 1. Programm
Sendereihe »Die Stille Stunde«

(Fortsetzung des Vortrages vom 12.6.1966
»Nicht das Auge sieht, sondern der Mensch«)

Abschrift des vom WDR maschinengeschriebenen Manuskripts

Sprecher: »Es ist eine aus dem Inneren am Äußeren sich entwikkelnde Offenbarung, die den Menschen seine Gottähnlichkeit vorahnen läßt.«

Autor: Dieser Satz Goethes enthält Begriffe und Bezüge, die gewissermaßen ein sich pendelnd ausgleichendes System von neun Gewichten bilden. Wir zählen sie auf:

es ist
 aus dem Inneren
  am Äußeren
   sich entwickelnd
    Offenbarung
     den Menschen
      Gottähnlichkeit
       vorahnen
        läßt.

Es ist etwas sehr Merkwürdiges mit diesem Satz. Jedes seiner Worte, im einzelnen wie die sie verbindenden Bezüge, erhalten – in genauer Entsprechung dessen, was der Satz besagt – ihre feste Bedeutung erst, wenn wir sie als Faktoren eines Entwicklungsvorgangs begreifen; z. B. dieses

Der Satz besagt, anders ausgedrückt: Die Vorahnung seiner Gottähnlichkeit ergreift den Menschen als eine Offenbarung. Diese aber hat eine Entwicklungsgeschichte. Die Entwicklungsgeschichte ihrerseits spielt sich ab als eine Auseinandersetzung des Inneren des Menschen mit dem, was ihm von außen her begegnet; was ihm als äußerer Gegenstand gegenübersteht. Ohne den Widerstand, den das Innere am Äußeren erfährt, befände es sich in einem Vakuum. Es müßte auseinanderfließen oder einschrumpfen. Es wäre auch nicht denkmöglich, daß ein Etwas sein könnte ohne Bezug auf ein Anderes. Indem das Innere der Beziehung, die sich zwischen Innen und Außen allemal ergibt, nicht ausweicht oder sich gegenstellt, sondern sie entwickelt gemäß den beiderseits angelegten Möglichkeiten, wird es selber das, was es vorerst nur der Möglichkeit nach ist – wird es wirklich. Das Wirkliche hat, um wirklich geworden zu sein, eben diese Entwicklungsgeschichte.

Machen wir uns diesen Zusammenhang, der ein wechselseitiger ist, an einer einfachen, jedermann bekannten Erfahrung klar:

Wenn wir uns in einer Gruppe von Ausländern befinden, die sich in einer fremden Sprache miteinander unterhalten, so kommt uns deren Unterhaltung nicht wie eine Sprache, sondern wie ein Geräuschsalat vor, von dem wir nicht nur kein Wort seinem Sinn nach verstehen, sondern das wir nicht einmal als ein Gefüge von sprachlichen Lautgebilden mit unendlichen Modulationen und mit Pausen dazwischen zu *hören* vermögen. Wir hören keine Sprache, sondern ein »Kauderwelsch«. Ganz anders verhält es sich mit unserer Muttersprache. In ihr ist alles Gesprochene, leise oder laut, verschluckt oder deutlich, langsam oder schnell, tief oder hoch, ein vielheitlich sich bewegendes Wesen, wohl unterscheidbar in jedem Einzellaut, und ist jeder Einzellaut ein anderer, je nachdem, in welchem Zusammenhang er auftaucht. Das »u« in Luft ist ein anderes als das »u« in Hund, ein anderes als das »u« in Hunger, ein anders als das »u« in Huld; das »f« und das »l« in »Fülle« sind andere als das »f« und »l« in »Falle«. Jemand, der die Sprache nicht als Muttersprache gelernt hat, vermag das nicht zu hören.

Das Wirklichwerden einer Innen- und einer Außen-Möglichkeit dadurch, daß die eine mit der anderen umgeht, sozusagen an ihr tätlich wird, liegt nun, was das Sprachhören angeht, in folgendem Sachverhalt:

Ich kann die Sprache des Anderen nur verstehen, weil ich sie gelernt habe. Das Erlernte liegt nun irgendwie als ein Ding aus Gedächtnissubstanz bereit (wir stellen uns dieses »Ding« heute als elektrische Kreisströme in Leitern von neurischer Substanz vor). Es spielt die Rolle eines »Musters«, an dem sich Unterscheidungen und Vergleiche anstellen lassen. Wenn wir nun sprechen hören, so befindet sich dieses Unterscheiden, Vergleichen, Zuordnen und Abweisen in höchster Aktivität. In ihr hat beides, die Sprach- und Hörfähigkeit *und* das Gesprochene seine Wirklichkeit erreicht. Mit diesem Beispiel haben wir den Schlüssel für das Verständnis des »am Äußeren sich entwikkelnd Inneren« gefunden. Der Schlüssel ist zwar nur erst ein »Rohling«, der noch der Durchfeilung bedarf, aber er gibt schon zu erkennen: Mit dem »Inneren« muß es noch etwas Besonderes auf sich haben, nämlich: Seine Möglichkeit, mit dem Außen Beziehungen zu entwickeln, setzt voraus, daß es *kein formloses Gemisch* ist, daß es vielmehr durch eine dinglich-stoffliche Anlage von Mustern differenziert und gegliedert ist. Im Falle des Sprachhörens sind es die durch *Erlernen* angelegten und verankerten Muster.

Wir haben uns vorgenommen, Goethes Urpflanze zu behandeln. Wir tun dies nicht in der Absicht, damit eine Angelegenheit Goethes zur Kenntnis zu nehmen – so »interessant« das sein möchte. Wir haben andere Sorgen. Wir tun es, um zu erfahren, ob das Kennenlernen des Goetheschen Werks zu Ergebnissen führt, die uns angehen. Uns angehen, nicht so nebenher, sondern unmittelbar und dinglich. Als ein »Nebenher« und »Unter-anderm« würde es die Mühe, sich damit zu befassen, nicht rechtfertigen. Als gerechtfertigt würden wir die

Mühe nur dann bewerten können, wenn sich ihr Ergebnis als das erweist, um was es uns letztlich gehen sollte: um eine Offenbarung, die uns unsere Gottähnlichkeit, unsere Gottebenbildlichkeit, vorahnen läßt. Dieser Vorahnung teilhaftig zu werden, galt zwar immer das Bestreben des Menschen – es tritt in den unterschiedlichsten, auch in verzerrtesten Formen auf. Aber jeder Zeit blieb vorbehalten, sich ihrer als besonders bedürftig zu empfinden. Jede Epoche darf von sich bekennen: Vorahnung der Gottähnlickeit und Leben in dieser Ahnung – das brennt uns wie nie zuvor auf den Nägeln. Wir sind – genau besehen – mit unserem Latein am Ende. Gerade wir und gerade jetzt, wo wir, geblendet von so vielen unwahrscheinlichen Erfolgen, die Schrecken und hohnsprechenden Mißstände nicht sehen und nicht sehen wollen, die unübersehbar dicht vor unserer Nase liegen. Aber was sollen wir tun? Die Daumen drehen und warten – warten auf Irgendwas? Gott einen guten Mann sein lassen? Weiterwursteln? Sag uns einer, was und wo wir anzufangen haben!

Unter dem »Inneren«, das hat uns das Sprachhör-Beispiel aufgeschlüsselt, haben wir uns kein formloses Gemenge vorzustellen. Es ist etwas *dinglich und stofflich Geordnetes.* Etwas, das die Welt nicht als Chaos, sondern als Ordnung erlebt, weil und insofern es selber ein Ding von ordentlicher Bildung ist. Wenn es also gilt, für jene Offenbarung geöffnet zu werden, so muß, falls überhaupt etwas zu tun ist, dieses Tun sich auf das *Innere als eine geordnete Dinglichkeit* beziehen.

Das Wort von der »Entwicklung eines Inneren am Äußeren« enthält nun – neben seiner allgemeinen Bedeutung – auch eine spezielle, sachbezogene Empfehlung dafür, welches Verfahren anzuwenden wäre, um die »Urpflanze« so gründlich kennenzulernen, daß wir nicht ohne eine persönliche Entscheidung dafür oder dagegen davonkommen.

Das Wort »Entwicklung« empfiehlt als Verfahren für ein derartig geprägtes Kennenlernen, damit zu beginnen, das Erscheinen der Urpflanze als einen biographisch verfolgbaren Vorgang im Leben Goethes zu betrachten. Sie entwickelte sich nämlich nicht nur *in,* sondern *als* dessen Leben.

Wie also kam er dazu? Was hat sich in ihm selbst getan? Aus welchen Erlebnissen und Erlebnisketten ging sie hervor? Vor allem aber stellen wir diese Fragen deswegen im Sinne einer biographischen Erkundung, weil sich dabei herausstellen muß, ob die Entstehungsgeschichte Elemente aufweist, die verbindlich für alle Menschen sind – oder ob es nur Goethe'sche Elemente sind. Kam Goethe zur Urpflanze als Goethe oder – *als Mensch wie du und ich?* Stellt sich letzteres heraus, dann ist entschieden, daß die Urpflanze uns fürder nicht gleichgültig bleiben kann. *Dann hat sie eine hippokratische Bedeutung* ...

Wir haben es beim Erscheinungsbild der Pflanze und den entsprechenden Wachstums- und Bildungsvorgängen vornehmlich mit *sichtbaren* Bewegungsweisen zu tun und mit Formen, die aus diesen Bewegungen hervorgehen. Um diese Bewegungen – sie erscheinen im Zeitraffer als planvoll vollzogene Gesten eines bewußt sich aufbauenden Lebewesens, fast geisterhaft – so zu verstehen, wie es dem bloßen Zurkenntnisnehmen niemals gelingen kann, *müssen wir diese Bewegung selber, als körperliche Gebärden und Gesten, ausführen.* Darum kommen wir nicht herum. Denn eben darum handelt es sich bei der Urpflanze. Ein Plastiker, Maler oder Architekt, ein Mann, der in Formen lebt, könnte dieser körperlichen Vollführung vielleicht entraten. Er könnte sich damit begnügen, sie in Gedanken, als sogenannte »intendierte Bewegungen«, zu verrichten: so wie etwa ein Musiker eine Partitur nur *lesen* braucht, um sie zu hören. Aber gerade der in Formen Lebende, der Künstler würde am wenigsten darauf verzichten, diese Bewegungen selber auszuführen. Es würde ihn reizen, es »zu machen«. Die einfachste Art, die formenden Bewegungen, mit denen wir es hier zu tun haben, zu machen, besteht darin, sie zu *modellieren.* Was dann die Hände tun, macht der ganze Mensch mit – auch wenn er dabei ruhig sitzt oder steht. Wir besorgen uns also ein Stückchen Knetmasse, Plastilin oder Bienenwachs. Da es uns nun besonders darauf ankommt, die Vielfalt der pflanzlichen Entfaltungsbewegungen auf die in ihnen waltenden *einfachsten* Formen zurückzuführen, haben wir es mit manuell entsprechend *einfachen* Griffen zu tun. Man kann ihre Beschreibung im Gedächtnis behalten und sich bei Gelegenheit mit der Vollführung befassen.

Die etwas umständliche Mühe, die mit dem Modellieren mittels der eigenen nackten Hände verbunden ist, dürfen wir nicht nur nicht scheuen – wir müssen sie vielmehr aufsuchen. Hier liegt der eigentliche Angelpunkt der Urpflanze. Es ist, wie wir nachher erfahren werden, Goethe selber so ergangen. Haben wir es doch bei der Urpflanze *mit einer ganz anderen Art des Verstehens zu tun*, als wir es – wahrscheinlich seit Jahrhunderten – gewohnt sind. Wir haben es zu tun mit einem Verstehen durch »Be-greifen«, durch eine *körperlich-tätige*, durch eine Gliedmaßen-Verrichtung und durch Verrichtung der Sinnesaufnahme-Organe. Es verhält sich wirklich so, daß unsere Aufmerksamkeit dabei gar nicht so sehr auf das *Objekt* (die Pflanze) als solche gerichtet ist, als vielmehr auf die verschwiegenen *Veränderungen* meines Zumuteseins, die mit den Bewegungen der Hände, während sie das Objekt modellieren, einhergehen. So etwa, wie ich mich anders fühle, mir anders zumute ist, je nachdem, ob ich liege oder stehe, die Arme auf den Rücken halte oder verschränke oder sie ausbreite, ob ich die Hände zu Fäusten balle oder sie öffne usw. usw. In der Tat, was beim Begreifen im Wortsinn als *Be*-greifen vor sich geht, ist die Urform der Begriffsbildung und des Vorstellens überhaupt. Und: der lange verlegte Schlüssel zur Urpflanze.

Wir werden sehen: Sie ist eine *Bewegungs-Partitur.*

Das Prinzip, nach dem sich aus dem Inneren am Äußeren die Offenbarung *entwickelt*, verwirklicht sich als ein Prozeß, in den der Mensch sich als ein *physisches Subjekt von Fleisch und Blut einzubringen* hat. Darum unsere Aufforderung, die »Bildungs-Gestik« der Pflanze zu modellieren; und unser Verfahren, ihre Entstehung als biographisch verankerte Geschichte zu beschreiben.

Am 18. August 1787 schrieb Goethe aus Italien an Knebel:

Sprecher: »Nach dem, was ich bei Neapel, in Sizilien von Pflanzen und Fischen gesehen habe, würde ich, wenn ich zehn Jahre jünger wäre, sehr versucht sein, eine Reise nach Indien zu machen, *nicht um Neues zu entdecken, sondern um das Entdeckte nach meiner Art anzusehen.*«

Autor: Das Entdeckte nach seiner Art anzusehen; anders ausgedrückt: seine Art zu sehen, an immer neuen Erscheinungen zu erproben und in der Erprobung zu festigen – darum handelt es sich bei Goethes Wunsch, nach Indien zu reisen.

Die Naturwissenschaft vor ihm und um ihn herum untersuchte Organismen nach deren Zusammensetzung aus Einzelteilen und deren äußerlichen Merkmalen. Breit angelegte Wissenschaftszweige erschöpften sich in der Beschreibung unzähliger Einzelheiten, ohne in der Masse ihrer Objekte nach dem *Prinzip* zu suchen, durch das sich der Organismus doch offensichtlich als etwas sich entwickelnd Werdendes verwirklicht, das auch die kleinsten Teile in jedem Augenblick im Sinne eines Ganzen steuert und bestimmt. Dieser nicht nach den Prinzipien fragenden, also *prinzipienlosen* Wissenschaft stand eine von spekulativ erdachten, *abstrakten Prinzipien* gegenüber, mit ihrem Schwerpunkt in der Philosophie Christian Wolffs (1679-1754). Beide Betrachtungsweisen gingen blind an jenem wesentlichen Merkmal des Organismus vorüber, wonach das räumliche Nebeneinander seiner Teile wie das zeitliche Nacheinander ihres Auftretens durch ein Gesetz beherrscht wird, nach dem das Ganze sich in eben den Teilen, wie umgekehrt die Teile sich in diesem Ganzen bewirken. Das bloße Nebeneinander der Teile kann auch nach der Zerstörung des Lebens an der Leiche beobachtet werden. Aber diese Beobachtung hat mit dem Organismus als etwas Lebendigem nichts mehr zu tun.

In einem Brief von 14. Juli 1770 (der Straßburger Zeit) berichtet Goethe von einem Schmetterling:

Sprecher: »Das arme Tier zittert im Netz, streift die schönsten Farben ab; und wenn man es je unversehrt erwischt, so steckt es doch endlich steif und leblos da; der Leichnam ist nicht das ganze Tier, es gehört noch etwas dazu, noch ein Hauptstück und bei der Gelegenheit wie bei jeder anderen, ein *hauptsächliches Hauptstück:* das Leben.«

Autor: »Ein hauptsächliches Hauptstück: das Leben …« – Sonderbar: Schon in seiner Straßburger Zeit war ihm das Leben ein dingliches Element, ein Haupt-*Stück*, das sich weder durch Zerlegen in kleinere und kleinste Stücke noch durch Entdinglichen mittels Spekulationen irgendeine Teilhabe an ihm selber, an seinem Leben, an seinem »Wesen«, abpressen ließ.

Damals geriet ihm *Holbachs* »Système de la nature« in die Hände, in dem das Lebendige nicht nur wie eine Maschine beschrieben, sondern dogmatisch als solche deklariert wird.

Diese Auffassung vom Leben als eine ungerichtet und gestaltlos hin und herbewegte Materie bedeutete für Goethe – wie im 11. Buch von Dichtung und Wahrheit beschrieben – den Anstoß, den *Empfindungen* seiner *Jugend* systematisch auf den Grund zu gehen – um zu solchen Begriffen über die Natur zu gelangen, die – der eigenen *inneren Natur* entsprechend – *selber Natur* sind. In seinem 1780 geschriebenen Aufsatz »Die Natur« finden wir den Begriff von der Natur als einem Wesen, das die *Identität mit sich selbst* durch ständige *Veränderung* bewirkt – als eine das *eigene Leben* betreffende Konfession ausgesprochen.

Sprecher: »Alles ist neu und immer das Alte.«

Autor: heißt es dort.

Sprecher: »Sie (die Natur) verwandelt sich ewig und ist kein Moment Stillstehen in ihr, jedoch ihre Gesetze sind unwandelbar.« – »Jedes ihrer Werke hat ein eigenes Wesen, jede ihrer Erscheinungen den isoliertesten Begriff und doch macht alles Eines aus.«

Autor: In diesem Satz begreift sich die Richtung seines Strebens, die ihn später in der Menge aller Pflanzengestalten die eine Urpflanze finden läßt.

Wenn der Aufsatz »Die Natur« auch spät nach seinem Eintritt in Weimar entstanden ist, so enthält er doch lange schon vorher gehegte Empfindungen und Anschauungen. Diese waren von der Art, daß sie ihn zum *physischen Umgang mit der konkreten Welt der lebenden Wesen* geradezu *zwangen*. Er fand ihn im eigenhändigen Pflanzen von Gewächsen in dem Garten, den er am 21. April 1776 von Herzog Karl August zum Geschenk erhielt. Das Arbeiten in diesem Garten, so berichtet das von Keil herausgegebene »Tagebuch«, wurde zu einer seiner liebsten Beschäftigungen. Seine Sehnsucht, »Stuben- und Stadtluft mit Land-, Wald- und Gartenatmosphäre zu vertauschen, fand weitere Erfüllung im Thüringer Wald, wo ihn vor allem die Lebenserscheinungen der *niederen* Organismen anzogen. Das ist um so bedeutsamer, als er die Gesetzlichkeit der Pflanzenorganisation später nicht in diesen, sondern in den *höher* entwickelten Pflanzen entdeckte, indem er in ihnen aktual verwirklicht sah, was ihm in den niederen als Anlage und Möglichkeit erschien.

Aus einem Brief an Frau von Stein (1782) erfahren wir, daß ihm die Schriften *Linnés* ein willkommenes Hilfsmittel wurden, weil sie die Kenntnis der Pflanzen zur Übersichtlichkeit ordneten. Der hierzu eingeschlagene Weg entspricht einem wichtigen ersten Schritt des »Erkennens in Bewegung« – nämlich dem des Unterscheidens. Um ein Mittel zur Orientierung in der Übermenge von Einzelheiten zu gewinnen, werden bei Linné die Lebewesen nach den Graden ihrer Verwandtschaft untersucht und in entsprechenden Gruppen tabellenhaft zusammengestellt. Als charakterisierende Unterscheidungen bewerteten Linné und seine Schüler die äußerlichen Kennzeichen von Größe, Zahl und Stellung der einzelnen Organe. Goethe konnte indes in dieser Schematisierung keine Handhabe zu seinem *Eigentlichen*, nämlich der Bildung des eigenen Lebens in Korrespondenz mit der Bildung der Pflanze entdecken.

Wo ist das Etwas, das seine Einheit dadurch gewinnt, Dauer und Identität dadurch erwirkt, daß es sich mannigfach verändert und als Mehrfaches erscheint? Er sagt:

Sprecher: »Das, was er (Linné) mit Gewalt auseinanderzuhalten versucht, mußte, nach dem innersten Bedürfnis meines Wesens, zur Vereinigung anstreben.«

Autor: In der Zeit seiner ersten Begegnung mit Linné fällt auch seine Bekanntschaft mit den botanischen Auffassungen Rousseaus. Rousseau wie Goethe trafen sich darin, daß allgemein menschliche Motive, indem sie als persönliche erkannt wurden, sie zum Studium der Pflanze drängten. Die solcherart *persönliche* Verflechtung mit der Pflanze läßt sich schwerlich unmittelbar genug vorstellen.

Die Schriften des Wilhelm Freiherr von Gleichen (genannt Rußwurm), mit denen Goethe sich 1784 bekannt machte, »Das Neueste aus dem Reich der Pflanzen« (Nürnberg 1764) und »Auserlesene mikroskopische Entdeckungen bei den Pflanzen (Nürnberg 1777-81) sowie seine häufigen Gespräche mit Herder über Gegenstände der Natur bedeuteten weiteren Wind auf seine Segel. Mitte April 1785 begibt er sich mit der ausdrücklichen Absicht nach Belvedere, mit sich und das heißt: zugleich mit den Pflanzen ins Reine zu kommen. Am 15. Mai berichtet er an Frau von Stein:

Sprecher: »Wie lesbar mir das Buch der Natur wird, kann ich Dir nicht ausdrücken, ein langes Buchstabieren hat mir geholfen, jetzt wirkt's auf einmal und meine stille Freude ist unaussprechlich...«

Autor: Im Laufe des nächsten Jahres wurde ihm, und zwar als Spiegel seiner eigenen Entwicklungsbewegung immer klarer, daß es nur *eine* Grundform sein könne, die sich mittels einer unendlichen Mannigfaltigkeit einzelner Pflanzenindividuen realisiert, daß ferner die Fähigkeit unablässiger Veränderung *dem*

Prozeß der Einheit entspringt, unwandelbar sie selbst zu sein. Er beschreibt sein Erkennen des *einen* Wesens in aller Pflanzenmannigfältigkeit in einem Brief an Frau von Stein vom 9. Juli 1786:

Sprecher: »Es ist ein Gewahrwerden der Form, mit der die Natur gleichsam spielt und spielend das mannigfache Leben hervorbringt.«

Autor: Das Dauernde im Wechsel, das Beharrende in der Schwankung: Er fand es, indem er *ein und dieselbe* Pflanze unter *verschiedenen* Bedingungen und Umständen beobachtete.

Gleich zu Beginn seiner Reise nach Italien, die er am 3. September 1786 von Karlsbad aus angetreten hatte, konnte er ähnliche Beobachtungen an der Alpenflora machen. Hier traf er auf ihm bekannte, aber *veränderte* Pflanzen.

Sprecher: »Wenn in der tieferen Gegend Zweige und Stengel stärker und massiger waren, die Augen näher aneinander standen und die Blätter breit waren, so wurden höher ins Gebirge hinauf Zweige und Stengel zarter, die Augen rückten auseinander, so daß von Knoten zu Knoten ein größerer Zwischenraum stattfand und die Blätter sich lanzenförmiger bildeten. Ich bemerkte dies bei einer Weide und Gentiana und überzeugte mich, daß es nicht etwa verschiedene Arten wären. Auch am Walchensee bemerkte ich längere und schlankere Binsen als im Unterlande.«

Autor: Ähnlich erging es ihm mit Pflanzen am Meer bei Venedig.

Sprecher: »Unser unschuldiger Huflattich –

Autor: – unter dem Einfluß des salzigen Bodens und der salzigen Luft hatte er sich spitzig bewaffnet, das Blatt war lederhaft, Samenkapseln und Stiele massig und fett. Im Verhältnis des *ei-*

nen Huflattichs zu seinen veränderlichen Erscheinungsformen spiegelte sich das Verhältnis des *einen* Pflanzenwesens zur unendlichen Mannigfaltigkeit der Pflanzenindividuen … so auch verhält es sich mit mir – durch alle Wandelbarkeit und Kraft ihrer …«

Darwin zog aus der Veränderlichkeit der Organismen den Schluß: Es gibt nichts Konstantes im Leben der Pflanzen. Goethe aber schloß: Eben die Veränderlichkeit ist es, durch die das Konstante sich konstant erhält. Wir sehen – der Vergleich mit Darwin macht deutlich: Die Goethe'sche Schlußweise verläuft – entsprechend der Bewegungsform seines Erkennens – nicht nur in *einer* Richtung (Darwin: die Pflanzen sind veränderlich – also gibt es nichts Konstantes), sondern so, daß jeweils eine Richtung (Goethe: Die Pflanze ist konstant, eben weil sie veränderlich ist) sich durch ihre Gegenrichtung verwirklicht. Das bedeutet natürlich, daß das Eine und Konstante nie »als solches« auf den Plan tritt, sondern als eben unendliche Veränderlichkeit. Das ist die Erscheinungsweise des Konstanten. Das Eine gewinnt sich durch Mannigfaltigkeit. Das Ganze wird im Teil ein Ganzes. Das Große vollendet sich im Kleinen. Das Ende gewinnt sich im Anfang. Das Zentrum realisiert sich in der Peripherie. Der Kern in der Schale. Die dem Licht zugewandte Blüte in der erdgerichteten Wurzel. Das Werde im Stirb.

Indem wir uns solcherart das Ineinander und Zugleich des Aus- und Nacheinander als die *Wechseldauer des Einen* vor Auge führen, wird schlüssig, daß für Goethe die Erkenntnis der Pflanze sowohl Folgeerscheinung der Erkenntnis seiner selbst wie auch umgekehrt die fortschreitende Erkenntnis seiner selbst Folge seiner Pflanzenerkenntnis sein mußte. Ebenso verhält es sich mit dem Innen–Außen. Als symmetrisch, wie Rechts und Links, auf einander bezogen, sind sie ein einziges Ganzes. Ich werde, der ich bin, an dem, was mir als Außen symmetrisch gegenübersteht. Ich bin es selbst – in symmetrischer Gegenwendung. Umgekehrt *wird* das Äußere, *was es ist*, an *mir*

– als seinem symmetrischen Gegenüber. Diesem seinem Grund-erlebnis entsprechend, begreift Goethes Naturbetrachtung alle Einheit – nach dem Bilde einer Symmetrie – als eine *paarige* Einheit, das heißt: als eine solche, die sich aus einer paarigen Eigenspannung zur Einheit immer erst *zu erwirken* hat. So sieht er einmal den Typus als Feld der Fähigkeit, die Dauer mittels mannigfaltiger äußerer Gestalten (Arten, Gattungen) zu realisieren, zum anderen sieht er auch das Wechselverhältnis von Individuum und Umwelt. Es ist nur die letztere, als »Anpassung« und »Kampf ums Dasein« bezeichnete Seite der Organik, der Darwin seine Bemühung widmete.

Die Dauer im Wechsel – man kann sie sich leicht veranschaulichen: Der feuchte Niederschlag am Fenster gefriert zu Eisblumen – und ist doch immer Wasser. Eben diese Wandelbarkeit ist es, durch die das Wasser sein Wassersein bezeugt. Ein anderer Vergleich: Wir lassen Blei durch Erhitzen flüssig werden. Sodann gießen wir es in kaltes Wasser. Darin erstarrt es wieder. Die beiden Zustände wurden einmal durch höhere, zum anderen durch niedere Temperatur verursacht. Aber nicht die verschiedenen Temperaturen, sondern die Natur des Bleis ist es, die sein Verhalten bestimmt. Andere Substanzen würden sich unter den gleichen Bedingungen anders verhalten.

Im botanischen Garten zu Padua (während der italienischen Reise am 27. September 1786) wirkt der Andrang einer ihm fremden Vegetation gewissermaßen nach dem Gesetz von Druck und Gegendruck auf Goethe: Es wird ihm

Sprecher: »... der Gedanke immer lebendiger, daß man sich alle Pflanzengestalten vielleicht aus einer entwickeln könne.«

Autor: Das Rebhuhnküken erstarrt augenblicklich, sobald es die Silhouette des Habichts am Himmel erblickt. Denn dieser beachtet besonders, was sich bewegt. Der Biber baut die Dämme, die das Wasser anstauen, damit er seine Burgen darin erbauen kann, nach hydrodynamischen Gesetzen. Jedes Tier, vom kleinsten Insekt, von der Amöbe angefangen, erkennt seine Artgenossen. Ich höre Laute meiner Muttersprache als Gebilde von subtilster Differenzierung, während einer, der meine Sprache nicht gelernt hat, sie als unbestimmbares Geräusch hört. Wieso, fragt sich Goethe, gelingt es, daß ich das Ungeheure der Vegetation als eine Mannigfaltigkeit von *Pflanzengestalt* erkenne? Es muß doch ein Grundmuster in mir sein, dem sich die Vielfalt unterscheidend und vergleichend zuordnen kann; ein Gebilde, dinglich in mir angelegt, wie auf anderer Ebene den Tieren die Weisen ihres Verhaltens im Erbgang eingeformt sind: ein *Grundmuster* der Pflanze, in mir ebenso als ordnendes Prinzip wirksam wie im Pflanzenreich selber: ein mir *und* der Pflanze gemeinsames Zeuge-Prinzip: eine *Ur-Pflanze.*

Sprecher: »Eine solche muß es doch geben: Woran würde ich sonst erkennen, daß dieses und jenes Gebilde eine Pflanze sei, wenn nicht alle nach einem Muster gebildet wären.«

Autor: Das sind die Worte, die er am 17. April 1787 in Palermo von der Pflanze niederschrieb (siehe Italienische Reise).

Freilich, dem Tier sind die Muster seines Verhaltens als Automatismen eingewirkt. Es kann sie nicht verlieren. Anders beim Menschen. Wenn er nachläßt, sich im konkreten Gegenüber, das konkrete Gegenüber in sich zu begreifen und zu erzeugen, verschwinden die Ordnungen, auf die er und *als* die er gegründet ist. In seinem Brief vom 17. Mai 1787 an Herder heißt es:

Sprecher: »Ferner muß ich dir vertrauen, daß ich dem Geheimnis der Pflanzenzeugung ganz nahe bin und daß es das einfachste ist, was nur gedacht werden kann. Die Urpflanze wird das wunderlichste Geschöpf von der Welt, um welches mich die Natur selbst beneiden soll. Mit diesem Modell und dem Schlüssel dazu kann man alsdann noch Pflanzen ins Unendliche erfinden, die konsequent sein müssen, d. h. die, wenn sie auch nicht existieren, doch existieren könnten und nicht etwa malerische und dichterische Schatten und Scheine sind, sondern eine innere Wahrheit und Notwendigkeit haben. Dasselbe Gesetz wird sich auf alles Lebendige ausdehnen lassen.«

Autor: ... Auf alles Lebendige ausdehnen: sich selbst mit eingeschlossen. Das war die Ausgangsfrage, die Lebensfrage, das persönliche Motiv: Meine Veränderlichkeit kann zur Dauer, meine Masse zur Ordnung, meine Vielfalt zur Einheit nur finden, indem ich Vielfalt, Masse, Veränderlichkeit des *konkreten Außen* als Zeugeakt der Identität, des Es-selbst-Seins, *konkret begreife.* Die daraus sich entwickelnde Offenbarung ist kein Schatten und Schein, sondern: ein *Geschöpf.* Ein Geschöpf, um das mich die Natur beneiden muß, weil sie nur darin sich erfüllt finden kann.

Es ist nun, da wir uns anschicken, uns mit diesem *Geschöpf,* das Urpflanze heißt, zu befassen, der Augenblick gekommen, wo wir ein Stückchen Knetmasse zur Hand nehmen sollten, um damit zu modellieren. Zunächst in der Vorstellung, später bei günstiger Gelegenheit tatsächlich. Und noch etwas weiteres ist bei passender Gelegenheit zu tun. Wir sammeln einen Haufen Eichenblätter – wahllos gepflückt oder im Herbst vom Boden aufgelesen. Wir breiten das Gesammelte auf einer Fläche aus, Fußboden oder Tisch. Wir betrachten 3, 4 Blätter, um ihre gemeinsame Grundform zu bestimmen. Sie scheint einen fingrig gewellten Umriß zu haben. Wenn wir nun viele Blätter miteinander vergleichen, stellen wir fest, daß manche mehr, manche weniger gefingert sind. Wir finden sogar ovale Blätter, die nur andeutungsweise einen gewellten Rand haben. Bei anderen wiederum sind die Finger so ausgeprägt und lanzenförmig, daß vom Blatt-Teller nicht viel übrigbleibt. Manche haben dicke, manche magere Finger, manche eben nur einen schwach gewellten Rand. Nun wollen wir die Blätter sortieren. Zur einen Seite die mit den weichen, rundlichen, zur anderen die mit den härteren, zackenförmigen Umrissen. Wir würden, wenn wir Symbole für die beiden Lager zu finden hätten, für die eine

Seite einen *Kreis*, für die andere einen *Stern* wählen. Damit sind die äußersten Enden bezeichnet, denen die Formgruppen zuneigen. Die eine Gruppe tendiert zum kreishaft Sphärischen, die andere zum strahlig Radialen. Als *Bewegungs*weisen gesehen, würden wir sagen: die eine Gruppe breite sich ringförmig wie Wasserwellen um einen Erregungspunkt aus. Die andere Gruppe explodiert strahlenschießend ins Weite.

Beim Sortieren kommen uns einige Blätter unter die Hände, von denen schwer zu entscheiden ist, ob sie mehr zum Strahligen oder mehr zum Kreishaften gehören. Wir können hunderte, tausende von Blättern suchen, alle vom gleichen Baum: Keins ist genau wie das andere. Wir könnten die Blätter aller Eichbäume der ganzen Welt miteinander vergleichen: Keines ist dem anderen völlig gleich. Aber sie haben das gleiche Bauprinzip. Ihre Unterschiedlichkeit liegt – was ihre sichtbaren Merkmale angeht, neben den verschiedenen Ausdehnungsgraden (größer, kleiner) – darin, daß die einen mehr Kreis, die anderen mehr Stern sind. Dazwischen befinden sich solche von unentscheidbaren Übergängen. Hier schwankt das Urteil – derart, daß sich sagen ließe: Das Unentscheidbare ist es, das die beiden Seiten zusammenhält, das Schwankende.

Weiter: Wie das einzelne Blatt sich abhebt von der außer ihm befindlichen Menge aller Blätter, so ist es auch nach innen hin, auf sich selbst bezogen, ein Mehrfaches. Es hält sich sozusagen in der Schwebe zwischen zwei Vielfachen, einer nach außen und einer nach innen hin gerichteten.

Wir nehmen nun ein Stück Knetmasse und formen eine Kugel daraus: Das machen wir unwillkürlich so, daß wir das Stück zwischen den Handflächen rollen. Wenn es nun heißt, aus der Kugel eine flache Scheibe zu machen, so legen wir sie auf eine Platte und drücken sie flach. Soll nun aus der Scheibe ein Rundstab werden, so falten wir sie der Länge nach ein und rollen sie zwischen den Handflächen hin und her. Je länger wir das tun, um so dünner wird der Stab, bis er zuletzt nur mehr ein Faden ist. Um aus dem langen Faden wieder eine Scheibe zu machen, drehen wir ihn zur Spirale.

Wenn wir so eine Weile Kugeln, Flächen, Stäbe, Fäden durch ballende, knetende, rollende, pressende, streckende, drükkende, ziehende Bewegungen gemacht haben, stellt sich in unseren Händen ganz wie von innen her eine Art von *Bewegungsphantasien* ein. Wir geben ihr statt und versuchen, uns über die Empfindungen, die damit einhergehen, klar zu werden. Wir überlassen es der Phantasie der Hände, eine Art Eichblatt einmal rundlich, einmal strahlig aus der Scheibe herauszukneten. Die verschiedenen Formen sind Ergebnisse verschiedener Bewegungen ... und verschiedenen Kraftaufwands. Eine eigentümliche Bewegung, die weder ein Drücken noch ein Ziehen ist, erfordert das Glätten der Oberfläche. Hier kommt es auf ein langwährendes, geschwind hin- und herfahrendes Schleifen, Streifen und Gleiten an.

Mit dieser handgewonnenen Grunderfahrung: Formen sind Feststellungen aus Bewegungsvorgängen – wenden wir uns dem Geschöpf, der Urpflanze zu.

Die schwebende *Mitte* zwischen der Kugel, die aus Ballung und dem Faden, der Streckung hervorgeht, nimmt die *Scheibe* ein. Der Zustand, in dem die entgegengerichtet an der Pflanze wirkenden Formstrebungen die Schwebe halten, die eigentliche Ruhelage des Gestalt-Pendels, die unentschiedene Möglichkeit, die alle Differenzierung freisetzt wie einfängt – diesen Zustand stellt das *Blatt* dar. Das Blatt ist das – wie Goethe es nennt – HEN KAI PAN, das Ein und Alles der Pflanze. Allgegenwärtig in jeglicher Gestalt, an jedem Ort, zu jeder Zeit. –

17. Mai 1787 an Herder:

Sprecher: »Es war mir aufgegangen, daß in demjenigen Organ der Pflanze, welches wir als Blatt gewöhnlich anzusprechen pflegen, der wahre Proteus verborgen liege, der sich in allen Gestaltungen verstecken und offenbaren könne. Vorwärts wie rückwärts ist die Pflanze *immer nur Blatt*, mit dem künftigen Keime so unzertrennlich vereint, daß man eins ohne das andere nicht denken darf.«

Autor: Das HEN KAI PAN des Tieres zeigt sich darin, daß es in eigener Bewegtheit lebt, die die auf Organ-Wachstum gerichteten Bewegungen übersteigt.

Das Ein und Alles der Pflanze verwirklicht sich darin, daß seine Bewegungen solche des Organ-Wachstums sind, dem der Bau eines Individuums entspricht, in dem jeder Teil, ja jede Zelle das HEN KAI PAN und damit die Möglichkeit präsentieren, die *ganze* Pflanze zu werden.

In diesem Sinne argumentierte Goethe gegenüber Rat Reiffenstein auf einem Spaziergang in Rom. Hin und wieder riß er Zweige ab mit der Behauptung, jeder müsse, in die Erde gesteckt, fortwachsen und die ganze Pflanze werden. So gesehen, ist die Pflanze, einem Bienenstock oder Ameisenstaat vergleichbar, ein einziges Individuum als harmonische Versammlung lebendig selbständiger Wesen, deren jedes, der *Möglichkeit* nach, die *ganze* Pflanze ist.

Goethe in der Einleitung zur »Metamorphose der Pflanzen«:

Sprecher: »Wie viele Pflanzen werden durch Absenker fortgepflanzt. Das *Auge* der letzten Varietät eines Obstbaums treibt einen Zweig, der wieder eine Anzahl gleicher Augen hervorbringt – und auf *eben* diese Weise geht die Fortpflanzung durch *Samen* vor sich. Sie ist die Entwicklung einer unzähligen Menge gleicher Individuen aus dem Schoße der Mutterpflanze.«

Autor: Absenker, Auge, Samenkorn: Selbst das Samenkorn, scheinbar eine individuelle Einheit, ist wie der ganze Baum ein Stock ihm ähnlicher Individuen.

Goethe schrieb in der Einleitung:

Sprecher: »Man nehme eine Bohne noch ehe sie keimt, in ihrem ganz eingewickelten Zustande und man findet nach Eröffnung derselben erstlich die zwei Samenblätter, die man nicht glücklich dem Mutterkuchen vergleicht, denn es sind zwei wahre, nur aufgetriebene und mehlicht ausgefüllte *Blätter*, welche auch an Licht und Luft grün werden. Ferner entdeckt man schon das Federchen, welches abermals zwei ausgebildete und weiterer Ausbildung fähige *Blätter* sind. Bedenkt man dabei, daß hinter jedem Blattstiel ein *Auge*, wo nicht in der Wirklichkeit, doch in der Möglichkeit, ruht, so erblickt man in dem uns einfach erscheinenden *Samen* schon eine *Versammlung* von Einzelheiten, die man einander in der Idee *gleich*, in der Erscheinung *ähnlich* nennen kann.«

Autor: Die Entdeckung dieser ersten im Samen verborgenen (Kotyledonen genannten) Organe war zugleich der Schlüssel, die Einheit des Baus der *unterschiedlichsten* Blattformen an *ein und derselben* Pflanze unmittelbar anschaulich zu gewahren. Das markanteste Beispiel dafür fand Goethe – neben zahlreichen anderen – im Unterschied der unteren und oberen Blätter am frischen Fenchel. Wie von selbst ergeben sich nun die weiteren Einsichten, die zur Auffassung der Blütenblätter, der Staubgefäße und Stempel als umgeformter, durch »Metamorphose« *umgebildeter Blätter* führten.

Die Phasen der Bewegungs-Dynamik, in der sich die Metamorphose sichtbar vollzieht, fand Goethe, während er *zeichnerisch* die Formwandlungen einer Pflanze aufnahm, und zwar eines strauchartigen Nelkenstocks, den er bei Rom fand und den er nicht anders aufbewahren konnte. Er schreibt:

Sprecher: »Zur Aufbewahrung dieser Wundergestalt kein Mittel vor mir sehend, unternahm ich es, sie genau zu zeichnen, wobei ich immer zu mehrerer Einsicht in den Grundbegriff der Metamorphose gelangte.«

Autor: Die *stiftführende* Hand ließ Goethe das gleiche erfahren, was wir, gelegentlich des Sortierens von Eichenblättern, *modellierend* erfahren können.

Den »lebendigen«, das heißt: einen den *eigenen Lebensvorgängen als Muster zugeordneten Begriff* von den organisierenden Kräften fand Goethe in der Wechselbeziehung von *Ausdehnung* und *Zusammenziehung.* Dieser lebendige Wechselbezug ist das Erscheinungsfeld der sich *aus* dem Inneren *am* Äußeren entwickelnden Offenbarung. Dehnung – Stauchung, Weitung – Engung, Aus – Ein, Diastole – Systole, die zweierlei Gnaden des Ausatmens und Einatmens ...

Im Samen befindet sich die Pflanze im Zustand des höchsten *Zusammenzugs.* Danach beginnen mit den Samenblättern die ersten *Dehnungs*bewegungen, die zur Bildung des Blattes führen. Die punkthafte *Ballung* des Samens *dehnt* sich in die Fläche der Blätter. Alsdann *ziehen* sich die Kräfte an einem Punkt der Achse zum Kelch *zusammen,* der als nächste Bewegung die *Ausdehnung* in der Krone folgt. Nun schwingt das Pendel wieder zur *Zusammenziehung* und *Stauchung* in den Staubgefäßen und Stempel. Diese wird abgelöst durch die letzte und dritte *Ausdehnung:* der Frucht, in der – wie zu Beginn – der Same eingeboren ist. Damit ist der Kreis des Werde zum neuen Anfang im Stirb geöffnet.

Wir müssen uns darüber klar sein: Die Entwicklungsgeschichte der Urpflanze erfüllt sich nicht nur nicht in ihrer Zurkenntnisnahme, sondern sie *verfehlt* sich darin. Wir haben es in diesem wie in allen naturwissenschaftlichen Werken Goethes nicht mit *Informationen* zu tun, sondern mit *Instruktion.* Diese ging hervor aus dem sorgenden Bemühen Goethes um den Samen des *Lebens* und des Lebens als *Same,* der in den gleichen Rhythmen der Dehnung und Ballung, wie als Pflanze so als Mensch, keimen, sprießen, lauben, blühen, fruchten, samen will. Das Leben: Es ist eine Möglichkeit, mehr nicht, – solange es sich nicht *verwirklicht* als Mensch, als ich, dieser Mensch mit Fleisch und Blut, Leib und Sinnen – ganz und gar, durch und durch.

Das gelingt nicht von selbst. Ich muß mitwirken im konkreten Wechselbezug mit der Fülle seiner Verwirklichungen. Und eben dieses Mitwirken ist es, aus dem der *kreatürliche Mensch* – wie die Pflanze aus dem Samen – als *sinnlich-sittliches* Wesen hervorgeht, begabt mit der Vorahnung seiner Gottähnlichkeit. Schiller, der heiß bemühte Freund, schrieb:

Sprecher: »Suchst Du das Höchste, das Größte, –
Die Pflanze kann es dich lehren:
Was sie willenlos ist,
Sei Du es wollend, – das ist's!«

Autor: Goethe war sich illusionslos darüber klar, daß weder seine Zeitgenossen noch die nachfolgenden fünf bis sechs Generationen den geforderten entscheidenden Schritt würden tun können. Sie würden diese seine

Sprecher: »mitzuteilende Methode, deren sich ein jeder als eines Werkzeugs nach seiner Art bedienen möge ...«,

Autor: (so in einem Brief an Hegel) als einen »interessanten« Beitrag zur Naturphilosophie, von der er lieber die Finger hätte lassen sollen, in den Bücherschrank stellen. Er sagte es. Er sagte, als ihn ein Besucher den größten Dichter der Deutschen nannte:

Sprecher: »... ich weiß, ich weiß ... Ich weiß aber auch, daß ich ein Schiff auf den Gipfel eines Berges gebaut habe.«

Autor: Eines Tages, wenn die Wasser bis dahin gestiegen sind, wird es flott werden ..., meinte er weiter.

Die Urpflanze will *getan* sein. Sie ist ein *Geschöpf*, kein Schatten. Ein *Sein*, kein Schein. Ihre Entwicklungsgeschichte ist die Chiffrierung eines Systems von Leistungen. Die Partitur eines Zyklus' sinnenhaft auszutragender Verrichtungen. Aus diesem Grunde mußte ihre Geschichte mit besonderer Betonung ihres biographischen, ihres vom Leben gezeichneten wie lebenzeichnenden Charakters behandelt werden.

In einer unwahrscheinlichen Fülle von Einzelbeobachtungen, Versuchen, Notizen, Zeichnungen und Zusammenfassungen, nicht zuletzt solcher in Briefen und Gesprächen, die niedergeschrieben wurden, hat Goethe die Pfade gangbar gemacht für – wie er sagte –

Sprecher: »… für alle, die in gleicher Richtung befindlich sind.«

ERLEBNIS DES FEUERS – TEIL I

Rundfunkvortrag
gesendet am 17.3.1968
im WDR Hörfunk, 1. Programm
Sendereihe »Die Stille Stunde«

Abschrift des handschriftlichen Manuskripts

(Teil II »Das Spiel von Dehnung und Dichtung«,
gesendet am 31.3.1968)

Ansage: (Ergänzung zur Abschrift des handgeschriebenen Manuskripts nach Abhören der CD aus dem HK-Archiv, Soest)
Westdeutscher Rundfunk, 1. Programm, Die Stille Stunde.
Hugo Kükelhaus spricht über einfache Erlebnisse, so einfache, daß sie gewöhnlich Schwierigkeiten machen. Körperliche und sprachliche Erfahrungen, zum Beispiel das Erlebnis des Feuers, die im allgemeinen unbeachtet bleiben, sollen erlebt werden, damit der einseitig intellektuell erzogene Mensch zur Ganzheit zurückfindet. Vor allem soll die Chance, die Kinder haben und auch bieten, nicht verpaßt werden. Die Wissenschaft spricht von einer Tieferlegung der Pädagogik auf entwicklungsgeschichtliche Primärfelder. Kükelhaus regte an, daß Sie, verehrte Hörer, Schreibzeug bereit halten, damit Sie sich einige Versuchsanordnungen notieren können. (Weitere Ergänzungen sind in eckigen Klammern wiedergegeben.)

Das Prinzip, das den folgenden, aus mancherlei Blickwinkeln beleuchteten Sachverhalten zugrunde liegt, möge gleich zu Anfang vorgestellt werden. Damit haben wir eine Art Ariadnefaden. Das Prinzip ist fast einfacher, als es sich denken läßt. Es bedarf keiner besonderen Einbildungskraft oder Intellektleistung, um es zu verstehen. Es bedarf nur einer Empfindung – und zwar einer auf den eigenen Körper gerichteten Empfindung und der Bedenkung oder Bewußtwerdung dieser Empfindung. In diesem Augenblick haben wir besagtes Prinzip nicht nur verstanden, sondern wir haben es zugleich schon realisiert.

Wir stellen uns entspannt und locker in aufrechter Haltung auf einen nicht zu glatten Boden; heben die Arme seitlich in Schulterhöhe, drehen die Hände im Gelenk, so daß einmal die Handteller nach oben, einmal nach unten gerichtet sind; spreizen die Finger, ballen sie zur Faust. Dann tun wir einige Schritte vor und zurück. Währenddessen sammeln wir unsere Aufmerksamkeit auf eine Empfindung vom Bau unseres Körpers, die uns sonst nur wie ein Schatten begleitet, dabei auch so beständig ist wie dieser; nun aber im Lichtkegel unserer Aufmerksamkeit sich deutlich bemerkbar macht. Es ist die Empfindung davon, daß die vielen Bereiche und Leistungsgestalten unseres Körperbaus (Bauch, Brustkorb, Hals, Kopf, Wirbelsäule, Arme, Beine, Hüften, Gelenke, Füße ... usw.) letzten Endes nach drei Erstreckungen orientiert sind: nach einem Oben–Unten; Rechts–Links; Hinten–Vorn. Wie bei einem Stabmagneten Nord–Süd eine Paareinheit bilden, eine sich ergänzende oder komplementäre Einheit, so bilden die drei Achsen Oben–Unten, Rechts–Links, Hinten–Vorn drei paarige oder komplementäre Einheiten. Man kann sie sich vorstellen als die drei Körperachsen, die sich in einem Würfel durch die gradlinige Verbindung der Mittelpunkte der sechs sich gegenüberliegenden Seiten ergeben. Im Körperbau sind die Endpunkte der drei Achsen markiert durch Kopf–Fuß, rechter Arm–linker Arm; Brust–Rücken. Ein weiteres noch bringt das Aufmerken auf unsere Körperempfindung zutage; und in diesem weiteren dann ist alles beschlossen; so daß alles auseinanderfallen müßte oder erst gar nicht bestünde, gäbe es dieses weitere nicht: Es atmet. Es herrscht ein Rhythmus, der sich der Aufmerksamkeit vor allem derjenigen, die auf die Atmung gerichtet ist, vorstellt als die unermeßliche Einfachheit eines EIN–AUS, eines Zusammenzugs und einer Dehnung; einer Engung und einer Weitung: Wenn sich Bauch und Brustkorb bei der Atmung dehnen, geschieht ein Einströmen; wie umgekehrt beim Zusammenzug ein Ausströmen. Begleitet wird dieses EIN–AUS, das mich fühlbar in Verbindung und Austausch hält mit der Welt um mich herum, von dem tief drinnen waltenden schnelleren Rhythmus des schlagenden Herzens.

Das wäre alles, worauf hinzuweisen wäre, daß es – so wie hier beschrieben – getan werden muß, um den nachfolgenden Bericht als eine Botschaft, nicht von außen, sondern von innen, aus einem selbst kommend, zu verstehen. So zu verstehen, daß man sich sagen muß: Ja, das habe ich alles längst gewußt…

Ein solches »Längstgewußt« ist die von Goethe entdeckte und mitgeteilte sogenannte »Urpflanze«. Sie kommt uns für den Weitergang unseres hier angetretenen Erfahrungsweges sehr zustatten. Wir müssen sie kurz vorstellen. Sie wird uns begleiten, ja, sogar an die Hand nehmen.

Was also hat es damit [mit dieser Urpflanze] auf sich?

Auch von heute aus gesehen und in unserer heutigen Terminologie würden wir mit dem von Goethe dafür verwendeten Ausdruck sagen: Die Urpflanze ist ein »Muster«, engl. ein pattern. Sie wirkt als ein in unser Nervensystem, von dem das Großhirn ein Organteil ist (komplementär zum Vegetativum) *substantiell* eingeformtes Grundschema, anhand dessen im Prozeß des Vergleichens und Unterscheidens die Pflanze als *Pflanze* erkannt wird. Ohne dieses Muster würde uns die Pflanzenwelt als ein bedrohliches grünes Chaos erscheinen. Das der Urpflanze zugrunde liegende, in unendlichen Abwandlungen realisierte, in ewigem Wechsel sich Dauer verschaffende Prinzip aber ist nichts anderes als der auch mir eigene Rhythmus von Dehnung und Pressung, Weitung und Engung, Diastole und Systole. Indem nun –, und darin erst besteht der Kern der Goethe'schen Entdeckung und damit ist sie mehr als eine Morphologie oder Gestalttheorie – indem der Mensch die dia- und systolischen Werdebewegungen der Pflanze durch eine »anschauende Urteilskraft«, d.h. durch Anschaltung an die seinem Organismus eingewobenen Muster, mitvollzieht und austrägt, entwickeln, festigen und bilden sich die im Menschen substantiell schlummernden Möglichkeiten. Der Mensch wird zu einem sinnlich-sittlichen Wesen. Er gewinnt eine neue, entwicklungsgeschichtlich vorgezeichnete, Sensibilität. Aus ihr heraus und im Verein mit ihr wird er denken und handeln.

»Es ist eine *aus* dem Inneren *am* Äußeren sich entwickelnde Offenbarung, die den Menschen seine Gottähnlichkeit vorahnen läßt.« Im Sinne dieses Satzes baute Goethe seine Entdeckung von der Identität einer *inneren* menschlichen und einer *äußeren* universalen Natur zu konkreten Methoden aus, die als Werkzeuge jedermann zu Diensten stehen. Um uns sogleich eines derartigen Werkzeugs zu bedienen, verfolgen wir die Bewegungsformen der *lebend sich entwickelnden* Pflanze: Im Samen befindet sich die Pflanze im Zustand des höchsten Zusammenzugs. Danach beginnen die Samenblätter die ersten Dehnungsbewegungen, die zur Bildung des *Blattes* führen. Die punkthafte Ballung des Samens dehnt sich in die Fläche der Blätter. Alsdann ziehen sich die Kräfte an einem Punkt der aufrechten Achse zum Kelch zusammen, dem als nächste Bewegung die Ausdehnung in die Krone folgt. Nun schwingt das Pendel wieder zur Zusammenziehung und Stauchung in Staubgefäß und Stempel. Diese Phase wird abgelöst durch die letzte und dritte Ausdehnung: die Frucht, in der – wie zu Beginn – der Samen eingeborgen ist: Mit diesem Zyklus hat sich das »Stirb und Werde« der Pflanze zu neuem Anfang geöffnet.

Wir bemerken: Die Vorstellungen der *Dehnung* und des *Zusammenzugs* sind nicht Inhalte, sondern Eigenschaften, nicht Gegenstände, sondern Formen des Vorstellens. Das Erleben, das im Schrittmaß dieser *Anschauungen* die Rhythmik der Weitung und Engung an der Pflanze als seine eigene verfolgt, bewirkt eine gleichgeartete rhythmische Durchlebung des menschlichen Organismus, weil dieser nur als ein durch *Er-leben belebtes Leben* Wirklichkeit gewinnen kann.

Wenn man so will, könnte man die »Bedenkung«, die uns bis hierher geführt hat, als das Vorspiel zu einem Stück auffassen, über dem sich nunmehr der Vorhang heben soll.

Wir begannen mit dem Bemerken des Kreuzsystems unseres Körperbaus, mit seinen »Koordinaten« oder Zuordnungslinien OBEN–UNTEN, RECHTS–LINKS, VORNE–HINTEN, wobei Oben–Unten, Rechts–Links, Vorne–Hinten jeweils Paare sind, komplementär oder polar wie die Nord-Süd-Pole am Stabmagneten oder der Erdkugel. Wir machen jetzt ein Gedankenexperiment. Wir stellen uns ein Lebewesen vor, dessen Körper nicht wie der unsere dreiachsial gebaut ist: ohne Wirbelsäule und Markstrang, ohne Kopf, ohne Fuß, ohne die bilaterale Symmetrie des Rechts–Links. Solche Lebewesen gibt es nicht nur, sie machen sogar die überwiegende Mehrheit der Lebewelt aus. Denken wir uns also eine Radolarie, einen Seestern, einen Einzeller, der nicht mal einen Mund hat, sondern die Nahrungspartikel umfließt, um sie durch die Haut aufzunehmen, in der Größe eines Menschen. Wie würde ein solches Wesen die Welt erleben; wie würde es deren Fülle ordnen? Sicher ganz anders als der Mensch! Allein schon deswegen, weil es keine aufrechte Haltung hat, also im Sinne der Schwerkraft kein Oben und Unten. Wir brauchen das Experiment nicht weiter auszuführen: Schon jetzt wird einsichtig, daß sich im Körperbau ja eine *Seinsweise* verwirklicht. Und daß, da dem so ist, die Weise, in der dieses Sein nicht nur gelebt, sondern auch er=lebt wird, bestimmend ist für die Inhalte und Gegenstände dieses Erlebens.

Wie die Rhythmik der Dehnung und Engung, so ist auch die Bauform des Körpers, das strukturelle Gefüge, an dem diese Rhythmik geschieht, ein Grundmuster oder Schema, an dem sich durch Vergleichen und Unterscheiden die übermächtige Eindrucks- und Einwirkungs-Fülle der Außenwelt zur Ordnung des Individuums anschaltet – um nicht zu sagen: »ankristallisiert« – durch eine vom Muster gesteuerte Auswahl. Dieser Vorgang, in dem sich (mit Goethe zu sprechen) die äußere objektive Natur mit der inneren subjektiven Natur des Menschen in der gemeinsamen Gesetzlichkeit der Muster zusammenfinden – dieser Vorgang ist ein vom Menschen aktiv und seiner selbst bewußt zu leistender. Darin erst erfüllt sich die abenteuerliche Bedingung seiner Existenz, das Leben als ein *er=lebendes* Leben zu vollbringen.

Nun besteht ja die äußere Natur nicht nur aus Pflanzen. Sie besteht, wir wollen uns nicht genieren, es ganz simpel aufzuzählen, auch aus dem Erdkörper selbst; aus dessen Aufbau vom Kern her, den wir nur mutmaßen, aus dessen oberen Bereichen und Bildungen, die wir kennen. Sie besteht aus dem, was über den Ländern, Gebirgen, Meeren ist und wandert und sich regt: der Atmosphäre in ihrem schichtigen Aufbau, den Winden, Wolken und Wettern. Sie besteht aus dem Reich der Tiere. Sie besteht aus dem Wasser der Quellen, Ströme und Meere. Alles dies unter einem Sternenhimmel, dessen Übermacht der Mensch nur durch Produktion von Bildern bestehen kann. Endlich aber haben alle diese Erscheinungen gemeinsam, daß sie in einer bestimmten Skala von [Zuordnungsformen] auftreten oder diese durchlaufen können: Sie können fest oder flüssig, kalt oder heiß, dicht oder flüchtig sein. Die Welt ist ferner durchdrungen von Licht und seinen Erscheinungsweisen. Sie ist erfüllt vom Schall und seinen Gestalten. Was des Menschen Verhältnis zum Licht angeht, so ist er dessen um so mehr teilhaftig, als von ihm die objektive Gesetzlichkeit des Lichtes als Spiegel der subjektiven Gesetzlichkeit des Auges erfahren wird: »Wär' nicht das Auge sonnenhaft, wie könnt die Sonne es erschauen?« – Was hier gesagt ist, drücken die Inder mit ihrem »ta twam asi« aus. – Das bist Du. Dieses »Das bist Du« als eine substantielle Organfunktion, als eine Verrichtung des Leibes zu verwirklichen – das leistete Goethe durch seine konkrete Methodik, von der die Farbenlehre und die Urpflanze ein Beispiel sind.

Wir wollen nun in der folgenden vielleicht halben Stunde berichten, durch welche Versuche das »ta twam asi« an der Erscheinung des Feuers erfahren werden kann. Weniger allerdings von Erwachsenen; im eigentlichen Sinne nur von *Kindern.* Warum? Weil folgender Sachverhalt vorliegt:

Der Abschnitt im menschlichen Leben, während dessen der Organismus, soll sich die Achsenordnung seiner Erlebensfähigkeit differenzieren und festigen, unabdingbar angewiesen ist auf den unmittelbar leib-körperlichen Umgang mit der Gesetzlichkeit der äußeren Natur, ist die Periode seiner Ausreifung, die etwa bis zur Pubertät andauert. Man halte sich das im Vergleich zur Tierwelt Besondere der menschlichen Situation am *Geburtsakt* vor Augen: Das im Verhältnis zu der beschränkten Weite des Geburtskanals zu große Gehirn des Menschen zwingt zu einer Geburt, die – gemessen am Reifegrad des ganzen Organismus – *zu früh* ist. Das noch unfertige Kind muß von der Mutter aktiv getragen werden. Die verfrühte Geburt, die sogar Eiweißverbindungen in Kauf nimmt, die erst im nachgeburtlichen Leben ausreifen, setzt das Kind auf einer äußerst, ja, fast gefährlich bildsamen Entwicklungsstufe dem prägenden Einfluß der Welt aus, in die hinein oder genauer: *mit der zusammen es geboren wird.*

Die Art und Weise, in der der Mensch während seiner Kindheit die Gesetzlichkeit der Naturerscheinungen erlebt, ist die den Gesetzen des Organismus gemäße. Wir müssen folglich versuchen, wie ein Kind zu empfinden, sollen uns solche elementaren *Erscheinungen* wie das Feuer, das Wasser, die Luft, die Erde als gleichsam Spiegel oder Spiegelungen unseres eigenen Seins aufgehen; sollen sie uns – anders ausgedrückt – *wesentlich* werden. Im *Spiel* mit Kindern gelingt das »Wie-ein-Kind« den meisten Erwachsenen noch am ehesten. Versetzen wir uns also in die Lage, wir möchten Kinder erleben lassen, was es auf sich hat mit dem Wasser, dem Feuer, der Luft, der Erde. Dann heißt es vor allem, vom jeweils Typischen der Erscheinungen auszugehen; von dem, worin sie sich am stärksten ausdrücken; von dem, was bei ihnen am ehesten ins Auge fällt. Beim Feuer z. B. gälte es, von der *Flamme* auszugehen.

Wir beginnen also damit, daß wir verschiedene Arten von *Flammen* vorführen. Die Spiritusflamme z. B. ist fast unsichtbar, kaum leuchtend, durchsichtig, bläulich und lautlos. Ein Streichholz dagegen gibt eine sehr sichtbare, gelbrötliche Flamme von dreieckiger Form mit einem bläulichen Saum unten, der an die Spiritusflamme erinnert. Die Kerzenflamme hat eine tulpenhafte Form. Um den Docht herum ist sie durchsichtig, anschließend ist eine teils bläuliche, teils bräunliche Zunge, die von einem gelbleuchtenden Flammenmantel umhüllt ist.

Mit diesen Vorführungen und den entsprechenden erläuternden Abschweifungen lassen wir es für den *ersten* Tag genug sein. Die Kinder sollen einmal darüber schlafen. Für den *nächsten* Tag sind neue Vorführungen angekündigt. Dafür sollen die Kinder allerlei Materialien mitbringen, von denen sie glauben, daß sie brennbar sind. Bei den Versuchen zeigt sich, daß manches davon nicht brennt; daß manches nur schwelt, Gummi z. B., der noch dazu höllisch stinkt. Ähnlich steht es mit Haaren und Wollsachen. Verschiedene Hölzer brennen ganz verschieden. Heu brennt. Gras nicht. Blätter brennen anders als Stengel, so stellt sich heraus, wenn man es an trockenem Gesträuch versucht. Tannennadeln brennen unter knisternden Explosionen mit langen Stichflammen. Manche Holzart knallt beim Verbrennen; manches bildet steile und stille Flammenfahnen. [Alle Fahnen und] alle Flammen haben eine irgendwie nach oben zusammenschlagende dreieckige Form. Während ein festgebundenes, geschlossenes Buch fast unbrennbar ist, flammt ein Haufen einzelner Blätter davon mit großer Hitze und einem Gluthauch und rauschend in einem Nu dahin. Wir zünden stets unten an. Die Flammen züngeln von unten nach oben; nicht umgekehrt. Bei einem Berg Holzwolle, unten angezündet, sieht man, daß die Flammen geradezu gefräßig sind und daß sich das Innere des Feuerberges ganz anders verhält als die Außenschichten; das Obere anders als das Untere. Ein in Flammen aufgehender, mit viel Luft geschichteter Reisighaufen mutet dadurch, daß er oben, unten, außen, innen auf verschiedene Weise brennt und verschiedene Arten von Rauch entwickelt, fast wie ein Lebewesen an. Man muß sich selbst und die Kinder auf die Mannigfaltigkeit und auf das Gemeinsame dieser Mannigfaltigkeit – nicht nur der Flammen, sondern auch der Rauchformen – aufmerksam machen. Die Kinder werden durch die Vorbereitungen, die Sicherungsmaßnahmen und die vielen sonstigen Verrichtungen und Rücksichtnahmen, die zum Feueranmachen gehören, das natürlich im Freien stattzufinden hat und in der Dämmerung oder nächtlich, in eine vergnügliche Erregung versetzt; ganz zu schweigen vom Anblick selbst, dem Schüren, Herumstochern, wobei Funken aufstieben, dem Nachlegen, dem Herumspringen, damit einem bei wechselnder Windrichtung nicht beißender Rauch in die Augen weht. Es wird den Kindern dabei nicht nur von außen, sondern auch von innen heiß.

Zuletzt fällt das Feuer zusammen, es legt sich gewissermaßen zur Ruhe auf ein flammenloses Pfuhl glostender Kohlen, die – wie vorher das Holz – langsam verzehrt werden und den Übergang bilden zu einem kalten, grauen Rest, der beklemmend ausgelebten formlosen Asche.

Hiermit beenden wir die Vorführung. Wieder lassen wir eine Nacht verstreichen. Der nächste Tag ist ausschließlich dem Erzählen des gestern Erlebten gewidmet.

Ein Kind, das von einem Feuererlebnis berichtet, ist in einer ebenso einzigartigen Verfassung, wie das Feuer im Vergleich zu allen anderen, auch aufregenden Begebenheiten etwas Besonderes ist. Das drückt sich aus in der Wortsuche und Wortwahl während des Erzählens. Hier heißt es nun für den Erwachsenen, mitzusuchen nach den Worten, die am treffendsten die verschiedenen Vorgänge und Besonderheiten des Feuers charakterisieren. Wenn z. B. ein Wort wie »prasseln« gefunden worden ist, wird man bemerken, daß durch dieses *Wort* die Erinnerung an den gemeinten Vorgang wesentlich an Deutlichkeit gewinnt. Um diesen Vorgang bestätigt zu finden, brauchen wir nur einmal aufmerksam den Empfindungen nachzuspüren, die sich in uns bei den Worten »prasseln«, »sprühen«, »krachen«, »knistern«, »bersten«, »spritzen«, »knattern« usw. einstellen.

Nun käme es noch auf etwas Weiteres an, nämlich: sich darüber klar zu werden, daß die ganze soeben benannte Wortgruppe etwas Gemeinsames hat und daß dieses Gemeinsame etwas Bestimmtes ist und kein Ungefähres. Dieses bestimmte Gemeinsame gilt es nun, sprachlich auszudrücken. Ließe es sich in einem einzigen Wort ausdrücken? Oder müßte man es umschreiben? Wir tasten uns heran. Wir sieben aus; wir engen ein. Wir werden uns schnell darüber einig: Es ist etwas Kurzlebiges, mit dem wir es da zu tun haben; etwas Explodierendes;

Brockenhaftes; Körniges; Trockenes. Während dieser sprachlichen Fahndung, die etwas von einem spannenden Abenteuer an sich hat, bemerkt man mehr und mehr, daß wir ja auf einen Holzweg geraten, wenn wir uns ausschließlich in der Richtung *prasseln* bewegen. Das Feuer tut ja noch etwas ganz anderes, geradezu Gegenteiliges, etwas Gedehntes, sich Hinziehendes, etwas, das mit Luft, mit Blasen zu tun hat. Das hatten wir immer schon empfunden, jetzt fällt uns das Wort dafür ein: Das Feuer zischt und faucht! Und nun, wo das Wort sich eingefunden hat, stellt sich das Ereignis geradezu greifbar vor und drängt zugleich auf Namengebung für die jetzt auch bemerkte Vielfalt seiner Erscheinungsweisen. Auf Namen – und auf Vergleiche! Dann kann das Feuerfauchen an etwas ganz Entlegenes erinnern: an eine wütende Katze, an eine Schlange.

Was aber das sichtbare Bild der Flamme angeht, ihre Form, so erinnert ihr kegelartiges Aufsteigen an die Lichtzuwendung der Vegetationspole der Pflanze, an Knospen, Blüten, an Baumkronen und Wipfel; ihr Aschenrest aber an das andere Ende dieser aufgerichteten Achse: an Humus, an Erde. Auch gemahnt das bläuliche Verflackern an der Spitze der Flammenpyramiden an die Farbigkeit von Blumen. Die Pflanze ist wie eine Flamme, die in das Reich der Organismen verzaubert wurde. Und wie diese ist sie lufthungrig. Ohne Luft erstickt sie.

Wir haben uns, gemeinsam mit Kindern, darum bemüht, die Eigenschaften, die das Feuer bzw. die Flamme in seinen verschiedenen Stadien zeigt, in die treffendsten Worte zu fassen. Wir schreiben sie auf. Es ist erstaunlich, wieviele es geworden sind. Wir machen uns jetzt daran, die Wortmasse zu sieben nach einer Gemeinsamkeit der Merkmale, die durch sie bezeichnet werden.

Die ersten Gemeinsamkeiten finden wir, indem wir nach Merkmalen unterscheiden, die gesehen, die gehört, gerochen, auf der Haut gespürt und als Empfindungen gedeutet werden. Die solchermaßen sortierten Worte schreiben wir im Spiel mit Kindern auf Zettel, um damit verschiedene, diesmal fünf Haufen zu bilden.

Erstens: *Gesehen:*

Hell. Licht. Gelbrot. Blau. Schwarz. Steigen. Züngeln. Kriechen. Lecken. Fressen. Schlagen. Hüpfen. Breit. Flach. Hoch. Spitz. Schleichen. Wallen. Wühlen. Lodern. Sprühen. Spritzen. Stieben. Funke. Zunge. Fahne. Wirbel. Dampf. Rauch. Qualm. Schwaden. Dunst. Strahlen. Blenden. Glimmen. Glühen. Glosten. Tanzen. Jagen. Schlängeln. Hetzen. Eilen. Hervorbrechen. Flackern. Zusammenfallen. Schrumpfen. – Wechseldauer der einen Grundform: des Dreiecks.

Zweitens: *Gehört.*

Prasseln. Knattern. Brechen. Fauchen. Pfeifen. Zischen. Blasen. Toben. Summen. Singen. Heulen. Knistern. Krachen. Bersten. Poltern.

Drittens: *Gerochen:*

Duftend. Beißend. Beizend. Brenzlig. Brandig. Erstickend. Stickig.

Viertens: *Auf der Haut gespürt.*

Warm. Heiß. Glühendheiß. Erkaltend. Kühl. Kalt. Staubig. Tot. Zerbröckelnd.

Fünftens: *Als menschliche Eigenschaften und Stimmungen gedeutet.*

Gefährlich. Wütend. Tobend. Gierig. Gefräßig. Eilig. Hastig. Aggressiv. Belebend. Anregend. Wohltätig. Launisch. Unberechenbar. Nach Bändigung verlangend.

Wenn das Vergnügen an der Wortsuche, die sich mit Pausen über Tage und Wochen erstrecken kann, nachläßt, ist der Augenblick zum Entwurf einer neuen Klassifizierung gekommen. Ein neues Kriterium meldet sich an.

Eine Gabe wird in falscher, d. h. zu starker, Dosierung zum Gift. So hat uns die Wortsuche, allein durch die Worte, die sich einfanden, darauf gebracht, daß jede der genannten Eigenschaften – wie die Schalen einer Waage – in der *Balance zwischen einem Zuviel und Zuwenig schwankt.* Ob die Flamme noch züngelt oder schon flackert; ob sie noch prasselt oder schon knattert; ob sie noch steigt oder schon verfliegt ... usw ... Dieses Erwägen ist wie das Beobachten der *rechten* und *linken* Hälfte eines schwankenden Waagebalkens; ein Auswiegen; ein pendelnder Balanceakt – der, wie dieser, solange die Sprache lebt und das Leben als Sprache währt, nie zum Stillstand gelangt.

Die Hörereignisse des Knatterns und Prasselns, des Fauchens und Zischens haben ihre Entsprechungen im Sehen, Riechen, Tasten und den jeweils durch sie ausgelösten Stimmungen.

Neben der Frage, ob es sich noch um ein Prasseln oder schon um ein knallendes Knattern handelt, steht eine andere Fragerichtung und eine andere Art der Zuordnung zur Entscheidung; eine solche, in der es nicht um das Auspendeln einer *Rechts–Links*-Symmetrie wie bei einer Waage geht, sondern um ein Zuordnen nach so verschiedenen Wesensmerkmalen, wie sie beim Knattern einerseits und Fauchen andererseits vorliegen und die man als Vertreter einer paarhaften Grundspannung zu begreifen hätte, die sich im *Oben* und *Unten* der aufgerichteten Körperachse verwirklicht. Das Prasseln, Knattern, Poltern, Knallen setzt harte und volle Gegenstände voraus; das Fauchen, Pfeifen, Zischen, Singen, Summen bezieht sich auf mehr oder weniger geschmeidige und fließende Stoffe und Vorgänge. Nicht auf Volles, sondern auf Hohles. Nun wäre vorzustellen, was dem oberen, was dem unteren Pol der Körperachse, was dem Kopf, was dem Fuß entspräche: das Hervorstehende, Spitze, Volle, Dichte oder das Eingestülpte, Hohle, Lose; das Angreifende oder das Einsaugende. Übereinstimmend werden die Kinder das Harte und Stoßende dem Oben zuweisen, schon weil sie ihren Kopf so empfinden, das gleitend Fließende, Geschmeidige, Bewegliche ihren Füßen, – ebenfalls aus ihrer Körperempfindung heraus. Haben wir nun diese Selbstempfindungen mit Namen bedacht (das Obere hart und fest, das Untere beweglich und beflügelt), so ist es gerade *dieser* Akt der Namengebung, der die *andere*, symmetrisch entgegengesetzte Erfahrung auf den *Plan ruft:* Das menschliche Haupt bewegt sich nämlich mitsamt seiner Sinne, mit Auge, Ohr, Nase, Mund, in der Region der Luft und des Lichtes. Die Füße dagegen auf der festen und dunklen Erde. Unten das Schwere, Dichte, Dunkle. Oben das Leichte, Lose, Wehende, Helle.

Die Beobachtung des Feuers in seinen verschiedenen Stadien (Anzünden, schlagende Flamme, flammenlose Glut, tote Asche) hat zur Wortsuche – die Wortfindung zur Gliederung geführt und diese zur Bildung des Achsenkreuzes mit dem Waagebalken Rechts–Links, dem aufrechten Stamm Unten–Oben. An dieses Kreuz schalten sich durch ihre sprachliche Fassung die Erlebnisse an. Wir können daher das Rechts–Links, Oben–Unten-Kreuz ein Schaltkreuz nennen. Nur dadurch, daß sich Erlebnis auskündende Namen an dieses Kreuz anschalten, werden sie zu Worten und Begriffen der Verständigungssprache. Erst durch die Anschaltung an die Achsen der Erlebensfähigkeit werden Laute zu Lautzeichen, zu Worten und erlangen diese die steuernde Bestimmtheit, die sie sowohl als Elemente des Denkens haben müssen, wie auch als Elemente einer Sprachgemeinschaft.

Die Bekanntschaft mit den chemischen Vorgängen leiten wir mit Versuchen ein, durch welche die Luftbedürftigkeit der Flamme und ihr Verzehren von Luft sichtbar wird. Wir stülpen verschieden große Glasglocken über eine Kerzenflamme. Je kleiner die Glocke, desto schneller, je größer, desto langsamer erlischt die Flamme. Stülpen wir eine große Glocke, unter der soeben eine Kerze erloschen ist, über eine brennende, so erlischt sie augenblicklich – so wie wir ersticken würden, wenn wir darunter atmen sollten. Ein solcherart konkretes Voraugenführen eines Vakuums verdinglicht sich im kindlichen Organismus zu einem nervlichen Schaltvorgang, dem sich alle Erlebnisse zuordnen, die den Atem behindern oder nehmen. Um so größer die Überraschung, wenn Hohles und wenn Höhlen widertönen; um so tiefer lassen sie *aufatmen!* Um zu zeigen, daß die Flamme Luft deshalb benötigt, weil sie sie verzehrt, so wie man ißt und trinkt, stellen wir eine brennende Kerze in einer flachen Wasserpfütze auf die Tischplatte. Wenn wir dann die Glasglocke darüber gestülpt haben, bemerken wir, daß unter deren Rand hinweg erst etwas aus der Glocke entweicht, danach aber sichtbar auf demselben Wege von außen her Luft in die Glocke eingesogen wird.

Die Kerzenflamme *verbraucht* nicht nur das Gas Sauerstoff aus der Luft, sondern sie *bildet* auch ein Gas: Kohlensäuregas.

Die Verehrung des Feuers in der menschlichen Frühgeschichte hat ebenso wie für die kindliche Entwicklung ihren Grund in dem realen Zusammenhang seiner Erscheinung mit dem nervlichen Schaltkreuz, als welches sich die menschliche Erlebensfähigkeit verwirklicht. Es lohnt sich, die Geschichte der Feuerverehrung in diesem *organismischen* Sinne zu verstehen.

Bisher haben wir die Eigenschaften des Feuers anhand der Brennbarkeit von Holz und Kerze beobachtet. Wir wenden uns nunmehr einigen Stoffen zu, für die die Brennbarkeit in ihrem *Verlangen* danach begründet ist. Schwefel, Kohlenstoff und Phosphor. Kohlenstoff sparen wir aus. [– zunächst] Natürlich gibt es noch andere Stoffe, die sich in Verbindung mit Sauerstoff auf eine brandähnliche Weise verändern – Eisen, Zink, Magnesium z. B.: *sie rosten.* Da Rosten sich aber zum Brennen in genau paariger Weise verhält, müßte man das Rosten unter diesem Gesichtswinkel behandeln.

Wir schütten etwas Schwefelpulver in eine Porzellanschale und entzünden es. Sogleich bildet sich ein Flämmchen von einer Farbe, die wir in der gelbroten Holzfeuerflamme nur hin und wieder bemerkten: wie ein fahlblauer Saum bleibt es dicht an dem gelben Pulver haften. Sein stechender Geruch reizt zum Husten.

Der daran anschließende Versuch führt zu einer uns schon vom Holzfeuer her bekannten Erscheinung: Wir zünden Holzkohle an und stellen fest, daß sie flammenlos glüht. Und daß das Glühen nur von innen her geschieht, wenn wir die Holzkohle zu einer Pyramide aufschichten, wobei die Außenseiten wie ein schwarzer Mantel das Glühende verhüllen. Mit einem Stückchen glühender Holzkohle können wir im Dunkeln sehr gut mit großen Armbewegungen Linien ziehen, die für unsere Augen eine Weile in der Luft stehen bleiben.

Gelber Phosphor (Vorsicht, er ist sehr giftig!) muß wegen seiner hohen Selbstentzündlichkeit unter Wasser aufbewahrt werden. Er darf nicht mit der Haut in Berührung kommen. Kinder müssen davon ferngehalten werden. Stückchen zum Experimentieren schneidet man unter Wasser ab. Man hält ihn danach mit demselben Lappen fest, mit dem man ihn abgetrocknet hat. Es zeigt sich, daß ein dünner, weißer Rauch von ihm ausgeht, der nach unten sinkt und der im Dunklen leuchtet. Er leuchtet, indem er – anders als beim Schwefel – fast ohne Wärmeentwicklung verbrennt. Freiliegend verzehrt er sich langsam, indem er gleichsam in das von ihm ausgehende Licht eingeht.

Zur Entzündung durch eine offene Flamme (Gasflamme) verwenden wir den ungiftigen *roten* Phosphor, der auch *nicht* selbstentzündlich ist. Seine Flamme ist äußerst hell, gelb-weiß und heiß, begleitet von einem dichten, weißen Rauch.

Die Besonderheit unserer Versuche liegt nun darin, daß sie ausgerichtet sind auf die Herbeiführung einer möglichst unmittelbaren Begegnung zwischen der Erscheinung des Verbrennens und dem Schaltkreuz der Erlebensfähigkeit.

Ein Stück kristallisierter *Schwefel*, so wie er aus der Erde kommt, gibt seine Tarnung als gewöhnlicher, schön anzusehender Stein auf, *sobald* er erhitzt wird: Er gerät in Bewegung, schmilzt und verdampft. Diese Eigenschaft hat ihm seinen Namen Soloferus (= Sonnenträger, Sulfur) eingetragen. Er hat die Natur eines Glutwirbels, wie er auf der Sonne vorkommt: vulkanisch-sprengend, alles Verharrende aufrührend, umschmelzend und auseinander treibend.

Der *Phosphor* dagegen, kühl leuchtend, sozusagen in seine Eigenstrahlung hineinschwindend, wirkt zusammenziehend und erstarrend. Sulphur – Phosphor, bilden ein »OBEN – UNTEN«-PAAR.

Wenn Kinder das beschriebene, ihnen von Erwachsenen in kunstvoller Regie vorgeführte Verhalten von Schwefel und Phosphor beim Verbrennen verfolgen, drängen sich von selbst – so als wenn sie einem Kasperlespiel oder den Tieren im Zoo zusähen – eine Menge von Ausrufen auf ihre Lippen, mit denen sie die Vorgänge begleiten. Diese Äußerungen muß der Erwachsene festhalten und sie den Kindern zu anderen Gelegenheiten in Erinnerung rufen: »Wißt ihr noch ...?«

Was ist damit geschehen? Es ist damit geschehen, daß die Wortfindung dorthin gelenkt wird, wo die Sprache aus den Keimworten, die der Achsenordnung des sich verwirklichenden Organismus entsprechen, hervorgehen. Dadurch, daß ich dem Gegenstanderlebnis einen Namen gebe, wird zwischen diesem und der achsialen Verfassung des Organismus eine geweblich-dingliche Symmetrie-Bildung ermöglicht: Innen und Außen bilden im Wort eine Symmetrie – eine paarige Einheit. Jedoch: Dies gelingt nur, solange der Organismus noch im Selbstaufbau begriffen ist. Nur in dieser Phase kann die Sprache ein organismisches und der Organismus ein sprachliches Element werden.

Mit der Rhythmik im Spiel der Flammen beim Abbrennen – etwa eines Reisighaufens – verhält es sich so, daß ihre Wahrnehmung die Fähigkeit rhythmisiert, den Vorgang wahrzunehmen. Daß die Beobachtung von Flammenspiel eine in diesem Sinne flammenhafte ist, wird sogleich klar, wenn man sich vorstellt, es wäre nicht so, und ein Reisighaufen würde unbewegt und einförmig abbrennen. So ist das organismische Element der Sprache, das bei Benennung von Flammenspiel wirksam wird, ein rhythmisches.

Man vergegenwärtige sich: Wenn ich ein Taschentuch aus dem Fenster eines fahrenden Zuges halte, beginnt es unter dem Einfluß des Fahrtwindes, der ein stetig strömender ist, unstetig zu flattern. Überall können wir das darin waltende einheitliche Gesetz beobachten. Die Stetigkeit einer Einwirkung wird durch das, worauf sie einwirkt, mehr oder weniger in einen unstetigen Vorgang umgeprägt. Der Sand, der von der oberen Hälfte eines Stundenglases stetig in die untere rieselt, schüttet dort durch rhythmischen Auf- und Abbau seiner Spitze einen Kegel auf. Ein Wasserfaden, der in stetigem Aufprall eine bewegliche Klappe trifft, läßt diese sich periodisch auf und ab bewegen. Eigentlich wird dabei nur offenkundig, daß auch die Stetigkeit einer Einwirkung nur eine *relativ* stetige ist: Denn der scheinbar stetige Wasserfaden ist eine Perlenkette von Tropfen, ja, ein ganzes Bündel solcher Tropfenketten.

Wir lassen also das Kind Worte finden für das Spiel der Flamme, für ihr Auf und Ab, Hin und Her, Kommen und Gehen – Namen und Vergleiche. Wir beteiligen uns an der Wortfindung. So wird die Sprachbildung an der Wurzel begonnen; dort, wo das Vorgangsmuster der äußeren Erscheinung sich deckt mit dem im erlebenden Subjekt verankerten Vorgangsmuster.

Im Feuer gelangt zur Anschauung: der Übergang eines *Ist-Zustandes* in einen *Werde-Vorgang*; und zwar unter Entwicklung von Licht und Wärme. Das »ist« ist vertreten durch das, was faßbar ist und was verbrennt. Das »werde« ist vertreten durch das unfaßbare Züngeln der Flammen und ihr *Verschwinden* – während zugleich das Faßbare zu toter Asche wird.

Hier wird das Gleichnis vom Vogel Phönix mit den Augen sichtbar, mit den Fingern fühlbar – vom Phönix, der sich selbst verbrennt, um sich in alle Ewigkeit aus seiner Asche verjüngt zu erheben, als das Gesetz des Lebendigen, wonach alles, was ich fest in der Hand halte, *nur Asche sein kann.*

Das Kind, das am Feuer hockt oder darum herumtanzt, es sieht und sein Flammenspiel mit vielen Namen ruft, lebt in der Phönix-Natur seines physischen Seins. Die Phönix-Natur des Menschen allein ist es, die ihn befähigt, das Feuer als Feuer zu erkennen und in eben dieser Erkenntnis, die eine phönixhafte ist, es zu zähmen und den Sprung in die Dimension der Technik zu tun.

Am Feuer wurde der
homo faber
geboren.

Absage:
Hugo Kükelhaus sprach über die Koordinaten des Erlebens. In 14 Tagen, in der nächsten Stillen Stunde, gibt Kükelhaus das Spiel von Dehnung und Festigung zu bedenken. Er wird es an Beobachtungen mit Wasser und Salz erläutern.

Eine Hörfassung dieses Textes findet sich auf: www.hugo-kuekelhaus.de/mediathek

DAS SPIEL VON DEHNUNG UND DICHTUNG
– WASSER ODER SALZ –

Rundfunkvortrag
gesendet am 31.3.1968
im WDR Hörfunk, 1. Programm
Sendereihe »Die Stille Stunde«

Abschrift des handschriftlichen Manuskripts aus dem HK-Archiv

(Folgesendung von »Das Erlebnis des Feuers« am 17.3.1968)

Der Faden, den wir mit dem folgenden Bericht wieder aufnehmen, wurde in einem vorangegangenen angesponnen. Er befaßte sich mit der Erscheinung des Feuers oder: mit dem Feuer als Erscheinung.

Um zu wiederholen, was dort zu erfahren war: Wir unterwarfen das Feuer einer Reihe von Versuchen. Sie brachten eine Fülle sonst verborgener Eigenschaften und Weisen des Feuers zur Anschauung. Insgesamt ergab sich eine Art Bildnis, das das Feuer als ein Individuum mit sehr ausgeprägten Gesichtszügen auswies; ja: Es bot sich sogar der Vergleich mit einem Lebewesen an, da es mit diesem manche Eigenschaften gemeinsam hat, z. B. die, daß es atmet, daß es des Sauerstoffs bedarf, um leben zu können.

Die angegebenen Experimente waren, wie auch die folgenden, die anderen Themen gewidmet sind, so abgefaßt, daß Erwachsene sich mit ihnen befassen sollten, um sie danach Kindern vorzuführen. So vorzuführen, wie man ein Kasperle-Theater nach sorgfältiger Vorbereitung vorführt – mit allem Drum und Dran.

Wir erinnern: Ein brennender Kerzenstumpf wird vor den Augen der Kinder unter ein Wasserglas gestellt. Ein paar Atemzüge – und die Flamme ist erloschen, wie wenn sie erstickt wäre. Großes Staunen, das zu vielfacher Wiederholung des Vorgangs reizt. Diese Erscheinung wurde durch weitere Versuche, die zugleich neue Entdeckungen waren, variiert. Wir beobachteten z.B. das Ansaugen von Wasser in das Glas während des Erlöschens. Wir richteten unsere Aufmerksamkeit auf das Formenspiel der Flamme und bemerkten eine Grundform darin: das Dreieck, die Zunge. Wir horchten auf die Geräusche, die ein Haufen brennender Tannenzweige von denen eines Stroh- oder Papierfeuers unterscheidet. Wir bemerkten Geräusche, die sich zueinander gegensätzlich verhielten: ein Fauchen und ein Knattern. Ein Sausen und ein Krachen. Wir suchten Namen für die verschiedenen Geräusche und Formen, Namen und Vergleiche. Wir notierten, welche Namen und Vergleiche sich den staunend davor hockenden Kindern auf die Lippen drängten. Welche Ausrufe ihnen entfuhren. Wir ermunterten sie darin. Einmal konnte das Feuer fauchen wie eine Katze; heulen wie aus einer Höhle. Dann poltern wie Steingeröll. Oder klagen wie der Wind. Grollen wie Donner. Brausen wie Brandung.

Wir sprechen von hohen und tiefen Tönen, hellen und dunklen Farben. Wie kommen wir dazu? Wonach beurteilen wir Ton- und Farb-Empfindungen als hoch und tief, hell und dunkel? Etwas von außen Gegebenes kann nicht den Maßstab dafür abgeben. Im Organismus selbst müssen die Maßstäbe, die Kriterien für die Urteile (Empfindungen sind Urteile!) angelegt sein. So fanden wir auch in den Geräuschen, die vom Feuer ausgehen oder es begleiten, ein dem Hoch–Tief, Hell–Dunkel der Töne und Klänge verwandtes Ordnungsschema. Dabei half uns die Beobachtung, daß es sich bei dieser Zuordnung der Empfindungen immer um *paarweise* Bildungen handelt; und zwar um Paare, die sich gegenseitig auslöschen würden, wenn beide Partner absolut gleichwertig und gleichgewichtig wären. Wir nennen solche in sich selbst gegenwertigen Paargebilde Polaritäten; wir bezeichnen sie als komplementär. Hoch–Tief, Hell–Dunkel bilden eine Polarität, so wie der Farbenkreis von Blau über Rot, Gelb, Orange, Grün zum Violett die im Kreis sternförmig gegenüberliegenden komplementären Farbenpaare Gelb–Violett, Blau–Orange, Rot–Grün bildet. Wovon sich jedermann leicht überzeugen kann. Denn wir brauchen nur eine Weile auf eine *rote* Farbfläche zu schauen und danach die Augen fest mit der Hand zu schließen – so schwimmt alles grün hinter den dunkel gehaltenen Lidern.

Kehren wir zurück zur Ausgangsbeobachtung: Der Organismus selber ordnet die Empfindungen zu derartig paarigen Verhältnissen; in ihm selber ist das paarige Schema verankert. Aber wo und wie? Nun, diese Frage ist so vollkommen offen beantwortet, daß die Antwort eben deswegen nicht vernehmlich ist – in einem ähnlichen Sinne, wie ich meine Augen nicht sehen, weil ich mit ihnen sehen, meine Finger nicht fühlen kann, weil ich mit ihnen fühle. Die so offen liegende Antwort wird uns erteilt vom Bauplan oder – wie man es auch ausdrükken kann – von der Architektur unseres Körpers. Denn dieser ist gänzlich in solchen Polaritäten, solchen paarigen Spannungsfeldern aufgegliedert und durchgebildet. Wovon wir uns nicht begrifflich mit dem Kopf, sondern gymnastisch und tänzerisch mit dem ganzen Körper überzeugen müssen, damit der Begriff und die Vorstellung davon zu einer *steuernden* Kraft wird. Damals, zu Eingang unserer Hinwendung auf das Feuer als Erscheinung, gingen wir von den Empfindungen aus, die sich der aufrechten Körperhaltung gegenüber einer intensiven Aufmerksamkeit einstellten. Es bleibt dabei nicht aus, daß wir uns sodann von Kopf bis Fuß der großen paarigen Zonen unseres »Bau's« bewußt werden: des Paarverhältnisses von Scheitel und Sohle, von Nacken und Hüfte, von Rücken und Brust, von Rechts und Links. Wie die Achsen eines Raumkreuzes sind es diese fundamentalen Paare unseres Bauplanes, die ebenso wie unseren nach außen gewendeten Körper, so auch den nach innen gewendeten Leib und unsere Empfindungs-, Fühlens-, Willens-, Wahrnehmungs-, Erkennens- kurz: unsere Fähigkeit bestimmen und durchordnen, das Leben nicht nur schlafend zu leben, sondern es wach zu *er*=leben.

Nun ist es aber mit dem Er-leben des Lebens so bestellt, daß dabei das eine, das Schlafleben, vom anderen, dem Wachleben, wie von außen her ergriffen und bewegt wird. In einem ähnlichen Sinne »von außen« her, wie nach dem griechischen Philosophen und Mathematiker Archimedes die Erde zu bewegen wäre, gäbe man ihm einen Punkt außerhalb derselben, auf dem er stehen könnte. Dieser Punkt außerhalb des schlafenden Lebens aber ist es, in dem die Fähigkeit beruht, es zu er-leben. Konkret gelingt der *er*=lebende, schaffende, machende Aufbau unseres körperlichen Seins und das Tun dessen, was wir sind oder das Erwerben dessen, was wir ererbt haben, dadurch, daß wir *Ordnung* in unser Empfinden, Fühlen, Denken und Wollen bringen. Wohlgemerkt: eben die ererbte Ordnung unseres Organismus, da dieser der Geschehens-Ort eben des Empfindens, Fühlens, Denkens und Wollens ist. Sie, diese ererbte Ordnung des ererbten Organismus, ist es, die es zu erwerben gilt.

Wir hatten das letzte Mal, eingangs der Feuerbetrachtung, bemerkt und beschrieben, daß es eine bestimmte Periode oder Entwicklungsstufe im menschlichen Leben gibt, die grundsätzlich und vornehmlich dem Erwerb dieses Erbes gewidmet ist: die Kindheit. Und daß es ein Verhalten gibt, das mit diesem Erwerben geradezu identisch ist: das Spiel. Und daß das Spiel ein Spiel mit Regeln ist. Und daß es ein Spiel des Spiels gibt: die Sprache. Die Benennung. Die Namengebung. Ein Erlebnis ist erst dann wiedererlebbar, wenn es bei Namen gerufen werden kann. Ohne Sprache kein Erleben. Ohne Namen kein Gedächtnis.

So gingen wir also derart vor, daß wir die vielfachen Weisen des Feuers, seine Anblicke, seine Formen, Geräusche, Gerüche, seine Wandlungen jeweils bei Namen nannten. Und dann kam es wie von selbst an den Tag, daß es entsprechend den Worten eine Kopf- und eine Fußzone, eine Oben- und eine Unten-Sphäre im Erleben der unendlich sich abwandelnden Erscheinungen gibt. Ohne diese sprachliche Zuordnung zu diesen im Organismus selbst verankerten *Achsen* vermöchten wir eine Flamme weder als Flamme zu erleben noch sie überhaupt zu sehen, noch sie wiederzuerkennen.

Wir kennen solche (Agnosie genannten) Momente durchaus aus eigener Erfahrung: Wenn wir beim Erwachen mitunter nicht wissen, wie, wo, wer wir sind. Wenn uns altbekannte Dinge wie völlig fremdartige Schemen erscheinen. Und wie das Erkennen, ja, sogar das dreidimensionale Sehen, erst wiederkehrt, wenn der Name sich einstellt: Tisch, Stuhl, Fenster. Ohne Sprache gibt es weder Leib noch Körper. Die Sprache selbst ist Leib, und der Leib des Menschen ist Sprache.

Wir wollen nun das Erleben von Erscheinung und nichts als Erscheinung, das wir mit dem Feuer begannen, fortsetzen. Und zwar an den Erscheinungen, als welche die Materie sich darstellt in den Elementen, den Metallen und den Zustandsformen. Und wir wollen dabei so verfahren wie eingangs: ständig in Rücksicht und Hinblick darauf, die Erscheinungen Kindern vorzuführen. Entsprechend ist der Zuschnitt. Dazu ist notwendig, selber alles mit Kinderaugen anzusehen. Das ist nicht so einfach, denn wir sind fast völlig dessen entwöhnt, Erscheinungen als Erscheinungen, d.h. als äußerste Oberfläche eines Ereignisses zu sehen und von ihm ergriffen zu sein, ohne Reduktion auf dahinter liegende andere und wieder andere Erscheinungen, die wir dann Ursachen nennen und deren Beziehungsgefüge eine von der Erscheinung als solcher absehende Abstraktion ist. Das wollen wir nicht tun. Wir wollen den Sonnenaufgang als solchen, den Regenbogen als solchen, als Ereignis erleben. Das aber geschieht nur, wenn wir beim Anfang das Emporsteigen, beim Untergang das Herabsinken, das eine als die Bewegung von der Sohle zum Scheitel, das andere als die Bewegung vom Scheitel zur Sohle erfahren. Erscheinung als solche erleben heißt, sie als Erscheinung der axialen Ordnung des eigenen Organismus erfahren.

Wenn ein Kind einen Hasen hüpfen sieht, hüpft es wie dieser; schleicht, wenn es eine Katze sieht, wie diese; flügelt mit den Armen beim Anblick eines Vogels; krümmt sich wie ein Wurm, schlängelt sich wie eine Schlange; und wiederholt es in Reimen, Sprüchen, Liedchen, Reigen und Tänzen.

Da wir von *Ereignis* sprechen, sei noch angemerkt, was dabei fürs Deutsche gilt: Ereignis kommt von Er=*äugnis*. Das Eräugte ist erst Ereignis.

Wie sehr aber dieser sprachlich ausgewiesene Zusammenhang von Auge und Ereignis stimmt, wie sehr die Sprache hier dem dinglich-strukturellen Kern der Sprache entspricht, dafür folgender Beleg, weit bekannt inzwischen, häufig angeführt. Wir meinen die Versuche mit Zerrbrillen. Durch solche Brillen erscheint die Welt in Gänze verzerrt, in allen Größenverhältnissen verkehrt, in Linien, Winkel, Helligkeiten völlig verfälscht. Alles ist krumm, schief, verworfen; und nichts auch behält seine Form, sondern grimassiert weiter und weiter. Nirgends auch nur ein einziger rechter Winkel, keine Aufrechte, keine Waagrechte. Dem Träger solcher Brille wird nach kurzer Zeit hundeelend. Er muß sich erbrechen. Gleichgewichtsstörungen und andere Ausfälle treten auf. Hält man aber durch, bleibt man eine Woche standhaft, ohne je die Brille abzulegen, so geschieht, daß sich die ererbten Strukturen des Erlebens, die Ordnungsgefüge, die quasi Kristallisationsachsen des Organismus gegen die erzwungenen Verzerrungen durchsetzen: Man sieht alles wieder »normal«, d.h. gemäß den Normen des Organismus. Die Schiefwinkligkeit wird als rechtwinklig, das Schwankende als stabil gesehen. In solchem Maße normenhaft, daß, wenn die Zerrbrille wieder abgelegt wird, der Sehende die gleichen Qualen durchmacht wie beim Beginn – bis auch dieser Vorgang im Sieg der Normen sein Ende gefunden hat.

Man male sich aus: Wie ganz anders als wir Menschen würde ein Lebewesen die Welt erleben (vorausgesetzt, es sei erlebensfähig), dessen Leibkörpersystem nicht wie bei uns derart zweiwertig symmetrisch ist; nicht rechts – links, sondern zentral-symmetrisch oder sphärisch wie bei den Radiolarien, oder molluskenhaft, ohne Rückenmarkstrang, ohne Kopf – Steiß-, ohne Rücken – Brust-Polarität. Wir bemerken bei diesem Gedankenexperiment die Einsicht sich vordrängen: Das Erleben ist normativ im Sinne der Körperachsen. Sind die Normen verwischt, ist das Erleben verschwommen oder ganz erloschen.

Unsere Überlegungen zielen auf Konkretes: Was muß geschehen, damit die Normen wirksam sind? Antwort: Erscheinung muß als Erscheinung von Normen erfahren und, da Erfahrung gleich Namensetzung ist, sprachlich gefaßt sein.

DAS GESETZ DES FRIEDENS

Drucktitel:

DAS LEIBLICHE OPFER

Rundfunkvortrag
gesendet am 1.11.1969
im WDR Hörfunk, 1. Programm
Sendereihe »Die Stille Stunde«

Abschrift aus dem Buch: »Über den Umgang mit der Macht«
1970, GAIA Verlag, Köln – überarbeitete und ergänzte Fassung der Hörfunksendung

Wenn wir das Wort »Opfer« hören, fangen uns beinahe die Ohren an zu summen. Denn von wem und für was und in wessen Namen werden nicht immerfort Opfer von uns erwartet. Von der Sammelaktion angefangen bis zum Opfer des eigenen Lebens für …, ja, wofür, von wem? Nun, für die »große Sache«, für die »gute Sache«. Nicht für dich oder mich, sondern für die Allgemeinheit, für die Kinder, für die kommenden Generationen, die es dadurch besser haben werden, für den Frieden der Welt, für den Sieg über die, die den Frieden nicht wollen, für den Staat, für die Kirche, für die Heimat, die Kultur, für die Freiheit, das Recht … In jedem Falle: für etwas. Und zwar so gewiß für etwas (natürlich etwas von hohem Rang), daß es uns zunächst als paradox vorkommen muß, wenn wir mit der Behauptung, die es zu beweisen gilt, konfrontiert werden. Gerade im Opfer für etwas und erst recht im Opfer für eine große Sache und ein erhabenes Ziel – gerade darin verliert das Opfer seinen Sinn. Mit der Folge, daß sich alle damit zusammenhängenden Dinge grauenvoll ins Gegenteil des Vorgegebenen verkehren. Das Opfer selbst kann sich nicht in sein Gegenteil verkehren. Es kann nur seinen Sinn verlieren, und der findet sich jenseits des Bereichs, in dem Antinomien gelten.

Aber sehen wir näher zu. Zunächst: Wie versteht sich der Opfernde, für dessen Opfer es Ziele oder Zwecke nicht gibt? Was geht im Opfernden vor sich? Wie sieht ein Bewußtsein aus, das sich dadurch verwirklicht, daß es sich der Inhalte und Gegenstände entledigt? Denn das ist es doch schließlich, was dem Opfer ohne Ziel und Zweck zugrunde liegt... Nicht auf die Erfüllung, sondern auf die Befreiung von Hoffnungen, Wünschen und Vorstellungen bezieht sich das Opfer. Und nicht Mittel zur Beeinflussung von Macht ist die Gabe, sondern Geste der Demut des Opfernden. Nicht nur, daß das Scherflein der Witwe zum Schatz des Reichen das gleiche Verhältnis hätte: Es hat überhaupt kein Verhältnis zu ihm. Es hat einen anderen Sinn.

Im Märchen vom Sterntalerkind fallen nach dem Letzten, dessen sich das Kind entäußert, die Sterne vom Himmel.

Nun: Das sind Gleichnisse, die – wie Wegweiser auf einen Ort – so auf eine Wirklichkeit hindeuten, in der wir uns nicht befinden; noch nicht – zu der wir aber aufbrechen. Wie also steht es mit dem Opfer – außerhalb des Gleichnisses, wie mit ihm selbst? Wie werde ich, der ich draußen stehe, von ihm berührt? Wie fange ich es an, daß ich, statt nur Kenntnis von ihm zu haben, selber Opfernder bin, um dann als Handelnder zu wissen, was es mit dem Opfer auf sich hat? Denn, schließlich, nur was ich tue, kann ich wissen. Wie also werde ich aus dem Beobachter und Deuter des Opfers zu seinem Täter? Denn erst darin erfüllt sich Mitteilung – und das ist es, worauf die Frage bezogen ist –, daß sie den Empfänger der Mitteilung zu ihrem Täter macht. Und das erst ist das Maß für den Wert einer Information, und dadurch erst wird die Information zum Wert, daß sie den Empfänger zu ihrem Erzeuger macht.

Wie also werde ich zum Täter? Die Antwort ist ebenso einfach und allgemeingültig wie überhörbar und überhört: durch Nachahmung der Täter. Der erste Schritt der Nachahmung der Täter ist die Teilnahme an der Geschichte der Täter und Taten; das Aufsagen ihrer Sage. »Geschichte betreiben« ist Machen von Geschichte. Wir werden Opfernde, indem wir uns mitten hinein in den Strom der Geschichte des Opfers stellen.

Die Frequenzen, in denen das Bewußtsein der Opfernden schwingt, teilen sich dem, der ihre Geschichte betreibt mit, wie die Linien eines Magnetfeldes einem Stück Magneteisen.

In der Tat, es hätte wenig, es hätte keinen Sinn, sich über das Thema »Opfer« zu verbreiten, wenn nicht vorauszusetzen wäre, daß jeder Hörer in Wirklichkeit selber Täter von Opfer ist; genauer noch: wenn nicht vorauszusetzen wäre, daß allein der Organprozeß des Hörens nur als eine Opferfunktion vonstatten gehen kann; allgemein gesagt: wenn nicht vorauszusetzen wäre, daß er ein Opfernder ist dadurch, daß er lebt; und daß er dadurch lebt, daß er ein Opfernder ist. Diesen physischen Sachverhalt physisch erfahrbar zu machen: darin findet ein Bericht über das Opfer deswegen seinen Sinn, weil das Opfer die konkrete Bedingung der Erfahrbarkeit selber ist. Wäre dem nicht so, wäre das Opfer nicht ein organbedingtes Ereignis, entspräche der sittliche Rang, der ihm zugemessen wird, nicht einem organismischen, einem biogenetischen Gesetz, wäre nicht der Leib, den ich lebe und der mich lebt, der wirklich Opfernde, so wäre das Opfer eine fata morgana, produziert, um den Abgrund des Wirklichen zu verdecken. Insofern das Bewußtsein die Erfahrung und das Innewerden des Opfers als eines organischen Prozesses ist, ist die Geschichte des Opfers zugleich die Geschichte des Bewußtseins. Die Geschichte verhält sich zur Gattung Mensch wie das mit der Zellteilung beginnende substantiell verankerte Entwicklungsgedächtnis des Organismus zum Individuum. Geschichtsbetreibung ist Erinnerung, Erinne-rung Vergegenwärtigung, Vergegenwärtigung ist Wirksamkeit von Entwicklungs-Vergangenheit mittels Verschlüsselung. Die Mythen sind die spezifische Verschlüsselung, durch die die Entwicklungsgeschichte der Menschengattung gegenwärtig wirksam werden kann. Da die Geschichte des Opfers als ein mit der Geschichte der Menschheit identisches Drama abrollt – wie wir gleich an einigen Beispielen sehen werden –, wird offenkundig, daß das Opfer ein primär biogenetischer, ein leiblich stattfindender Prozeß ist, dessen Bewußtwerdung seine Bedeutung als sittliche Haltung ausmacht.

Befragen wir die Geschichte der Opferkulte, so befragen wir die Geschichte des Opferbewußtseins. Alle Wandlungen werden sich darin spiegeln, angefangen vom hellen Begriff des Opfers bis zu seiner Verdrehung ins grauenhafte Gegenteil. Es besagt so gut wie nichts, und es besagt so gut wie alles, wenn wir die Geschichte des Opferbewußtseins oder die Geschichte des Selbstverständnisses der Opfernden mit Goethe als den Kampf zwischen Glauben und Unglauben bezeichnen – je nachdem wir das quia absurdum als Glauben und das quia certum als Unglauben begreifen. Aus dem quia certum haben die Menschen zum totalen Krieg gebrüllt und Leben und Existenz für den Sieg geopfert.

Die Bedrohung der Weltordnung, den Untergang, der dem Universum eingeboren und mit ihm selbst gegeben ist, sah der germanische Norden verkörpert im Gestaltpaar der Midgard-Schlange und des Fenriswolfs. Vor einer Ewigkeit gab es diese nicht. Aber da gab es auch das Universum und die Hierarchie seiner Götter nicht. Als vor einer Ewigkeit das Sein in die Wirklichkeit hereinbrach, da erschien mit ihm zugleich das Paar, das auf Untergang drängte: die Schlange als das Urwasser und der Wolf als das Urfeuer, dessen Rachen alles Seiende verschlingt. So wie das Leben von Geburt an ein Leben zum Tode ist und das Abhaspeln eines Fadens, der mit jedem Pulsschlag kürzer wird. Daß aber der Zusammenbruch des Aufgebrochenen, daß der Wogenkamm, der mit der Geburt des Universums aufstieg, nicht sogleich wieder zusammenfiel, daß die Frist eintrat, die wir Zeit nennen, das geschah, weil der Höchste aus der Hierarchie der Götter, Tyr, auf das Verlangen des Wolfs hin seinen rechten Arm in dessen Rachen hielt, der ihn abbiß. Den kurzen Augenblick, in dem der Wolf den Arm herunterwürgte, benutzten die Asen genannten Götter, um die Schlange zu fesseln. Der Wolf blieb ungefesselt. Aber ohne die Schlange konnte er nichts ausrichten. Zu fesseln womit? Zu fesseln mit dem Zartesten, Hinfälligsten und Vergänglichsten, das der Kosmos aufzuweisen hatte: mit der Pracht der Morgenröte, mit den Farben des Regenbogens, mit dem Silberglanz des Mondes, mit dem Gesang der Nachtigallen und der Sanftheit der Katzenpfoten, die sie beschleichen. Mit all dem, was auf keiner Waage wiegt, was nur das Auge sieht, das Ohr hört, die Haut fühlt. Und mit dem, was am Gesehenen, Gehörten und Gefühlten das Flüchtigste ist: mit Schönheit. Aber wie lange hielt eine Fessel von solcher Schwachheit stand? Am Rande des Universums steht der Kreis der bewachenden Götter der Asen. Nicht weit davon wühlt und bäumt sich die Schlange. Angesichts des Grauenvollen bemächtigt sich der Asen eine Beklemmung, die ihre Brust zusammenzieht. Die Enge läßt sie nur noch mühsam atmen. Und die Enge ist Angst. Die Angst hat große Augen, und die Augen sehen: Das Geborene ist zum Tod bestimmt. Und sie sehen: Der Tod ist zur Geburt befohlen. Mit diesem Blick zerriß das unwägbar feine Gewebe, mit dem die Schlange gefesselt war. Sie war frei, und gemeinsam mit dem Wolf verschlang sie das Universum mitsamt den Göttern, deren Angst sie entfesselt hatte.

Es ist sonderbar, in welcher Weise die Sprache verschleiert, indem sie zugleich Schleier lüftet. Sonderbar, welches Doppelspiel sie treibt. Nicht nur mitunter, sondern immer und überhaupt. Es heißt, daß die Asen feige wurden. Daß Feigheit ihr Herz beschlich. Wir kennen und verwenden aber nur die eine Seite des mit dem Wort »feige« verbundenen Begriffs. Den der Angst, die zum Davonlaufen drängt. Das Wort besagt aber seiner Keimsilbe nach noch etwas ganz anderes. Feige bedeutet: zum Untergang bestimmt. Zum Untergang aber ist alles Aufgestandene bestimmt.

Nun gibt es eine Version dieses Mythos, die vielleicht aus dem Osten stammt, vielleicht aus China, wo das Wolf-Schlange-Paar eine Schlange mit Flügeln und einem feuerspeienden Rachen ist: ein Drache. Oder aus Mexiko, wo der Drache die gefiederte Schlange ist. Es ist in diesem Zusammenhang unerheblich, woher die Version stammt. Danach steht rings um den Rand der geordneten Welt die Schar der Götter, deren Blicke wie Strahlen auf die ungeheure Schlange gerichtet sind, die den Kosmos umschlingt, um ihn zu verschlingen. Auch diese

Schlange ist gefesselt, und auch diese Fesseln bestehen aus dem Zartesten, was der Kosmos aufzuweisen hat. Die Angst beginnt angesichts der bedrohlichen Bewegungen des Ungeheuers in den Herzen der Götter zu keimen. Die Angst flößt ihnen die Vorstellung ein, daß die Fesseln, die aus dem Zartesten gemacht sind, nicht ausreichen könnten. Die Angst rät ihnen, die Fesseln zu verstärken. Sie lassen von den Schmiedegöttern eine Kette schmieden. Mit ihr umwinden sie die Schlange. Als sie damit fertig sind, bemerkt diese, daß sie sich leichter bewegen kann als vorher. Sie nutzt diesen Zustand aus und wühlt und bäumt sich so bedrohlich, daß die Götter in ihrer gesteigerten Angst eiligst eine noch stärkere Kette schmieden lassen, die aber, kaum daß die Schlange damit umwunden ist, bewirkt, daß sie sich um so befreiter fühlt und um so schrecklicher rumort. Nun läuft alles zwanghaft ab. Mit der Stärke der Ketten, die sie nach und nach schmieden lassen und mit denen sie die Schlange umwickeln, wächst die Angst der Götter und die Bewegungsfreiheit der Schlange, bis diese zuletzt mit einem Ruck die Glieder sprengt, so daß sie wie Meteore und Kometen auf das Universum niedersausen und es zerschmettern.

Zeichnen wir die Hauptlinien der Mythen nach: Der Gott gibt auf Verlangen des Unheilpaares seinen Arm preis. Die Schlange wird gebunden mit dem Zartesten und Flüchtigsten. Die Götter verlieren allmählich das Vertrauen zu der Bindung. Sie sichern sich durch stärkere und immer stärkere Fesseln. Die angstgeborenen Sicherungen verstärken aber nicht die Fesseln, sondern steigern die Bewegungsfreiheit der Schlange, bis die Fessel zerspringt, womit die Polarität von Ordnung und Störung zusammenbricht, um nach dem Sturz ins Nichts nach einer Ewigkeit von neuem zweieinig aufzusteigen.

In den Dörfern des vorkolonialen Neuguinea bewacht ein Gott den Schlaf der Dorfbewohner. Sein holzgeschnitztes, rot, weiß und schwarz bemaltes Abbild ist allerorts aufgestellt. Er steht auf einer Eule, die mit weitgespannten Flügeln und aufgerissenen Augen nachts durch das Dorf segelt. Seine Gestalt ist ausgemergelt, der Bauch ist tief eingesunken, die Rippen stehen weit hervor. Er trägt keine Waffen und kein Schild. An seinen beiden vorgestreckten Unterarmen haben sich zwei Krokodile festgebissen. Er ist wehrlos und kann nichts anderes tun, als auf der Eule umherzufliegen. Aber seine waffenlose Wachsamkeit ist es, durch die das Dorf geschützt ist. Nicht dem Mächtigen, nicht dem Lebensvollen, dem Ohnmächtigen, dem Todgeweihten gehört das Vertrauen. Das war lange bevor die Missionare das Christentum dorthin brachten. Frage: War der Christus nicht vor den Missionaren schon da? Hätten sie nicht sagen müssen: Seht ihn und vergeßt ihn nicht?

Der Hirte im Gleichnis aus dem Munde des Jesu von Nazareth tut etwas ähnlich Paradoxes wie der Guineageist. Statt, als ein Lamm sich von der Herde verloren hat, die Herde vor weiterem Verlust durch verstärkte Sicherungen zu schützen, läuft er dem Lamm nach und läßt die Herde unbewacht hinter sich. Aber ist nicht einleuchtend, daß nur der ein guter Hirte ist, der sich um das Junge und Schwache besorgt? Und ist nicht einleuchtend, daß, da ein Hirte doch immer sieht, wie die Herde sich erneuert aus dem Junggeborenen, die Junggeborenen aber die Schwachen, die Todnäheren aber die Ausgewachsenen und Stärkeren sind: Ist nicht einleuchtend, daß er vor allem dem Schwachen gehört, erst recht dann, wenn es in Gefahr ist?

Wir ziehen abermals die Linien nach: Einmal der Gott im Norden, ein andermal der Gott in Neuguinea, beide bieten ungeschützt ihren Arm dem Rachen von Ungeheuern dar. Und der Hirte, der die Herde Herde sein läßt und dem Verirrten nachläuft. Während wir diese Linien nachziehen, enthüllt sich ihre Paradoxie als die Hieroglyphe des Wirklichen.

Ein seltsames Spiel: die Wahrheit als ein denkwidriges, wirres Zeichen. Aber so meint es auch das Wort. Denn »wahr« kommt von wirr gleich Wirbel oder Wirtel. Das ist das Knäuel, von dem die Schicksalsweiber, die Nornen, den Lebensfaden abhaspeln.

Nun ist es notwendig, ein Wort zu sagen über die Bedeutung mythischer Vorstellungen hinsichtlich ihrer physischen Wirkung auf den menschlichen Organismus. Wir beginnen mit ganz alltäglichen Beispielen: Wenn ein Kind einen Hasen hüpfen, einen Vogel fliegen sieht, vollführt es die Gesten des Hüpfens und Fliegens. Wenn wir einen Mann in einer Telefonzelle mit seinem unsichtbaren Partner erregt diskutieren wissen, sehen wir ihn mit Armen, Beinen, Rumpf, Kopf und Mienen die lebhaftesten Bewegungen vollführen. Daraus erkennen wir, daß Vorstellungen und das Formen von Gedanken mit muskulären Bewegungen zusammenhängen. Wenn jemand entspannt auf einer Liege ruhend sich der Skiabenteuer des letzten Winters erinnert, können Elektroden in seinen Beinmuskeln die von ihm selber nicht bemerkbaren Nervenimpulse und Muskelkontraktionen aufzeichnen, die dem Skilaufen entsprechen.

Vorstellungen (zumal solche, die in Gleichnisse oder Bilder gefaßt sind, deren Elemente altgewohnte, vielleicht sogar auf Gliedmaßenbewegungen beruhende sind) sind, um es kurz zu sagen, substantielle Schaltvorgänge im Nervensystem, sowohl im Großhirn als dem zentralen wie auch im vegetativen (unwillkürlichen) System.

Vorstellungen können Organprozessen gemäß und entsprechend sein, dann sind sie – als Vorstellungen, Gedanken, Ideen – Funktionen deren natürlichen Ablaufs. Vorstellungen können aber auch im Widerspruch zu natürlichen Organprozessen strukturiert sein, dann irritieren, ja, paralysieren sie diese, mit entsprechenden Rückwirkungen auf die gesamte Vorstellungswelt und die davon gesteuerte Willensbildung eines einzelnen Menschen oder, falls die Vorstellungen allgemeinverbindliche sind, großer Gruppen und ganzer Epochen.

Hierzu ein eklatantes Beispiel: Die Menschen des vorigen Jahrhunderts erlebten ein ebenso stürmisches Vordringen der mechanischen Maschinentechnik, wie wir heute das der Computertechnik. Der Ansatzpunkt der Maschine zu Beginn des 19. Jahrhunderts war die Vervielfachung derjenigen Kraft, die bis dahin überwiegend von tierischen und menschlichen Muskeln (schrecklich übrigens: von Kindermuskeln!) aufzubringen war. Der Ansatz der Computertechnik ist die intelligible Energie, die bisher vom menschlichen Nervensystem, vorwiegend vom Gehirn zu leisten war und noch ist. Damals spielte die Pumpe durch ihre Anwendung in der Montanindustrie eine wichtige Rolle, half sie doch entscheidend bei der Kohlen- und Erzförderung. Mehr noch als alle anderen mechanischen Maschinen verführte sie infolge ihrer scheinbaren Ähnlichkeit mit dem menschlichen Herzen zu der Vorstellung, daß nicht nur biologische, sondern auch soziologische Vorgänge nach Art pumpenähnlicher Zentralen funktionieren, die man vergleichsweise nur anzuzapfen braucht, um große Systeme in Bewegung zu bringen. Kein Gebiet blieb davon verschont, unter diesem Blickwinkel vorgestellt und entsprechend geformt oder umgeformt zu werden: Familie, Wirtschaft, Staat, Kirche, Religion, Gott, Erziehung – jede Art von Institution stand unter der Herrschaft des zentralisierenden Pumpenbildes. Die Schule war geradezu die Anstalt, die Wissen, insbesondere Lesen, Schreiben und Rechnen in Kinderköpfe hineinzupumpen hatte! Das Lehren wurde als ein Pumpenvorgang aufgefaßt und gehandhabt – woran sich bis heute noch nichts entscheidend geändert hat.

Die Menschen suchen ja seit jeher irgendwelche Zentren, um sich daran halten zu können. Und sie möchten zudem immer, daß etwas in sie hineingepumpt würde, wobei die Einsicht, daß man nur in dem Maße empfangen kann wie man gibt, ständig abgedrängt wird.

Wie ganz anders es sich mit Zentren und Kraftquellen verhält, wie ganz anders ihr Begriff aussieht, wenn er organlogisch strukturiert ist, das demonstriert uns das Herz selber in dem Augenblick, wenn wir uns das Pumpenmodell aus den Augen gewischt haben. In Wirklichkeit besorgt das Herz den Blutkreislauf nicht nach Art einer Pumpe, sondern mit der Pumpwirkung, die es ausübt, rhythmisiert es in einem erheblichen Maß den Kapillardruck aus dem peripheren (also aus dem zentrumfernen) Bereich des Blutsystems: Dadurch erst kommt das Kreisen in der Adervernetzung aller Regionen des Organismus zustande. Wir führen uns diesen Vorgang, der so fundamental für unsere übrigen Lebensprozesse ist, durch einen eigenhändig veranstalteten Versuch vor Augen, je eigenhändiger wir das ausführen, desto tieferwirkend ist er für unser Vorstellungsvermögen. Es ist nämlich mit der Hand, wie ihre Entstehungsgeschichte es zeigt, so bestellt, daß sie selbst und ihr Bewegungsstil aus der Entwicklungsgestik des Organismus im allgemeinen und der des Gehirns im besonderen hervorgeht. Der Versuch, von dem wir reden, wurde in den achtziger Jahren des vorigen Jahrhunderts von einem Förster namens Jeschek, einem Böhmen, demonstriert, um damit die allmächtige Zentren-Lehre, insbesondere ihre Anwendung auf den Blutkreislauf, zu entthronen. Mit spätem Erfolg übrigens.

In einem Gefäß, das zur Hälfte mit Wasser gefüllt ist, ragt senkrecht aus dem Wasser ein Bündel feiner gläserner Kapillarröhren. Nach dem Adhäsionsgesetz steigt das Wasser in den Röhren bis an deren oberen Rand. Nimmt man nun einen Stab zur Hand und erschüttert damit durch rhythmisches Klopfen an das Bündel die darin stehende Flüssigkeit, so steigt sie über den Rand hinaus, fließt außen an den Röhren abwärts, vereinigt sich mit dem Wasser, in dem das Bündel steht, und der Kreislauf von Steigen und Fallen beginnt. Auf das Zusammenspiel von Herz und Adernetz übertragen, heißt das: Der Blutkreislauf ist das Resultat des Zusammenwirkens eines Zentrums (Herzmuskel) und einer Peripherie (Kapillarnetz des Adersystems). Damit haben wir eine ineinandergreifende und einander bedingende Zwiefältigkeit vor uns, die sich weiterhin im Zusammenspiel von ateriellem und venösem Blutstrom spiegelt oder im systolischen Einsaugen und diastolischen Abdrängen der Atemluft.

Im Grunde genommen ist alles sehr einfach. Man brauchte nur der simpelsten Augenfälligkeit zu folgen. Wenn ich mit dem Zirkel einen Kreis schlage, indem ich die Spitze des einen Schenkels festsetze, die andere drumherumdrehe, so habe ich ein zwiefältiges Einfachgebilde gemacht, indem dann mit dem Zentrum die Peripherie und mit der Peripherie das Zentrum gegeben ist. Beide zusammen bilden ein Funktionsganzes.

Haben wir erst einmal begriffen, daß Vorstellungen dinglich verankerte substantielle Schaltvorgänge im Nervensystem sind und haben wir weiter erfaßt, daß organismuswidrige Vorstellungsmodelle den neurischen Leitvorgängen gemäß nicht wie Spinnennetze in irgendeiner Ecke des Organismus herumhängen, sondern alle physischen Systeme des Menschen durchdringen und formen, so dürfte doch mit alarmierender Wirkung verständlich sein, daß alles darauf ankommt, organlogische Vorstellungen, Haltungen und Handlungen zu entwickeln und weiterzugeben.

Das Bild vom Herzen als einer Pumpe steuerte und kanalisierte (selbstredend im Zusammenspiel mit ähnlichen Modellvorstellungen) den natürlichen Selbstbehauptungsdrang und das Verlangen nach Einfluß einseitig in die Richtung auf Ballung in Zentren und auf Verödung von Grenzbereichen; und zwar in einem weltumspannenden und eine Epoche von vier oder fünf Generationen währenden Umfang. Wir sollten uns abgewöhnen, das heillose Treiben unter dem Gesichtswinkel von Ethik und Intellekt zu beurteilen: Es ist ein Vorgang genetischer Natur, der zu einer klinischen Behandlung nötigt; und zwar paradoxerweise erst recht dann, wenn es zu spät ist.

Kehren wir zurück zum Thema und zum Handlungsort Opfer. Es dürfte am Fall der Herzvorstellung, wenn nicht klar, so doch bemerkenswert wahrscheinlich geworden sein, daß von dem Bild des Opfers so, wie es im mythischen Bewußtsein lebt, eine Steuerkraft von enormer genetischer Bedeutung im positiven Sinne ausgeht, falls dieses Bild ein den Lebensprozessen des Organismus entsprechendes (wie wir sagen: »organlogisches«) ist. Wir wollen das untersuchen, besser noch: erproben. Wenn es nämlich stimmt, daß das Opferbild ein organlogisches ist, dann wird das Ergebnis der Erprobung dieses selbst schon eine Opferhandlung sein. Es wäre unerhört, wenn wir uns, indem wir über das Opfer denken, bereits in derjenigen Dimension bewegen, in der Einsicht und Veränderung, Vorstellung und Handlung, Idee und Realität identisch sind.

In den Stufenpyramiden der Azteken und Maya ist die Opferidee (Idee verstehen wir grundsätzlich als ein Element von organsubstantieller Beschaffenheit) dadurch charakterisiert, daß ihr zentralnervlicher (also großhirnlicher) Anteil oder ihre zerebrale Wirkweise in einer derart unmittelbaren Form und allgemeingültigen Weise mit dem autonomen Nervensystem verbunden ist, daß hieran das Opfer auch den Europäern als eine fundamentale Leiberfahrung vollziehbar wird.

Die mexikanischen Stufenbauten, die 80, 100, 120 Meter hohen Treppenpyramiden, sind Prozessionswege. Die Stufen haben je nach Neigungswinkel zu einer Höhe von 35, 40, 45 cm (also Stuhlhöhe) eine Auftrittsbreite von nur 12, 15, 18 cm. Die Treppenpyramiden von Chichen Itza (Yucatan), Uxmal, Theotihuacan u. a. führen ihre Stufensteilbahn ohne Unterbrechung von der Sohle bis zum Gipfel, auf der eine in sich polarsymmetrische Kultstätte steht (etwa ein »Feuer-Wasser« – ein »Vogel-Schlange«-Tempel). Nicht so sehr beim Aufstieg als beim Abstieg erfährt der Stufengeher, was es mit diesen Himmelsleitern auf sich hat. Man versetze sich in den Augenblick, in dem man mit dem ersten Tritt auf die nächste 40 cm tiefere und ganz schmale Standfläche den Abstieg auf eine 100 m schräg abfallende Ebene beginnt. Es ist anders als beim Klettern im Fels, wobei man mit dem ganzen Körper, mit Rumpf, Armen und Beinen von Griff zu Griff, Tritt zu Tritt, Sprung zu Sprung in engem Kontakt mit der Wand verbleibt. Eine Treppe bietet – ähnlich wie beim Gehen auf einer waagerechten Ebene – keinen anderen Halt als die eigene Körperhaltung. Und wie beim Gehen, nur entsprechend gesteigert und provoziert, gilt das rhythmische Gesetz des ständig aufgefangenen Falls. Das Gehen nämlich geht so vonstatten, daß wir von einem Schritt in den anderen fallen (regelrecht fallen!), den Schrittfall links aufheben, indem wir ihn rechts wiederholen (die Beine sind in ihren Gelenken pendelnd aufgehängt). Aber wenn man in 100 m Höhe eine Schräge, die schwindelnd in die Tiefe abfällt, vor Augen (und wissend, daß sich schon mancher den Hals dabei gebrochen hat) den ersten Schritt auf die erste tiefere Stufe riskiert, dann wird, was auf der Ebene unwillkürlich und unbewußt geschieht, zur höchstbewußt geleisteten Verrichtung. Denn, trete ich zu hoch oder zu kurz oder daneben, verliere ich die Balance der aufrechten Haltung, so ist es rettungslos um mich geschehen. Bei einem Sturz auf der Treppe gibt es kein Halten mehr. Das bekommt man schon auf einer normalen Haustreppe zu spüren.

Was tun? Wie sich verhalten? Erinnern wir uns daran, wie wir als Kinder mit großem Vergnügen über Eisenbahnschienen oder Mauerbrüstungen oder lange Baumstämme balancierten. Es fällt uns dabei ein, daß wir vor allen Dingen zu lernen hatten, nicht auf den nächsten Schritt zu starren, sondern konzentriert nur die Richtung des Weges und die Weite des Horizonts ins Auge zu fassen. Ähnlich verhält es sich beim Radfahren, beim Skilauf. Erst recht beim Gehen auf schwankendem Seil. Den Blick weiten, keinen Punkt fixieren, um mich an ihn anzuklammern.

Nun, was wir hier erfahren und was auf den Pyramidentreppen in gefährlicher Steigerung gilt, ist das Gesetz lebendiger Prozesse. Es besagt, daß ein Prozeß nur gelingt als Pendelschlag von Sicherung und Entsicherung; von Konstanz und Inkonstanz. Um von der Stelle meiner jeweiligen Befindlichkeit wegzukommen, muß ich ein Risiko auf mich nehmen, und zwar ein radikales: ich muß den Zustand wagen, in dem ich aus mir selbst herausfalle, meinen Schwerpunkt aus mir heraus nach vorn verlagere, sozusagen vor mir herfalle. Den Fall tue ich beim Gehen rechts, hebe ihn auf und wiederhole ihn links. Es ist eine rhythmisch ständig zusammenbrechende und ständig wiederhergestellte Symmetrie, die das Gehen gelingen läßt. Jedes Kind, das den ersten taumelnden Schritt (»ins Leben« sagt man) wagt, vollbringt damit in der Tat den Schritt ins Leben. Man kann Kinder beobachten, die, indem sie diesen ersten Schritt wagen, durchaus empfinden, daß es jetzt für sie nur einen einzigen Halt gibt, nämlich die eigene Körperhaltung. Das drückt sich darin aus, daß sie an ihre Ohren fassen.

Wir wiederholen: nicht starren! (Die Russen haben ein Sprichwort, das lautet: »Der Teufel kann nicht schielen.«) Mich der Weite des Horizontes anheimgeben, des alles Seiende umspannenden Horizontes. Im Fall der Pyramidentreppe heißt das: sich fallen lassen in den Rhythmus der Stufen. Wer es tut, erfährt etwas höchst Seltsames, etwas Paradoxes: Im Fallen fühlt er sich getragen. Es kommt zu dem Gefühl des Schwebens, wie man es ähnlich oft im Traum hat und an das man sich so gern erinnert und von dem man möchte, daß es der Fall wäre, und es ist ja wirklich im Fallen der Fall.

Das Irritierende solcher Gegenzustände kennen wir auch aus anderen Bereichen. Zum Beispiel wenn wir von einer Brücke auf das unten vorbeiströmende Wasser schauen. Dann kommt es uns vor, als führen wir mit der Brücke dem Strom entgegen; obwohl wir genau wissen, daß die Brücke stillsteht. So also auch beim Treppenabstieg von den Sonnen- und Mondpyramiden der Maya. Aus dieser Leiberfahrung, als aus seinem Nuklearzustand entfaltet, erneuert und regelt sich das, was wir religiöses Erleben oder religiöses Bewußtsein nennen. Religion ist Leibbewußtheit.

Der transzendierende Stil der Leibprozesse ist es, der sich in dem »surrexerim nisi surrexissem«, dem »ich wäre untergegangen, wäre ich nicht untergegangen« der alten Kirchenväter und Kirkegaards reflektiert. Und wo steht nun das Opfer? Dort, wo es heißt: »Stürze aus dir heraus!« Das für uns Weiße (die wir erstens die seit anderthalbtausend Jahren eingeimpfte und sorgfältig geschürte Phobie des »Verteufelten Leibes« mit uns herumschleppen und die wir zweitens im Taumel der Technik, die körperliche Verrichtungen ablöste, aus unseren Leibern herausgerissen sind) Unerhörte und beinah Absurde an der Stufenprozession im besonderen (hier wird Prozeß zur Prozession!) und dem rituellen Lebensvollzug im allgemeinen ist dies: Es wird leiblich gelebt. Das Opfer, das wir Weiße als etwas hochgestochen Moralisches verstehen, wird als vitale Fundamentalfunktion, nicht als Befolgung eines ethischen Postulats oder eines Satzes der Vernunft geleistet, sondern umgekehrt: Der ethische und intellektuelle Appell wird, als auf dessen Basis, im leiblichen Leben erfüllt. Religion, Ethik, Verstand, Bewußtsein verhalten sich zu den Systemen des Organismus wie die Krone eines Baumes zu seinen Wurzeln.

Das Wagnis oder die Befreiung von Sicherung als Bedingung eines Prozesses machten wir uns am Skelett-Muskel-System beim Gehen erfahrbar. Wir können uns aber dieses Gesetz auch an bewußtseinsnäheren Organleistungen zur Erfahrung bringen. Wir greifen das Sehen heraus. Damit bewegen wir uns im Bereich der Sinneswahrnehmungen. Auch hier ist es die triviale Selbstverständlichkeit des Vorgangs, die ihn in seiner kardinalen Bedeutung und Wirksamkeit ebenso unbegriffen wie übersehen sein läßt. Wir sprechen von der Perspektive. Ihre Eigentümlichkeit liegt darin, daß sich alle Sehdinge im einzelnen ebenso wie die Gesamtheit der Sehdinge in ihre Konturen mit der Entfernung zunehmend verjüngen oder zusammenziehen. Eine Allee oder ein Schienenstrang scheint in der Ferne des Horizonts in einen einzigen Punkt einzumünden. Dieses auch Entschwindung oder Fluchtung genannte Phänomen ist mit dem Sehen nach Art einer Funktion verbunden derart, daß Kinder die Sehdinge unverjüngt wiedergeben und daß die geometrischen Eigenschaften auch erst in der Renaissance Gegenstand der Untersuchung wurden (z. B. durch Leonardo und Dürer). Ohne die Entschwindung und ohne die damit zusammenhängenden Verzerrungen würden die Dinge nicht als das erscheinen, was sie bedeuten. Sie entschwinden natürlich nicht an irgendeinen Ort. Sie entschwinden, genau betrachtet, in sich selbst hinein. Man kann ohne besondere Zuspitzung sagen: Die Dinge werden dadurch sichtbar, daß sie sich vor sich selbst verbergen. Nie zeigen sie sich ganz und von allen Seiten zugleich, aber eben dadurch sehe ich sie ganz. Wenn ich mir beide Hände vor die Augen halte, die eine näher, die andere mit ausgestrecktem Arm, um sodann mit einem zugekniffenen Auge ihre beiderseitigen Größenverhältnisse zu vergleichen, stelle ich verblüfft fest, daß die entferntere Hand um ein Drittel kleiner ist, obwohl man nicht im Traum daran denken würde, daß das tatsächlich so sei. An diesem einfachen Versuch wird klar, daß man der Entschwindung deswegen nicht gewahr wird, weil sie nicht Gegenstand, sondern Bedingung der Wahrnehmung ist. Und wenn wir es dennoch wahrnehmen können, so liegt das an eben der Fähigkeit, die der Mensch – vielleicht – den Tieren, zumindest den niederen Tieren, vorauszuhaben scheint: Der Mensch kann nicht nur die Gegenstände sehen, er kann auch das Sehen der Gegenstände sehen. Das Sehen sehen zu können, bedeutet verallgemeinert: Die Prozesse können beim Menschen zu Gegenständen der Prozesse werden. Mit anderen Worten: Der Mensch kann sich »objektivieren«. Er vermag sich aus sich herauszubegeben, sich soweit von sich zu distanzieren, daß er sich – wie von einem anderen Stern – zum Gegenstand seiner selbst machen kann. Und eben das heißt: Bewußtsein. Das Sehen sehen, das Hören hören, das Denken denken, das Leben leben: Das sind die so seltsam sich von sich selbst distanzierenden Vorgänge, deren Ursache und Wirkung (beides in einem) wir Bewußtsein nennen.

Was das mit Opfer zu tun hat? Wir brauchen nur zwei und zwei zusammenzuzählen, wir brauchen nur die einzelnen Daten unserer bisherigen Selbstversuche zusammenzuhalten, so werden wir erkennen, daß das, was wir beschrieben, im einzelnen und insgesamt nichts anderes als die spezifischen Merkmale des Opfers sind. Indem wir das Gehen gehen, das Sehen sehen, das Hören hören, das Denken denken, haben wir die Bedingung des Gehens, Sehens, Hörens, Denkens erfüllt, nämlich das Wagnis, aus mir selbst herauszufallen. Wohin? Nicht ins Irgendwohin, nicht ins Nirgendwohin. Wir haben uns von uns selbst distanziert, um uns von außen her neu zu ergreifen, neu zu erwirken.

Ginge es bei der Abstandsnahme von uns selbst um die Gewinnung einer neuen Position, so fiele ich ja nicht aus mir heraus, sondern verharrte unter einem bloßen Ortswechsel in mir selbst.

Zwei Menschen haben den Mond betreten. Dabei hat die ganze Welt bis ins letzte Detail zugesehen – und zwar von der Erde aus mit den Augen fast noch näher dabei als die Mondbesucher selbst. Dabei ist das Betreten des Mondes und das Sehen des Betretens des Mondes von der Erde aus derart aufeinander bezogen, daß das eine sich und durch das andere realisiert. Daß ein solches Unternehmen möglich war, beruht einzig darauf, daß der Mensch sich auf den Effekt stützen konnte, der aus dem Denken des Denkens resultiert. Dieser Vorgang ist (projiziert auf sein spezifisches Vollzugsfeld: die Mathematik) die formalisierte oder die Meta-Mathematik, die als Instrument der Kybernetik die Computertechnik ermöglicht.

Der Computer als Effekt des sich denkenden Denkens trifft in Bruchteilen von Sekunden Entscheidungen, für die die sich noch nicht mathematisiert habende Mathematik – und das war noch vor kurzem so – Jahrhunderte irrsinnigen Dauerrechnens hätte aufbringen müssen. Ohne Sekundenentscheidung keine Mondlandung. Keine Raketentechnik. Was ist nun – in diesem Zusammenhang – dieser Ausbruch in den Weltraum? Er ist der Effekt des sich selbst distanzierenden und sich selbst objektivierenden Menschen. Damit ist die Bedingung erfüllt, die zu einer Höherdifferenzierung des Bewußtseins und damit zu einem neuen Menschentyp führt, nachdem der bisherige Typus innerhalb seiner eigenen Ebene und sozusagen systemintern mit seinen Konflikten nicht mehr fertig werden kann. Gerade dieses Unvermögen, so paradox es nicht nur klingt, sondern tatsächlich ist, ist der Umstand, der Metaprozesse, wie sie dem Computer unterliegen, dadurch realisiert, daß er sie provoziert: mit dem Effekt von Dimensions-Sprüngen. Dabei werden die Unvereinbarkeiten einer n-Dimension aufgehoben in einer (n+1)-Dimension; ein Sachverhalt, der schon die griechischen Philosophen und Logiker beschäftigte. In dem Mißverhältnis Weltraumtechnik und Versagen auf der Erde manifestiert sich ein derartiger Funktionszusammenhang.

Die Daten unserer wenigen Selbstversuche (Gehen, Sehen, Denken) zeigen uns: Die Geschehensformen des Skelett-Muskel-Systems, des Nervensystems, des zentralen und des vegetativen, der Sinneswahrnehmungen usw., kurz: der lebende Organismus selbst und als solcher ist das Vollzugsfeld, das »hic Rhodus, hic salta« der Fähigkeit zur Selbstdistanzierung. Die Opferkulte der Vergangenheit sind nicht nur eben solche Prozesse der Selbstdistanzierung wie die des Organismus, sondern umgekehrt sind die Prozesse des Organismus nur in dem Maße solche Prozesse, als sie das Prinzip der Opferkulte realisieren. In den Opferkulten wurde der Mensch zu einem sich selbst in Selbst-Abstand machenden Menschen.

Aber das ist nicht alles und ist auch nicht das Ganze. Das Ganze geschieht erst dadurch (das Ganze ist kein Ist, sondern ein Geschehen), daß es sich in »Spannung«, d.h. in Negation zu sich selbst verwirklicht. Durch Nichtidentität gewinnt es seine Identität. So ist das Opfer begleitet von seiner Negation: Es geht daraus hervor und mündet darin ein, wie die Sonne sich aus dem Dunkel der Nacht erhebt und wieder darin eingeht. Und wie das Licht nur Licht ist in Bezug zum Nicht-Licht, der als Schatten erscheint. Das Opfer als die Preisgabe von Sicherungen ist begleitet von der Angst vor der Ungesichertheit, begleitet vom horror vacui. Es erhebt sich daraus und fällt darin zurück. (In diesem Sinne erkennt die Psychologie in der Angst Funktionen von Abwehr- und Aggressionsmechanismen, die nicht nur lebensnotwendig, sondern lebensbedingt sind.)

So kommt es, daß, wenn wir die Linien der Geschichte des Opfers nachzeichnen, dieses dialektische Drama mit einer unendlichen Kette grauenhafter Szenen vor unseren Augen abrollt; daß es sich als eine Folterkammer in Permanenz vorstellt – heute weltweit und präziser beobachtet als je zuvor. Phantastisch: alles spielt sich vor unseren Augen ab – der Mond und die Folter! Es verhält sich nämlich in dem zwischen dem Opfer und der Angst ausgetragenen Drama nicht um ein Schaustück, das im luftleeren Raum stattfindet, sondern es ist ein seinsgebundenes, ein innerhalb der Gattung Mensch sich abspielender biogenetischer

Prozeß. Eben darin bestätigt sich, daß die Opfer- und die Angstverfassung organismische Verhaltungen sind. Deshalb ist das dialektische Drama von Angst und Opfer das zwischen Angstmenschen und Opfermenschen. Christus ist nicht philosophisch widerlegt worden: Er wurde hingerichtet. Die Reaktion von Angstmenschen auf Opfermenschen ist keine immaterielle Diskussion, sondern ein materieller kurzer Prozeß.

Ebenso wie die Einwirkung von Opfermenschen auf Angstmenschen eine physische, substantiell verändernde ist – in einem langen Prozeß.

Sokrates sagte seinen Richtern: Ihr werdet mich hinrichten. Aber über die ganze Welt und über Jahrhunderte wird meine Wirkung andauern.

Es kostet Anstrengung, sich klarzumachen, daß das, was das Opfer und die Angst ausmacht, keine körperlose Gespenstermacht ist, sondern daß es sich dabei um die physische Verfassung physischer Individuen handelt. Es kostet Anstrengung, weil wir in bezug auf den Menschen infolge jahrhundertelang geübter Abwertung seiner Physis zugunsten sogenannter höherer Fähigkeiten (moralischer oder intellektueller) geneigt sind, menschliche Fähigkeiten und Reaktionsweisen als etwas Immaterielles zu betrachten.

Als Pilatus den Christus fragte: »Was ist Wahrheit?« erwartete er eine begriffliche Argumentation. Christus aber gab ihm die ebenso unerhörte wie für den Begriff bis heute überhörte Antwort: »Ich bin die Wahrheit.« Diese Antwort trifft als Prinzip der Wahrheit ihre Konkretheit und als Prinzip der Konkretheit, daß sie Person ist.

Als etwas Wirkliches ist das Opfer notwendig begleitet von seiner Negation. Die Opfermenschen sind notwendig umringt von Angstmenschen. Sie befinden sich mitten in ihrer Menge. Der Erlöser ist ohne seinen Verräter, Jesus von Nazareth ohne Judas Ischariot weder wirklich noch denkbar. Lassen wir für die Gesamtheit der Kulte und Mythen, die um das Opfer kreisen, und sie kreisen alle um das Opfer, einen einzigen sprechen.

Der höchste Gott der Religion der Azteken war zugleich deren Stifter. Er war eine geschichtliche Person mit Namen Quezalkoatl. Er lehrte Liebe und Barmherzigkeit als das Gesetz aller irdischen und himmlischen Ordnung. Er lebte seine Lehre vor. Seine Lehre war er selbst in Person.

Notwendig verbunden mit der Konkretheit einer Lehre vom Opfer ist ihr konkreter Verrat, durch Hinrichtung des Stifters oder Verkehrung seiner Botschaft oder (wie im Christentum) beides. Die Lehre des Quetzalcoatl spiegelte sich in einem Sinnspruch, der für die Opfer-Riten gemünzt war. Er lautete (wir stützen uns dabei, weil es keine direkte Überlieferung gibt, auf Analogieschlüsse): »Lieber gar nicht geopfert, als ein Gran zuviel.« Der besondere Bezug ist das zur Saat und zur Ernte dargebrachte Maisopfer. Quetzalcoatl verbot grundsätzlich die Opferung lebender Wesen; insbesondere das Menschenopfer. Der Sinn, der in der Mahnung des Spruchs liegt, ist eigentlich verständlich nur für den, der im Sinn des Opfers lebt – und darum weiß, wie schmal der Grat ist, auf dem er wandelt. Der Opfernde soll sich vor dem Ritus hüten. Riten sind verführerisch. Er soll sich bewußt bleiben, daß es in der Handlung nicht um die Gabe geht, sondern einzig um die Geste. Mit der Geste bekräftigt er, daß das Opfer, da sich ja in ihm der Opfernde seiner selbst entäußert – und entäußert mit allem, was er ist und hat – weder das einer Gabe noch das einer Leistung ist. Mit der Geste bekräftigt der Opfernde, das das Opfer Geste ist, nichts als Geste.

Mit einem Zuviel würde der Opfernde der Versuchung erlegen sein, die Gabe mit der Geste zu verwechseln. Damit aber hätte er das Opfer verraten. Es hätte seinen Sinn verloren.

Um die Geste als Geste zu bekräftigen und um zu verdeutlichen, daß es nicht die Gabe ist, nicht das Gewicht, sondern das Gewichtlose, geht es beim Maisopfer nicht um den Mais, sondern um den Rauch, wenn er verkohlt. Es geht auch nicht um den Rauch, sondern um den Duft. Es geht auch nicht um den Duft, sondern um die Atmung.

Sonderbar: Die Luft kann voll von Duft sein. Der Duft kann nicht in mich eingehen, auch dann nicht, wenn er mir durch die Nase eingeblasen würde. Erst wenn ich ihn langsam, in dem stoßweisen Wechsel von Ein und Aus, das wir Schnüffeln und Schnuppern nennen, durch die Nase einatme, werde ich seiner gewahr, rieche ich ihn.

Kain erschlug Abel, weil der Rauch seines Opfers, im Gegensatz zu dem Abels, nicht senkrecht aufstieg… Die Botschaft des Quezalkoatl, daß Gott als Liebe und Barmherzigkeit im Herzen der Menschen wohne, fand ihren Verrat in einer Theologie der Angst. Konsequenterweise schnitten die Theologen der Angst in einem kurzen Prozeß den Menschen die Brust auf, unterhalb des Rippenbogens, rissen das Herz heraus, um es als gewichtige Gabe der Sonne, die sie zum Quell des Lebens erklärten, darzubringen. Unter Verkehrung des Spruchs »Lieber gar nicht geopfert, als ein Gran zuviel« in seine Negation »Lieber zuviel, als ein Gran zuwenig« steigerten sich die Menschen, angeheizt durch Theologen, in einen Paroxysmus von Angst, dem Hekatomben von Menschenopfern noch zuwenig waren. Cortez berichtet, daß die Pyramiden alle Stufen hinunter vom Gipfel bis zur Sohle troffen und dampften und stanken von Blut und den Eingeweiden und Leichen der Geschlachteten. Sie führten Kriege über Kriege, nicht um Land und Schätze zu gewinnen, sondern um Gefangene zu machen für ihre Schlachtungen… und das alles unter Anrufung des Namens des Quezalkoatl, der die Güte und die Barmherzigkeit als das kosmoserhaltende Gesetz verkündet hatte; ungefähr zur gleichen Zeit, während der auf der andern Hemisphäre bei den christlichen Antipoden jahrhundertelang die Scheiterhaufen qualmten im Namen dessen, der die Liebe lebte und verkündete. Man könnte, um für die Angst-Opfer-Haltung des Menschen in seinen Wirklichkeiten ein Bild zu gewinnen, diesem Bild das Schema des dreidimensionalen Raumes unterlegen. Dann könnte man sagen, daß der Mensch sich in seinem religiösen Verhalten vertikal, in seinem sozialen und politischen Verhalten horizontal bewege. Das erste wäre vergleichsweise ein zwischen oben und unten, Himmel und Erde, das zweite ein zwischen rechts und links, vorn und hinten gespanntes Bezugsgefüge. Während sich in diesem Bilde die vertikal gerichtete Angstverfassung in der Konstruktion theologischer Versicherungssysteme manifestiert, die selbstverständlich nicht in den luftleeren Raum projiziert sind, sondern deren Stabilisierung mit Menschenleibern ausgetragen wird, konkretisiert sich die horizontale Angstverfassung in der Anstrengung, den Trieb zum Krieg durch ein mit ungeheuren Belastungen verbundenes Gleichgewicht des Schreckens zu bremsen; oder, wenn es so weit ist, den Frieden durch Overkills mit Megatonnen zu gewinnen. Der Begriff Frieden ist in der Dimension der Angst identisch mit dem Begriff Rüstung und Blitzkrieg. Wie denn überhaupt in der Dimension der Angst, da der menschwerdende Mensch ein Sprachwesen ist, sogleich die Sprache sich verwirrt und jeder unter jedem Wort etwas anders versteht.

Nun ist, was als Friede oder Harmonie im Bereich des Lebendigen zu bezeichnen wäre, nicht ein statischer Gleichstand, etwa der des Schreckens, sondern eine dynamische Balance von Kräften.

Gleichgewicht der Kräfte: Wie gelingt es im Bereich des Lebendigen? Darüber erhielten wir eine konkrete, weil vorbegriffliche (prälogische) Auskunft durch den Vorgang des Gehens: durch Verlagerung des Schwerpunktes aus dem System heraus.

Ein Ereignis dieser Art war die Mondlandung. Diese – angesichts der Drangsale innerhalb des Systems schon absurd anmutende – Verlagerung des Schwerpunktes aus dem irdischen Schwerefeld hinaus, was hat sie bewirkt? Das weltumspannende Zusammenspiel aller technischen und nationalen Kräfte und Interessen vermöge einer Organisationsleistung, in der sich die des menschlichen Organismus selber manifestierte und sozusagen derart nach außen projizierte, wie die Spinne sich in ihr Netz nach außen fortsetzt. Eine Leistung, die andererseits den ausgesprochen dialektischen Gegensatz bildet zu der Ausweglosigkeit der Gattung innerhalb der eigenen Ebene. Der Wurm der Angst wird auch schon erheblich empfunden, und die Frage liegt gewissermaßen auf aller Zunge, ob sich die Menschheit mit der Mondlandung nicht aus ihrer Misere hat hinausstehlen wollen.

Was ist zu tun? Diese Frage ist trivial. Sie ist trivial, weil sie die Antwort enthält; und zwar in allen dreien ihrer verbalen Elemente: dem WAS – dem IST und dem TUN.

Nicht minder trivial und sogar von derselben Art Trivialität ist die von organischen Prozessen erteilte Antwort auf die Frage, wie denn der Friede in der nunmehr vom Mond aus zu betrachtenden Welt zu gewinnen wäre? Wie das organ-analoge Zusammenspiel der Kräfte, deren Vielfalt diese Welt ausmacht, zu erreichen sei, wie die technische Umsetzung des die Menschenwelt tragenden Erdkörpers rationell zu handhaben sei, wie zu verhindern sei, daß die der »Mutter Erde« spezifische Biosphäre weiterhin abgebaut wird.

Die organlogische Definition des Friedens besagt in negativer Fassung, daß der Friede nicht auf den Sicherungen beruht, die der sicherungssüchtige Angstteil der Menschheit betreibt und der die überwiegende Mehrheit ausmacht. In positiver Fassung besagt die Definition des Friedens, die der Organismus vorlebt: Der Friede resultiert aus dem Einfluß der opferfähigen Menschengruppe, die – gleich Hormonen oder Spurenelementen – in der Minderheit ist.

Christus sprach mit seinem Hinweis auf das Salz und den Sauerteig eine organlogische Mahnung aus: Seht zu, daß das Salz nicht taub wird! Der Brotteig als solcher ist es nicht, der geändert werden müsse: Er bedarf der Säuerung. Seht zu, daß der Sauerteig nicht verdirbt.

Die Frage, wie zu verwirklichen sei, was definitorisch möglich ist, findet ihren trivial zu nennenden Bescheid in den Elementen WAS, IST und TUN.

Zunächst wollen wir uns zurückgreifend noch einmal klarmachen, daß die mit Angst und Opfer bezeichneten Zustände nicht im luftleeren Raum schweben, auch nicht im Menschen

»wohnen« (wie man so sagt), sondern Menschen in der Verfassung der Angst und des Opfers sind, Angstmenschen und Opfermenschen, einander bedingend und miteinander verhaftet wie in der Pendelschwingung das Steigen den Fall, das Fallen den Aufstieg erzeugt.

Hat mit einer Kette weithin bemerkbarer kurzer Prozesse der Angstmensch den Opfermenschen ausgeschaltet, so tritt ein, was unter gleichen Umständen überall in der Natur eintritt: Ende des Kräftespiels. Ähnlich wie die Folter eine »Liebestat«, so wird dieser Zustand »Friede« genannt. Haben sich wunderbarerweise mit einer Reihe langer, unmerklicher Prozesse die Opfermenschen am Leben halten können, so erscheint der Zustand, der Friede heißt.

Was ist zu tun? Erstens: Zu tun ist das Tubare. Zweitens: Tubar ist das Konkrete. Drittens: Konkret ist, was geschieht.

Das klingt nun nicht nur trivial, sondern auch unbrauchbar. Aber wir werden sogleich sehen, daß die drei Partikel WAS – IST – TUN das bezeichnen, was erschöpfend zu Gebote steht.

Zu Gebote steht und auf sein Gebot angewiesen ist das Kind. In ihm vereinigen sich alle drei Partikel; vor allem dadurch, daß es ist, indem es geschieht. Das Kind ist ein Geschehen. Das Kind ist der Mensch, und das Kindsein bezeichnet die Periode des Menschen, in der er nach der Geburt noch etwa sieben Jahre als ein außermütterlicher Embryo ausreift.

Der vor- und nachgeburtliche embryonische Mensch ist der Mensch, in dem alle Prozesse im einzelnen und in der Gesamtheit – die Organe, die Organsysteme und das Individuum betreffend – ausschließlich in permanenter Überwindung von Versicherung, Verharrung, Angst vonstatten gehen. Die funktionelle Embryologie zeigt die Entwicklung vom Ei bis zum Fötus als ein raumzeitliches Panorama konkreter Opferprozesse. Wäre dem nicht so, so käme statt eines Kindes ein riesiger Karzinom zur Geburt. Und schwänge die vorgeburtliche Genesis nicht nachgeburtlich weiter bis zur völligen Ausreifung, so würde, was geboren wurde, ebenfalls nach einigen Jahren ein unförmiges Karzinom geworden sein.

Die Entwicklungsprozesse, von denen wir hier sprechen, beginnen als solche mit der – nicht Zell-teilung! – Zell-symmetrisierung. Im ersten Schritt des ersten Augenblicks realisiert und zeigt sich das Prinzip aller weiteren Schritte, die wir Entwicklung oder Differenzierung nennen: Die Zelle nämlich teilt sich nicht, indem sie sich vervielfacht, sondern sie vervielfacht sich, indem sie sich selbst entgegensetzt. Diese Entgegensetzung des Gleichen, dieses Sich-selbst-Entgegen (ein Bild dafür: die Schmetterlingsflügel), auch Symmetrie genannt, ist der alle Entwicklung regulierende Grundvorgang.

Mit der Zellteilung beginnt das Opfer. Das Opfer ist – als Erscheinung der Selbst-Symmetrisierung – Entwicklungsprinzip. Und der Mensch als Kind lebt, insofern er lebt, als und durch dieses Prinzip.

Die Form und das Erscheinungsbild der nachgeburtlich fortschwingenden Entwicklungsdynamik ist das Spiel. Da sich nach der Geburt die Lebenslage des weiterreifenden Embryo insofern fundamental ändert, als er nunmehr als Körper unter Körpern lebt, geht seine Weiterentwicklung als körperlich geleistete Auseinandersetzung mit Körpern vonstatten. Das bedeutet, daß das Kind primär durch das Bewegungssystem seines Organismus und durch seine Körper- oder Umweltsinne die gegenständliche Welt erfährt. Aus der inständlichen Welt vor der Geburt ist eine gegenständliche geworden. Das Erscheinungsbild der Auseinandersetzung damit ist das Spiel. Die Gegenstände des Spiels sind nicht die äußeren Dinge und Vorgänge, sondern die durch den Umgang mit diesen verbundenen Vorgänge des eigenen Organismus. Sie beruhen auf den gleichen fundamentalen und einfachen Gesetzen wie die äußeren Vorgänge. Folgerichtig sucht sich das Kind, im Steuer der Bedürfnisse seines Organismus, solche Vorgänge und Gegenstände »zum Spielen« aus, in welchen die dem Inneren und Äußeren gemeinsamen Grundgesetze zur Erscheinung kommen. Es ist das vegetative Nervensystem, das Vegetativum, in dem sich der Umgang mit den Dingen des Lebens, den äußeren ebenso wie den inneren, als dingliche Gebilde und materielle Strukturen aus Nervensubstanz niederschlägt und geweblich verankert. Das Erfahrene wird – wie die Sprache deutlich sagt – einverleibt. Die Lernprozesse des Kindes sind vegetativ vonstatten gehende Einverleibungen. Ein drei- bis vierjähriges Kind lernt zwei, drei Fremdsprachen in derselben Weise wie die Muttersprache: durch Einverleibung mittels des bloßen Hörens – so etwa wie ein musikalisch veranlagter Mensch Musik hört und behält oder wie uns selbst genug Melodien im Ohr hängenbleiben. Das Kind lernt sprechen, ohne Vokabeln zu pauken. Das heißt natürlich nicht, daß das Großhirn nicht reflektierend an diesem vegetativen Lernen beteiligt sei. Es heißt nur, daß es nicht direkt, sondern indirekt daran beteiligt ist. Es wächst daran und damit. Aus diesem Sachverhalt ergibt sich für den Erwachsenen die Konsequenz, das Kind in zweisprachiger Umgebung groß werden zu lassen – sofern es auf Sprachlernen ankommt.

Die Naturgesetze, die für den nachgeburtlichen Organismus nicht mehr nur inständlich, sondern nunmehr auch gegenständlich wirksam sind, bringt sich das Kind in seinem Spiel – gewissermaßen also von außen her – zur Einverleibung: Am Würfel erfährt es die Kraft, die bisher beim Aufbau seines Körper-Skeletts wirksam war, die Schwerkraft, von außen her. Das Spiel mit dem Würfel ist ein Balancespiel. Das Spiel mit dem Ball ist ein Spiel mit der Elastizität. Elastizität – oder Rückstellkraft – ist eine absolute Bedingung des Lebendigen. Schwingung, Rhythmus, Schwerkraft, Hebel, Strömung, Systolik und Diastolik usw. usw. – das sind die Stichworte, die die dynamische Gestik des sich aufbauenden Organismus bezeichnen.

Was der Mensch als Erwachsener, soll sich seine Gattung nicht in Versicherungs- und Angstkriegen ausrotten, tun kann und was er tun muß, weil er es tun kann, und was, soweit gelebt wird, getan wird, ist die Verwirklichung aller Bedingungen, durch die sich die mit der Geburt nicht abgeschlossene Ausreifung des kindlichen Organismus fortsetzen kann. Leben heißt leben lernen. Allen von der Gesellschaft aufzugebenden Lern-

Inhalten voraus ist das vom Kind selbst betriebene Lebensspiel als der von ihm selbst mitgebrachte Lern-Inhalt zu schützen und zu fördern.

Vernünftiges Verhalten kann man nicht durch Appelle an die Vernunft der Erwachsenen erzielen: Ganz einfach deswegen nicht, weil die Vernunft nichts erst zu Erzielendes und Abstraktes ist, sondern die Konkretheit des lebendgeborenen Menschen. Vernunft kann nicht erreicht, sie kann nur verfehlt werden. Und sie ist verfehlt, wenn man ihre Konkretheit nicht begreift. Und man hat ihre Konkretheit nicht begriffen, wenn man das Kind nicht sieht. Es sind vorrangig Raumordnungen baulicher Art zu schaffen, in denen sich das Lebensspiel des Geborenen auswirken kann. Das der heutigen Schularchitektur, der Bildungs-Architektur generell zugrunde liegende Schema – vom Kindergarten bis zur Universität – ist, vor allem hinsichtlich der Licht- und Bewegungsführung und Materialverwendung, als ein permanentes und heimtückisch veranstaltetes Attentat auf den menschlichen Organismus zu durchschauen.

Zum Schluß einige Stichworte, deren Kontext sich nunmehr entweder von selbst oder überhaupt nicht versteht.

- Die Zivilisation ist künftig Mutterschoß oder Grab.
- Das Kind ist das Opfer, weil es opfernd lebt.
- Nur der Kindmensch ist friedensfähig.
- Im Umgang mit dem Kind als Kind verliert sich die Angst.
- In der Raumstatistik Westdeutschlands rangiert der dem Kind zur Verfügung gestellte Raum hinter der Müllabfuhr.

SINNLICHE SITTLICHKEIT – PLÄDOYER FÜR EINE NEUE PÄDAGOGIK

(Pädagogik als sinnlich sittlicher Prozeß)

Rundfunkvortrag
gesendet am 25.10.1970
im WDR Hörfunk, 1. Programm
Sendereihe »Die Stille Stunde«

Abschrift der Tonaufnahme (CD) aus dem HK-Archiv, Soest
[Anfang – Band 5.1]

Ansage:
Westdeutscher-Rundfunk, 1. Programm
in »Der stillen Stunde« hören Sie
Hugo Kükelhaus.
Er plädiert für eine neue Pädagogik,
die ein sinnlich sittlicher Prozeß sein soll.

Ich möchte gleich eingangs meine Hörer um Einverständnis bitten, wenn ich nicht druckreif, sondern frei spreche, gewissermaßen in Gesprächsform. Ich bilde meine Gedanken sozusagen während des Sprechens. Das hat den Effekt, daß auch das Hören der Zuhörer kein nur passives ist, sondern ein produktives. Ich habe hier nur einige Notizen vor mir liegen, die mir helfen, die vorgesehene Zeit einzuhalten.

Die folgenden Darlegungen und Bedenkungen nun kreisen um den von Goethe vorgeprägten Begriff einer sinnlichen Sittlichkeit. Vorgeprägt insofern, als Goethe von der sinnlich sittlichen Wirkung der Farben sprach.

Ich weiß nicht genau, aber ich vermute, daß man diese Wendung mehr oder weniger als eine dichterische Floskel be- oder abwertet. Mir liegt daran, in Beobachtung und Beschreibung der Vorgangsformen der Körpersinne, also des Sehens, des Hörens, des Tastens zu zeigen, daß die Verlaufsformen der Sinnesverrichtungen – es mag zunächst absurd klingen – sittliche sind. Mehr noch – es soll sich zeigen, daß die an den Wahrnehmungs-Prozessen studierbaren Strukturen Spiegelbilder der Logik – um es einmal so zu nennen – von Organprozessen überhaupt und generell sind.

In allen Prozessen des Organismus waltet eine Logik, die wir eine sittliche nennen wollen, deswegen, weil sie die Steuerlinien des Verhaltens substantiell und physisch vorzeichnen, durch die sich ein Individuum als Element der Gesellschaft und die Gesellschaft als Element des Individuums verwirklicht.

Um nun nicht im allgemeinen und abgezogenen hängen zu bleiben, wollen wir uns einen Organvorgang, noch dazu einen fundamentalen, vor Augen führen. Dabei wollen wir aber schon während der Beschreibung uns fragen, worin nun die Sittlichkeit liegt, von der hier behauptet wird, daß sie eine physisch begründete ist.

Sehen wir uns den Blutkreislauf im Zusammenhang mit dem des Herzens an. Bisher hatte man – nun, das mag etwa vor achtzig Jahren gewesen sein – angenommen, daß das Herz eine Pumpe sei, die das Blut durch das System aller Organe hindurch treibt. Man hatte also die Auffassung, daß das Herz ein Zentrum sei, von dem die Peripherie abhängig wäre. Diese sozusagen von der Industrie übernommene Vorstellung ist inzwischen überwunden worden. Wir wissen heute, daß das Herz zwar eine Pumpwirkung ausübt, aber daß ihm eine Kraft entgegenkommt, die aus der Peripherie, also aus der Zone, die dem Herzen am weitesten entfernt ist, entgegenkommt. Wir haben also zwei Kräfte vor uns, eine vom Zentrum ausgehende und eine mit diesem Zentrum korrespondierende periphere Wirkung vor uns.

Das ist ein wichtiges Modell – ein gewichtiges Gedankenmodell insofern, als von diesem Bild eine Staatsidee abgeleitet werden kann, bei der die Vorgänge innerhalb des Staates von einem Zentrum gelenkt werden. Also die zentralistische Staatsidee hängt – auch geschichtlich gesehen – mit der Auffassung vom Herzen als einer Pumpe zusammen. Das war eigentlich die Staatsidee des vorigen Jahrhunderts.

Nun – ein weiteres Beispiel, das uns vor Augen führen soll und sogar erfahrbar machen soll, daß ein Lebensprozeß nicht nur in einer Richtung, etwa von einem Zentrum zur Peripherie verläuft, sondern auch umgekehrt von der Peripherie zum Zentrum.

Die Peripherie im Blutkreislauf wird gebildet durch die Kapillaradern. Die Kapillaradern bilden ein fein verteiltes System, durch das das Blut dem Herzen entgegengetrieben wird. Nun – hierzu ein paralleles Beispiel, das wir leicht kontrollieren können.

Es dreht sich abermals darum, zu begreifen und zu erfahren, daß ein Prozeß in zwei Richtungen verläuft. Nämlich in einer auf ein Ziel gerichteten und in einer vom Ziel herkommenden Richtung.

Wir lesen eine Zeile. Dabei wollen wir einmal aufmerksam unsere Augenbewegung selber wahrnehmen. Wir werden feststellen, daß wir zwar von links nach rechts lesen, aber während dieser Bewegung von links nach rechts bemerken wir, daß die Augen beinahe gleichzeitig auch von rechts nach links sich bewegen. Es ist so, daß wir etwa ein unleserlich geschriebenes Wort vom Ende her, vom Ende der Zeile her entziffern können. Darin wird erfahrbar, daß der Sehvorgang in zwei Richtungen verläuft, die wir antagonistisch nennen können – oder – in einer Bewegungsform, die sich selbst entgegengesetzt ist. Man könnte von einer dialektischen Bewegungsform sprechen.

Ein weiteres ganz einfaches Beispiel – sehr anschaulich –, das uns zeigt, wie ein Zentrum nur zu verstehen ist im Funktionszusammenhang mit seiner Peripherie.

Wir schlagen mit einem Zirkel einen Kreis um den Punkt, im dem wir die Nadel einstechen. Damit haben wir zweierlei bewirkt. – Einmal den Punkt, nämlich das Zentrum, um den sich der Zirkel herum bewegt, und zweitens die Kreislinie. Es ist also das Zentrum überhaupt nicht zu trennen, weder technisch noch gedanklich, von seinem Umkreis. Auch dies ist ein dialektischer Vorgang.

Ein weiteres Beispiel für diese merkwürdige Gegenläufigkeit von Lebensprozessen. Das ist die allgemein so bezeichnete Eigenstörung von Organvorgängen. Wir können uns das leicht klarmachen. Wenn wir in die Außenwelt hineinsehen, dann entscheiden wir aufgrund von Erfahrungen, daß das, was ich sehe, sich draußen befindet. Aber – gleichzeitig steht das Gehirn immer noch vor der Frage, ob sich der Gegenstand, auf den sich unsere Augen richten, wirklich draußen befindet. Denn es dringen nicht nur Reize aus der Außenwelt auf die Netzhaut, sondern gleichzeitig und fast in gleicher Stärke – nur nicht bemerkt – Reize aus dem Inneren des Organismus auf die Netzhaut.

Nun ist die Netzhaut Stellvertreter des Gehirns – sie ist sogar eine Ausstülpung der Hirnrinde. So kann man also sagen, daß die Hirnrinde während des Sehens unter zwei Einflußbereichen steht – einmal von der Reizwelt, die von außen kommt, und zweitens vor der Reizwelt, die von innen kommt –, und es bleibt nur zu entscheiden, was kommt nun wirklich von außen, was kommt von innen. Und entschieden wird eigentlich nur aufgrund von Erfahrungen. Es wird nicht entschieden in Endgültigkeit, sondern das Gehirn bleibt durch diese Eigenstörung, durch die Infragestellung, was nun von außen und was von innen kommt, immer im Prozeß des Entscheidens.

Das Denken und das Erkennen und das Bestimmen sind ein Balanceakt zwischen – gewissermaßen – Unentscheidbarkeiten. Es wird eigentlich nur statistisch entschieden. Und nun hat man versucht, diese Eigenstörung, die so eigentümlich ist für alle Organprozesse, in beschränktem Maße aufzuheben, und dabei erweist sich, daß kein Organ funktioniert, wenn es sich nicht gleichzeitig stört. Es ist also sozusagen eine, wie es Hegel ausdrückte, Identität durch Nicht-Identität. In dieser Position steckt die Negation – und nur so gelingt ein Prozeß. Das ist ein wichtiger Vorgang, der im Organismus selber begründet ist und den man nun nicht ersetzen kann durch eine Überlegung, die ich mit meinem Intellekt anstelle. Sondern umgekehrt, ist der Intellekt selber als ein Organvorgang auf diese fundamentale Erscheinung seines Organismus angewiesen.

Nun ein letztes, ein fünftes Beispiel, ist wiederum ein antagonistisches, nämlich, daß ich nur sehen kann in einem Spannungsfeld von Licht und Dunkelheit – und daß ferner dieses Spannungsfeld selber veränderlich sein muß. Das ist eine Augenerfahrung, die man sich leicht vergegenwärtigen kann, wenn man etwa daran denkt, man müsse eine Kugel sehen in totaler Ausleuchtung. Dann werden wir feststellen, daß in diesem Falle die total ausgeleuchtete Kugel nicht als Kugel zu erkennen ist, sondern daß sie als ebene Scheibe erscheint.

Also – zum Sichtbarwerden eines Gegenstands gehört nicht etwa die volle Ausleuchtung, sondern daß dieser Gegenstand in einem Spannungsfeld zu Unentscheidbarkeiten steht oder zu Ungewißheiten, nämlich zum Schatten. Erst im Spannungsfeld Licht–Schatten kann ein Gegenstand als das erscheinen, was er ist – als [ein] plastischer Körper.

Nun – diese fünf Beispiele wollen wir überschauen und überdenken. Wir wollen sie überdenken, um deren gemeinsames Grundmuster auf einige wenige Stichworte, vielleicht sogar auf einen einzigen gemeinsamen Nenner zu bringen. So dürfte man diesen Nenner folgendermaßen formulieren:

Erstens: Jede Bewegung verläuft in Produktion ihrer Gegenbewegung. Sie ist sich selbst gegenläufig.

Zweitens: Prozesse gelingen nur im Wagnis – denn es ist ja ein Wagnis, in Unentscheidbarkeiten zu verbleiben und sich nicht festzulegen. Sie vollziehen sich sozusagen als Pendelschlag zwischen einer Sicherung und einer Ent-Sicherung.

Die Gegenläufigkeit oder das Sich-selbst-entgegen bringt sich auf unmittelbarste Weise zur Erscheinung in der Zustandsform des Organismus, aus dem heraus sich seine Vielfalt verwirklicht. Ich meine die Zelle und deren raum-zeitlich ausgedehnte Differenzierung, die wir Zellteilung nennen.

Nun wollen wir uns einmal die Zellteilung vorstellen. Wir kennen sie natürlich aus Sachbüchern, wir kennen sie aus dem Fernsehen, wir kennen sie aus den vielen Möglichkeiten, die heute die Mikroskopie uns beinahe täglich vor Augen führt. Dabei wollen wir uns aber einmal ganz genau überlegen, was da eigentlich geschieht und inwiefern der Ausdruck »Zellteilung« irreführend ist. Denn die Zelle teilt sich ja nicht, sondern es ist so, daß der Kern der Zelle nach zwei Richtungen sich bewegt und dann aus den zwei Richtungen, die er eingenommen hat, umkehrt und zu sich selbst zurückkehrt. Das heißt, der Zellkern trennt sich von sich selbst, um sich sozusagen von außen wieder neu zu begegnen. Wir nennen diesen Vorgang nicht mehr Teilung, sondern Selbst-Symmetrisierung.

Das sieht dann etwa so aus, wie ein Schmetterling mit seinen beiden Flügeln aussieht; die beiden Flügel sind aufeinander symmetrisch oder spiegelbildlich bilateral bezogen. So ist also die Zellteilung ein dialektischer Vorgang insofern, als sie sich von sich selber trennt und auf sich selbst wieder zugeht. Es ist also: Die Einheit wird zu einer Zweiheit, und die Zweiheit geht nun auf sich selbst zu und bildet ein Drittes Neues.

Wir wollen uns dieses Bild deswegen vor Augen führen, weil sich unser Thema »sinnlich sittlicher Prozeß« dadurch anschaulich macht.

Führen wir uns nunmehr vor Augen, welchen Weg wir mit der Beschreibung von Organvorgängen zurückgelegt haben. Er begann mit dem Blutkreislauf und endete über die Sinnesverrichtungen des Sehens bei der Zellteilung. Der Weg ist der von einer Organfunktion zur Entwicklungsgeschichte von Organen und Organsystemen. Und dabei zeigt sich, daß die Verrichtungsweisen oder die Tätigkeiten von Organen Wiederholungen der Entwicklungsgeschichte eben dieser Organe sind. Denn das Prinzip der Selbstentgegensetzung, der Gegenläufigkeit, das der Selbstsymmetrisierung – etwa wie wir es bei der Zelle gesehen haben – also des Ausgangszustandes aller Organe, dieses Prinzip, was hier vorgeführt wird, oder dieser Entwicklungsstil ist identisch mit dem Funktionsstil der Organe selbst. Sie ist sozusagen ihre Verhaltensweise.

Diese nun läßt sich auf einen einzigen Satz bringen. Nämlich: Selbstwerdung durch Selbstentäußerung. Selbstverwirklichung durch Überwindung der Selbstverharrung. –

Goethe sagte: »Alles Sein muß im Nichts verhallen, was im Sein verharren will.«

Dieses Verhalten nennen wir ein sittliches, dann und darum, wenn wir sein Muster auf das Verhältnis von Individuum und Umwelt, Individuum und Gesellschaft projizieren. Mit anderen Worten, die Organprozesse im allgemeinen und die Sinnesprozesse im besonderen sind soziale Prozesse. In der Untersuchung der Prozesse des Organismus betreiben wir eine Nuklear-Soziologie, und in der Rückverbindung sozialen Verhaltens auf die physischen Organprozesse im allgemeinen und auf die Wahrnehmungsprozesse im besonderen ermöglichen wir und verwirklichen wir Gesellschaft.

Ermöglichung und Verwirklichung sind im Aspekt von Entwicklungsgeschichte immer identisch. Haben wir erst begriffen, daß der lebendige Organismus selber Gesellschaft ist und sich in allen seinen Elementen gesellschaftlich verhält, haben wir ferner begriffen, was sich da vor Augen bringt, haben wir verstanden, was wir beobachten, daß nämlich der Organismus sich in seinen Prozessen dadurch verwirklicht, daß er sich selbst gegenüber als Umwelt verhält, dann wird verständlich, nur in dem Maße, wie der Organismus eines Individuums im Stil seiner Prozesse lebt, ist er befähigt, eine Umwelt hervorzubringen, in der er so lebt wie in seinem eigenen Organismus.

Wir können, um es auf eine Formel zu bringen, von dem auf sich selbst bezogenen Gesellschaftsprozeß des Organismus sprechen und von dessen auf die Umwelt bezogenen Gesellschaftsprozessen. Beide bilden ein Funktionsganzes, so wie Zentrum und Peripherie ein Funktionsganzes sind. Unsere Frage lautet nach dieser Basis-Untersuchung oder Basis-Erkundung, wie ist dieses Funktionsganze herzustellen?

Wo ist der Hebel anzusetzen? Wo ist zu beginnen? Die Antwort lautet: Am Anfang ist anzufangen! Das heißt konkret beim eben geborenen Kind. Das Kind lebt noch mehrere Jahre nach seinem Eintritt in die Welt der Erwachsenen als ein sich aufbauender Organismus. Es lebt im Sittengesetz seiner Organprozesse. Sein soziales Verhalten ist gesichert in dem Maße, als dieses ein leibliches, ein organlogisches, ein sinnlich-sittliches ist.

Betrachten wir diese Sachverhalte und Zusammenhänge näher. Näher deswegen, weil eben bei dieser näheren Betrachtung, die einer gesammelten Aufmerksamkeit gegenüber dem Besondern entspricht, sich das ›WAS‹ und das ›WIE‹ dessen ergibt, was zu tun möglich ist.

Entwicklungsgeschichtlich gesehen ist das Kind bis zur vollen Entwicklung seines Organismus, der im eigentlichen Sinne mit der Ausreifung des Großhirns als abgeschlossen gelten kann – etwa zu Beginn der Pubertät – ein außermütterlicher Embryo. Nach dem Geburtsakt, der eine dramatische Umstellung der vorgeburtlich ablaufenden Funktionen ist, ist die Gesellschaft sein Mutterschoß – oder ist es nicht. Und dieses mit Folgeerscheinungen, die man als die einer nachgeburtlichen Abtreibung bezeichnen kann. Die nachgeburtliche Entwicklungsdynamik, die sich im zweiten Mutterschoß, in dem der Gesellschaft, fortsetzt, hat die Erscheinungen oder hat die Erscheinungsform des Spiels. Der Gegenstand des Spiels – Spiel ist immer Spiel mit Gegenständen – ist der eigene Organismus und dessen Prozesse in der Auseinandersetzung mit den Gegenständen der Umwelt.

»Es ist eine aus dem Inneren am Äußeren sich entwickelnde Offenbarung, die den Menschen seine Gottähnlichkeit vorahnen läßt.« (Goethe)

Im Spiel geht es dem Kind um die Erfahrbarmachung und das Innewerden seiner Leib-Körpervorgänge. Im Spiel werden die Prozesse zu Gegenständen eben dieser Prozesse. Die Gliedbewegung wird bewegt, das Gehen wird gegangen, das Sehen gesehen, das Hören gehört. Der Kontakt mit der Umwelt erschließt sich dem Kind über den Kontakt mit sich selbst als Umwelt. Das Lernen vollzieht sich als ein Sich-Selbst-Lernen am gegenständlich anderen.

Bei Erlernung der Sprache sind die Vorgänge des Lernens, Gestik, Hören, Sprechen ebenso Gegenstand wie der Sprachstoff selbst. Das Kind lernt die Lautsprache, indem es das Sprechen spricht und das Hören hört. Auf diese Weise – die eben die ist, die das Spiel ausmacht – lernt das Kind zwei, drei Fremdsprachen. So sind die Spiele des Kindes je nach den in Anspruch genommenen Organen Entwicklungsprozesse; und zwar Entwicklungsprozesse eines nachgeburtlichen Embryo. Auf sie muß der Mutterschoß der Gesellschaft bezogen sein.

Soweit er ein räumlich gegenständiger ist, realisiert er sich als baukörperlicher Raum. Das heißt, der Raum, der dem Kind zu seinem Entwicklungsspiel angeboten wird, muß analog der vorgeburtlichen Verhältnisse aufs genaueste seinen Lebensprozessen entsprechen. Eine bauliche Umweltplanung ist nur dann kindgemäß, wenn sie Ermöglicher seiner Prozesse ist. Wenn schon im sekundären Bereich der Didaktik die Bemühung darauf gerichtet ist, den Lernstoff mit den Vorgangsformen des Lernens in Einklang zu bringen, so muß erst recht im primären Bereich des nackten Lebens die gebaute Welt diesen Bedingungen entsprechen. Mit anderen Worten: Die auf das Kind bezogene Architektur hat die raum-zeitliche Ermöglichungsform der Entwicklungsprozesse des Kindes zu sein.

Alle Didaktik, ja, alle Pädagogik überhaupt, die sich nicht in einer organlogisch gebauten Kind-Umwelt abspielt, bewegt sich nicht nur in einem Vakuum, sondern sie produziert es auch. Der Pädagogik, die ihren Sinn darin zu suchen hat, im einzelnen Kind dem Menschen zur Menschwerdung zu verhelfen, bietet sich die Lösung dieser Aufgabe darin an, daß sie die ungestörte Fortsetzung der vorgeburtlichen Geschehensordnungen sicherstellt.

Wie sieht es nun realiter und praktisch heute damit aus? Was ist bislang verfehlt, was ist anzustreben?

Kürzlich erfuhr ein Töpfer eine unerwartete Wirkung eines Produktes seiner Werkstatt. Er hatte den Boden der Restaurationsräume eines großen Hotels mit runden, handgeformten Keramikscheiben in Zement-Einbettung verlegt. Parallelräume waren mit Spannmaterial aus Perlon-Velours über einem weichen Kunststoff-Vlies ausgestattet. Als dieser Handwerker einige Monate nach Eröffnung des Hotels zu Besuch kam, stürmte der Oberkellner auf ihn zu und erklärte: »Ich habe etwas ganz

Eigentümliches mit ihrem Plattenboden erlebt, und meine Kollegen ebenfalls. In den Räumen mit den üppigen Teppichen bediene ich nicht mehr – wenn es eben geht –, auch nicht in den Räumen mit den blanken PVC-Böden. Wenn ich da meine acht Stunden abgelaufen habe, bin ich abends schachmatt, Knie und Fußgelenke tun mir so weh, als wenn ich die Gicht hätte. Wenn ich aber auf dem Kachelboden Dienst tue, sind die Beschwerden wie weggeblasen. Wie gesagt, meinen Kollegen geht es ebenso.«

Was hier vorgeht, hat einen ebenso einleuchtenden Grund, wie dieser Grund entweder unbekannt ist oder fahrlässig mißachtet wird. Wenn schon Erwachsene, die von Berufs wegen viel hin und her laufen müssen, auf Bodenbelägen ohne Reliefstruktur Beinbeschwerden bekommen, wieviel mehr muß das der Fall sein bei Kindern, die nicht von Berufs wegen, sondern von Entwicklungs wegen auf Laufen angewiesen sind. Von Entwicklungs wegen? Ja!

Eine völlige Verkennung der Funktionen des Fußes und seiner Erfahrungsqualitäten für die Entwicklung des jungen Organismus im besonderen und eine radikale Unkenntnis hinsichtlich der peripheren Prozesse der Gliedmaßen des kindlichen Organismus, die sind es, die dazu geführt haben, daß der Schulbau die Erfordernisse des entsprechenden Komplexes auf dem Hochaltar des Reinigungsetats opferte. Und daß überhaupt nicht erst ins Blickfeld geriet, in welchem Maß und Umfang das Kind primär ja nicht durch den Kopf lernt, sondern durch seine Bewegungsgestik und durch seine Sinne. Das Bewegungs- und Sinnessystem aber bedarf, um zu seinen Prozessen zu gelangen, der Herausforderung durch vielheitliche Zustandsunterschiede. Es bedarf der Spannungsfelder und Potentialgefälle, die – um wieder das schon angeführte Beispiel zu wiederholen – beim Licht in der Lichtführung ein wanderndes, nicht konstantes Hell–Dunkel-Gefälle sowie eine tonige und farbige Vielfalt gebieten.

Wir werden uns gleich noch mit einem anderen Umweltfaktor von tiefgreifendem Einfluß auf die Entwicklung des Kind-Organismus' befassen.

Aber wir wollen vorweg bei dem soeben gefallenen Stichworten: Spannungsfelder, Zustandsunterschiedlichkeiten, Potentialgefälle verweilen. Es handelt sich hierbei um Schlüsselbegriffe. Das organismische Leben im allgemeinen und das sinnliche Leben im besonderen bedarf nicht nur der Spannungsfelder, sondern es ist selber ein sich ständig in Eigenstörung erneuerndes System von Spannungsräumen.

Das ist der Grund dafür, daß alle Pädagogik alle Arten von Bildungsschritten, die nicht in solcher Dimension des sich erlebenden Lebens getan werden, sich in einem Vakuum bewegen müssen. Bildung kann sich nicht ereignen in einer ereignislosen Umwelt. Wobei unter Ereignis hier das immer am Anfangstehende, das Nächstliegende, der Organismus selbst zu verstehen ist. Der sinnliche Leib ist das Ereignis. Wenn daher heute etwa Sexualaufklärung in einer organismischen Negativwelt betrieben wird, in einer durch und durch entleibten und unsinnlichen Kühltruhe, so verfehlt sie bis zur Pervertierung, bis zur Lächerlichkeit ihren Sinn. Die heutige verbal betriebene Sexualaufklärung ist in Wahrheit Opas Kino. Hier hat sich die Welt der Erwachsenen ihr Meisterstück geleistet. Die gärenden Staumassen und Faulstoffe ihres nicht gelebten Lebens wirft die Welt der Erwachsenen auf den Müllhaufen einer informativ betriebenen sogenannten Aufklärung.

Was hätte in Wirklichkeit in dieser Hinsicht zu geschehen? Die Wirklichkeit des sich ereignenden Lebens hätte zu geschehen. Die Schulen hätten zu sein ein rhythmisches System von Erlebensräumen, schwingend um die Pole: Körper, Bewegung, Atmung, Auge, Ohr, Haut, Essen, Trinken – Räume, in denen der Eros des Lebendigen blüht. Eros – gleich Aufmerksamkeit gegenüber den Keimkräften des Lebendigen. Schulen hätten zu sein Pflegestätten der zärtlichen Merkfähigkeit gegenüber allem, in dem sich Lebendiges als ein Keimprozeß, als ein Unterwegs zu sich selbst, als Werdendes sich verwirklicht. Beim Essen und Trinken fängt's an. Die Lebensvollzüge sind sittenhafte Ereignisse.

Ein Blick in die Tierwelt zeigt es. Ihre Lebensvollzüge sind rituell geordnet, sind zeremonielle Gestalten.

Der Ferne Osten, die Japaner haben es begriffen. Ihre enorme intellektuelle und technisch-industrielle Energie, die sich als steile Kurve auf dem Weltmarkt ausnimmt. Wo hat sie ihre Wurzel? Im sittenhaften kultischen Vollzug der primären Lebensprozesse, der Leibvorgänge. Die leiblich gegründete Phantasie, die Phantasie des Leibes durchdringt und umspinnt jeden Lebensakt mit einem Netz von Symbolen und Allegorien, von Gleichnissen und Bildern, die das Besondere ins allgemeine erheben, das Allgemeine im Besonderen verdinglichen. Beispiel: die berühmte Teezeremonie. Beispiel weiter: das erotische Spiel als kosmisches Symbol. Weiteres Beispiel: das Ikebana – das Blumenbinden, als universelles Gleichnis-Spiel, weiter das Ausziehen der Schuhe zu Hause, das Gehen auf Matten mit nackten Füßen oder auf Socken.

Ich kündigte vorhin an, daß neben den Licht- und Bodenelementen noch ein weiterer raumhafter Umweltfaktor neben vielen anderen zu behandeln sei. Ich meine die Klimatechnik, speziell bezogen auf die Kindwelt, auf die Schulen. So wie man heute die Klimatechnik versteht und handhabt, zwingt sie Kinder und Lehrer in Räume, denen biodynamische Spannungen – thermischer, bioelektrischer, hydrogener und sonstiger Art – nicht nur fehlen, sondern die deren Reste bis zur Erschöpfung abbauen.

Hierzu einiges Nähere. Die derzeitige Klimatisierung sieht ihr Ziel erreicht, wenn sie konstante Verhältnisse in den genannten Kategorien herstellt. Konstanz aber legt den Regelmechanismus des Organismus lahm. Wobei zu bedenken ist, daß der Organismus als Zellstaat überhaupt erst lebt in und von der Dynamik eines thermischen Mosaiks. Betreibt der Mensch eine sitzende Tätigkeit in konstant klimatisierten Räumen, so staut sich seine Körperwärme. Er reißt, wenn möglich, die Fenster auf. Damit aber verwirbelt er die Zuluft mit der verbrauchten Luft. Es kommt zu einem Staub- und Bakteriengemenge. Die notgedrungen herbeigeführten einseitigen Abkühlungen verursachen rheumatische Erkrankungen, wie andererseits ein unter gesunden Verhältnissen lebender Organismus einseitige

Entwärmungen durch rasche Verteilung über den ganzen Körper auszugleichen vermag. Das Elektro-Dermatogramm, das durch Messung der elektrischen Hautleitfähigkeit des Körpers Rückschlüsse auf die Funktionen des vegetativen Nervensystems zuläßt, zeigt in alarmierender Weise, wie sehr diese Funktionen bei einem Kind schon nach kurzem Aufenthalt in den als modern gepriesenen Schulanlagen mit ihren Glasfronten, ihrer rein quantitativ bewerteten Belichtung, ihrer Thermotechnik gestört sind. Während nämliche die elektrischen Haut-Engramme bei einem Aufenthalt im Freien oder in biologisch angemessen konstruierten Raumverhältnissen eine beiderseits der Wirbelsäule symmetrisch aufgebaute Figuration darstellen, bietet bei einem Schulkind – hier sollten wir aufmerken – schon nach wenigen Stunden Aufenthalt in unseren modernen Unterrichtsräumen ein Hautliniensystem rechts und links der Wirbelsäule kein symmetrisches Bild mehr, sondern ein wild asymmetrisches. Ein untrügliches Zeichen dafür, daß die Ausgleichsprozesse tiefgreifend verzerrt sind. Solche mikroklimatischen Fehlregulationen sind die Quelle jener zahlreichen, sich immer stärker häufenden physischen Erkrankungen, die die Mediziner vor Rätsel stellen.

Zur Verhütung dieser Fehlregulation gibt es jedoch im Rahmen einer bioklimatischen Umweltplanung Abhilfen technischer Art. System des Physikers Holger Lueder, Winterthur: Wichtigste Faktoren hierbei: Man hat zunächst zu unterscheiden zwischen einer Temperatur, die von wärmestrahlenden Körpern ausgeht, der Strahlungstemperatur, und der Lufttemperatur. Es kommt darauf an, zwischen beiden eine angemessene Unterschiedlichkeit herzustellen. Eine Strahlungstemperatur von 23° Grad zu einer Lufttemperatur von 16° Grad ergibt ein erfrischendes Klima, das sich vor allem darin auswirkt, daß es zu einer selbsttätigen Schleimhautbefeuchtung kommt, die andernfalls unterbunden ist. Ferner sind geboten: Fußbodenbeheizung und Deckenkühlung, Abdrängen der verbrauchten Luft, Filterung und Ozonisierung der gleichzeitig und stets eingeführten Zuluft. Dann – äußerst wichtig – künstliche Einmischung leicht beweglicher negativer Sauerstoffionen. Das ist der Effekt, den wir beim Regen haben, indem nämlich der Regen mit negativ geladenen Sauerstoffionen behaftet ist, während die Erde positiv geladen ist. Dadurch kommt es zu einer Induktion, die biologisch richtig ist. Dann antistatische Behandlung aller Kunststoffe.

Wir haben diese Zusammenhänge ein wenig ins Detail hinein betrachtet, weil nur so – abgesehen von der praktischen Verwendung – anschaulich wird, was durch Aufstellung bloßer Thesen in der Luft hängenbliebe.

Anfang 1967 wurde in New York eine neu erbaute Schule in Dienst genommen, bei der durch Zusammenwirkung bester Absichten einerseits und totaler Ignoranz der fundamentalsten Entwicklungsbedingungen des Kindes andererseits eine Schule als weiße Hölle, oder eine weiße Hölle als Schule, realisiert wurde. Kein Tageslicht, auch nicht durch die kleinste Ritze, weder in den Klassen und Fluren noch im Treppentrakt oder den Aufenthaltsräumen, als Auslauf nur Flure, alle Wände vom Boden bis zur Decke weiß gekachelt, spiegelglatte PVC-Böden, Vollklimatisierung durch Addition biologisch und physiologisch absolut negativer Funktionen, ausschließlich schattenlos geführtes überhelles Leuchtstofflicht, nirgendwo Farbe, keine Pflanzen – sie würden eingehen. Folge: Entwicklungsstörung bei den Kindern: Phobien, Neurosen, aggressive Ausbrüche, psychische und physische Erkrankungen bei Lehrerinnen und Lehrern. Gegenwirkung nach Klageführung durch Eltern- und Lehrerschaft – es handelt sich dabei um eine Schule für überwiegend farbige Kinder – von seiten der Behörden: kostenlose Glutaminverabreichung.

Dem Besucher stellte sich angesichts der Kinder und Lehrer unentrinnbar die Assoziation von [einem] Leichenschauhaus ein. Wir haben keine Veranlassung, darüber den Kopf zu schütteln. Im Aspekt des Prinzipiellen ist sowohl der Modus des heutigen Schulbaus bei uns als auch was die Kenntnis des kindlichen Organismus und der spezifischen Weise seiner Lernfähigkeit als Basis einer baulich realisierten Raumformung angeht, nur dem Grad nach von dem New Yorker Beispiel verschieden. Und das gilt nicht nur für den Schulbau, sondern erst recht für Warenhäuser und Büros und dergleichen. Umgekehrt [sind] die dortigen Praktiken eigentlich – mit mehr oder weniger Ausnahmen – Übertragungen auf die Kindwelt. Nicht mehr in Frage gestellt wird als Basis der Pädagogik die Notwendigkeit, gegebenenfalls unter Abwehr von Wissen die Lernfähigkeit gegenüber einer permanent sich ändernden Informationswelt zu erwecken, zu erhalten, zu steigern. Die Lernfähigkeit ihrerseits aber ist kein Wissensstoff, der rezepthaft übertragbar wäre, sondern sie ist diejenige elastische Energie, die den vorgeburtlichen Aufbau des Organismus steuerte und antrieb und die als Spiel im nachgeburtlichen Menschen weiterschwingt, falls sie nicht – wie generell bis auf den heutigen Tag und weltweit – durch Fehlregulation (die entscheidend baulicher Art sind) zunichte gemacht wird.

Zum Schluß wäre noch zusammenfassend zu sagen. Man soll sich doch nicht der Illusion hingeben, es ließe sich durch Informationsmassen in den Kommunikationsmedien, in dem die Gattung Mensch heute existiert, ersetzen, was durch Abtötung biophysischer Entwicklungsvorgänge verfehlt wird. Ein in der Entwicklungsperiode industriell invalide gemachter oder sterilisierter Organismus wird durch Informationstechniken nicht nur nicht lebensfähiger, sondern zunehmend wehrloser in die Konsumidiotie hineingetrieben. Selbstverständlich zum Vorteil all derer, deren Parole so oder so, mehr oder weniger, bewußt oder unbewußt lautet:

Deppen lassen sich besser regieren.

DER KINDLICHE ORGANISMUS ALS PÄDAGOGISCHES SUBJEKT

Rundfunkvortrag
gesendet am 28.3.1971
im WDR Hörfunk, 1. Programm
Sendereihe »Die Stille Stunde«

(Abschrift des maschinengeschriebenen Manuskripts)

Dieser Aufsatz erscheint in der Zeitschrift
»Die Welt des Kindes«, Kösel Verlag,
(Handschriftliche Anmerkung von Hugo Kükelhaus)

Entwicklungsgeschichtlich gesehen ist das Kind bis zur Ausreifung seines Organismus, d.h. bis etwa zum fünften Lebensjahr, ein außermütterlicher Embryo. Nach dem Geburtsakt, der insofern eine dramatische Umstellung der vorgeburtlich ablaufenden Funktionen bedeutet, als sich der Embryo nun nicht mehr als ein Leib im Leibe, sondern als ein Körper unter Körpern bewegt, ist die Gesellschaft sein Mutterschoß. Oder ist es nicht. Und letzteres mit Folgeerscheinungen, die man als die einer nachgeburtlichen Abtreibung bezeichnen könnte.

Die nachgeburtliche Entwicklungsdynamik, die sich im zweiten Mutterschoß, in dem der Gesellschaft, fortsetzt, hat die Erscheinungsform des Spiels. Der Gegenstand des Spiels – Spiel ist immer Spiel mit Entgegenstehendem – ist mittels der Auseinandersetzung mit den Gegenständen der Umwelt der eigene Organismus mit seinen vielfältigen Prozessen. – »Es ist eine aus dem Inneren am Äußeren sich entwickelnde Offenbarung, die den Menschen seine Gottähnlichkeit vorahnen läßt«. (Goethe)

Im Spiel geht es dem Kind um die Erfahrbarmachung und das Innewerden seiner Leib-Körper-Vorgänge. Im Spiel werden die Prozesse zu Gegenständen eben dieser Prozesse. Die Gliedbewegung wird bewegt, das Gehen gegangen, das Sehen gesehen, das Hören gehört. Die Kommunikation mit der Umwelt (der sozialen und materiellen) erschließt sich dem Kind durch die Kommunikation mit sich selbst als Umwelt. Das Lernen geschieht und vollzieht sich als ein Sich-selbst-Lernen am gegenständlich Anderen. Bei Erlernen der Sprache sind die Vorgänge des Lernens – Gestik, Hören, Sprechen – ebenso Gegenstand wie der Sprachstoff selbst (vgl. Zastrau *Sprechen, Sprache, Spruch).* Das Kind lernt die Lautsprache, indem es das Sprechen spricht (Lallen, Summen) und das Hören hört (Echoerfahrung). Auf diese Weise, die eben die ist, die das Leben als Spiel und das Spiel als Leben ausmacht, lernt das Kind zwei, drei Fremdsprachen. So sind das Spielleben des Kindes je nach den in Anspruch genommenen Organen und Organsystemen sich weiter differenzierende Entwicklungsprozesse eines postnatalen Embryo. Auf sie muß der postnatale, der Mutterschoß der Gesellschaft bezogen sein. Soweit er ein räumlich dinglicher ist, verwirklicht er sich als baukörperlich rhythmisierter Raum. Das heißt: Der Raum, der dem Kind zu seinem Entwicklungsspiel angeboten wird, muß analog der vorgeburtlichen Verhältnisse aufs genaueste seinen Lebensprozessen entsprechen. Eine bauliche Umweltplanung ist nur dann kindgemäß, wenn sie Projektion und Provokation, Spiegel und Hervorrufen seiner Prozesse ist. Wenn schon derzeit im sekundären Bereich von didaktischer Information die Bemühung darauf gerichtet ist, den Lernstoff mit den Vorgangsformen des Lernens, das Was mit dem Wie des Lernens, in Einklang zu bringen, so muß erst recht im primären Bereich des »nackten Lebens« die gebaute Welt dessen Bedingungen und Strukturen entsprechen. Mit anderen Worten: die auf das Kind hingeordnete Architektur hat die materielle, raumzeitliche Ermöglichungsform der physischen Entwicklungsvorgänge des Kindorganismus zu sein. Alle Didaktik, die sich nicht in einer *organlogisch* gebauten Kind-Umwelt abspielt, bewegt sich nicht nur in einem Vakuum, sondern sie produziert es auch. Der Pädagogik, die ihren Sinn darin zu suchen hat, im einzelnen Kind dem Menschen zur Menschwerdung zu verhelfen (der menschwerdende Mensch erst ist das Kernelement von Gesellschaft...), bietet sich die Lösung dieser Aufgabe dazu an, daß sie die ungestörte, unverzerrte Fortsetzung der praenatalen Geschehensordnungen sicherstellt. Wie sieht es nun realiter und praktisch damit aus? Was ist verfehlt, was ist anzustreben?

Kürzlich erfuhr ein Töpfer eine unerwartete Wirkung eines Produktes seiner Werkstatt. Er hatte den Boden der Restaurationsräume eines großen Hotels mit runden, handgeformten Keramikscheiben in Zementeinbettung verlegt. Als er einige Monate nach Eröffnung das Hotel besuchte, kam der Oberkellner auf ihn zu und erklärte: »Ich habe etwas ganz Überraschendes mit Ihrem Plattenboden erlebt. In den Nachbarräumen mit den weichen Veloursteppichen bediene ich nicht mehr; auch nicht in diesem mit den blanken PVC-Böden! Wenn ich darin meine acht Stunden abgelaufen habe, bin ich abends schachmatt. Knie und Fußgelenke tun mir so weh, als wenn ich die Gicht hätte. Wir nennen das die Kellner-Krankheit. Seit ich aber auf Ihren Kachelböden Dienst tue, sind die Beschwerden wie weggeblasen. Durch die Schuhsohlen hindurch spüre ich deren Relief. Und diese Empfindung ist eine Wohltat. Es ist wie eine Sohlenmassage. Und meinen Kollegen geht es ebenso.«

Was hier vorgeht, hat einen ebenso einleuchtenden Grund, wie dieser Grund entweder unbekannt ist oder fahrlässig mißachtet wird. Wenn schon Erwachsene, die von Berufs wegen viel hin- und herlaufen müssen, auf Bodenbelägen ohne Reliefstruktur Beschwerden bekommen, wieviel mehr muß das der Fall sein bei Kindern, die nicht von Berufs wegen, sondern aus Gründen der Entwicklung ihres Organismus auf Laufen, Tanzen, Hüpfen angewiesen sind! Von Entwicklungs wegen? Ja! Eine völlige Verkennung der Funktionen des Fußes, seiner Anatomie, seines Skelettsystems, seiner Sohle und der damit verbundenen Erfahrungsqualitäten für die Gesamtreifung des jungen Organismus im besonderen und eine skandalöse Ignoranz hinsichtlich der peripheren Prozesse des Gliedmaßensystems des kindlichen Organismus haben dazu geführt, daß der

Schulbau die Erfordernisse des entsprechenden Prozeßbereichs auf dem Hochaltar des Reinigungsetats opferte und daß überhaupt gar nicht erst ins Blickfeld geriet, in welchem Maß und Umfang und in welcher physiologischen Tiefe das Kind primär ja nicht durch den »Kopf« lernt, sondern durch die Rhythmik und Bewegungsgestik seiner Glieder und durch das System seiner Sinne. Das Bewegungs- und Sinnessystem aber bedarf, um sich in seinen Prozessen und Funktionen zu verwirklichen, der Herausforderung durch vielheitliche und angemessene Zustandunterschiede. Es bedarf der Spannungsfelder und Potentialgefälle, die – um ein Beispiel, und zwar ein fundamentales, zu nennen – beim *Licht* in der Lichtführung und -formung *ein wanderndes, instabiles* (nicht konstantes) Hell–Dunkel-Gefälle sowie tonige und farbige Differenzierungen gebieten.

Ein weiteres – ebenfalls entscheidendes Beispiel: die Klimatisierung. So wie man heute üblicherweise die Klimatechnik versteht und handhabt, zwingt sie Kind und Lehrer in Räume, denen biodynamische Spannungen thermischer, bioelektrischer, hydrogener und sonstiger Art nicht nur fehlen, sondern die deren Reste noch bis zur Erschöpfung abbauen. Hierzu einiges Nähere: Die derzeitige Klimatisierung sieht ihr Ziel erreicht, wenn sie konstante (gleichförmige) Verhältnisse in den genannten Kategorien herstellt. Konstanz aber legt den Regelmechanismus des Organismus lahm. Wobei zu bedenken ist, daß der Organismus als »Zellstaat« überhaupt nur lebt in und von der Dynamik eines thermischen Mosaiks. Betreibt der Mensch eine sitzende Tätigkeit in konstant klimatisierten Räumen, so staut sich seine Körperwärme. Er reißt – wenn überhaupt möglich – die Fenster auf. Damit verwirbelt er aber die Zuluft mit der verbrauchten Luft, es kommt zu einem Staub- und Bakteriengemenge; erst recht wenn die Grenzfläche der Räume aus Kunststoffen bestehen, die Bakterien an sich ziehen. Die notgedrungen herbeigeführten einseitigen Abkühlungen verursachen rheumatische Erkrankungen. Wie andererseits ein unter angemessenen Verhältnissen lebender Organismus einseitige Entwärmungen durch rasche Verteilung über den ganzen Körper auszugleichen vermag. Ein solcher Geschwindausgleich wird durch eine spezielle Steuerstelle im Gehirn geleistet, die die gleichmäßige Durchblutung aller Hautsegmente herbeiführt, damit sie die Hauttemperatur symmetrisch zur Wirbelsäule um den gleichen Wert verändert. Diese Ausgleichsfähigkeit wird bereits wirksam, wenn eine Hand 3 Sekunden in Wasser von 12° getaucht ist.

Das Elektrodermatogramm, das durch Messung der elektrischen Hautleitfähigkeit des Körpers Rückschlüsse auf die Funktionen des vegetativen Nervensystems zuläßt, zeigt in alarmierender Weise, wie sehr dieses Funktionen bei einem Kind schon nach kurzem Aufenthalt in den als »modern« gepriesenen Schulanlagen mit ihren Glasfronten, ihrer rein quantitativ bewerteten Belichtung, ihrer Thermotechnik gestört sind. Während nämlich die elektrischen Haut-Engramme bei einem Aufenthalt im Freien oder in biologisch angemessen konstruierten Raumverhältnissen eine beiderseits der Wirbelsäule symmetrisch aufgebaute Figuration darstellen, bietet bei einem Schulkind schon nach wenigen Stunden Lernzeit in unseren modernen Unterrichtsanstalten das Hautleitliniensystem rechts und links der Wirbelsäule kein symmetrisches Bild mehr, sondern ein wild asymmetrisches: ein untrügliches Zeichen dafür, daß die symmetrischen Ausgleichsprozesse tiefgreifend verzerrt sind. Derartige mikroklimatischen Fehlregulationen sind die Quellen jener zahlreichen sich immer stärker häufenden physischen Erkrankungen, die die Mediziner vor Rätsel stellen. Zur Verhütung dieser Fehlregulationen gibt es jedoch im Rahmen einer bioklimatischen Umweltformung Abhilfen technischer Art – System des Physikers Holger Lueder – Winterthur. Als deren spezifische sind zu nennen:

Zunächst ist zu unterscheiden zwischen einer Temperatur, die von wärmestrahlenden Körpern ausgeht, der Strahlungs-Temperatur, und der Lufttemperatur. Es kommt darauf an, zwischen beiden eine dem menschlichen Organismus angemessene Unterschiedlichkeit herzustellen. Eine Strahlungstemperatur von 23° zu einer Lufttemperatur von 16° ergibt ein Klima, das sich u.a. darin auswirkt, daß es zu einer selbsttätigen Schleimhautbefeuchtung kommt, die andernfalls schwer beeinträchtigt ist. Ferner sind geboten: Fußbodenheizung und aktive Deckenkühlung. Abdrängen der verbrauchten Luft. Filterung und Ozonisierung der gleichzeitig und ununterbrochen eingeführten Zuluft. Künstliche Einmischung leichtbeweglicher, negativer Sauerstoff-Ionen. Antistatische Behandlung aller Kunststoffe. (Nebenbemerkung: Wenn schon Computer durch die elektrostatisch aufgeladene Synthetik-Kleidung der Techniker gestört werden – wieviel mehr ein lebendiger Organismus...) Vermeidung aller Blendwirkung. Weiche und zugleich bewegte (wandernde) Hell–Dunkel-Übergänge. Tragen von Woll- und Baumwollwäsche.

Diese Zusammenhänge sind hier deswegen ein wenig ins Detail skizziert, weil nur auf diese Weise – abgesehen von den praktischen Konsequenzen – anschaulich wird, was durch Aufstellen noch so gründlich fundierter Thesen letztlich doch in der Luft hängenbliebe oder gar fragwürdig sein würde. Andererseits ist bei dieser Detailskizze nur auf zwei Elemente einer schulischen Biosphäre Bezug genommen – Boden und Mikroklima. Und auch das nur andeutungsweise. Es würde langer Abhandlungen bedürften, um nur einigermaßen die Themenkreise Sicht, Auge, Organismus, rhythmische Bewegungsführung und Raumform so darzustellen, daß daraus der *organlogische Kanon* für eine pädagogisch fruchtbare Umweltform im architektonischen Sinne abzuleiten wäre. Das wäre technisch nicht nur möglich, sondern in dieser Entfaltungsrichtung, die der Durchbruch der Technik zur Anthropotechnik ist, erfüllt sich überhaupt erst der Sinn der Technik. Aber es geschieht nicht. Was geschieht, ist die Paralyse der Technik; ist ihre Selbstvernichtung.

Hierzu, neben der Umweltverseuchung, die Schlagzeilen macht und Illustrierte füttert, ein eklatantes Beispiel. Hier geht's nicht um Umwelt-, sondern um Inwelt-Zerstörung, die lautloser vor sich geht, jedoch noch wesentlich tiefer greift, und deren Opfer stumm sind: nämlich die Kinder.

Anfang 1967 wurde in Haarlem (New York) eine neuerbaute Schule in Dienst genommen, bei der durch Zusammenwirken »bester Absichten« einerseits und einer skandalösen Ignoranz hinsichtlich der fundamentalen physiologisch-neurologischen Prozesse des menschlichen Organismus im allgemeinen und der postnatalen Entwicklungsbedingungen des Kindes andererseits eine Schule als »weiße Hölle« oder eine weiße Hölle »als Schule« realisiert wurde: kein Tageslicht, auch nicht durch die kleinste Ritze, weder in den Klassen und Fluren noch im Treppentrakt oder den Aufenthaltsräumen. Als Auslauf nur Flure. Alle Wände bis zur Decke weiß gekachelt. Spiegelglatte PVC-Böden. Vollklimatisierung durch Addition biologisch und physiologisch absolut negativer Faktoren. Ausschließlich – in permanenter Konstanz – schattenlos geführtes überhelles (2000 Lux!) Leuchtstofflicht. Nirgendwo Farbe (und wenn, dann monochrom). Keine Pflanzen – sie würden eingehen. Begründetes Argument? Es unterscheidet sich nicht vom Vokabular der Brathähnchen- und Eier-Industrie; nämlich wie dort Konzentration auf das quantitative Maximum von Fleisch und Ei, so hier, in den Lernanstalten: durch zwanghafte Konzentration auf den Lernstoff maximale Lernleistung. Ausschaltung von jeder Art »Ablenkung«.

Folgen: Entwicklungsstörungen bei den Kindern, Phobien, Neurosen. Aggressive Ausbrüche. Rätselhafte Organdefekte. Haltungsschäden usw. Psychische und physische Erkrankungen bei Lehrerinnen und Lehrern. Nach langer vergeblicher Klageführung von Eltern – (es handelt sich überwiegend um Farbige, die in dieser Schule einen heimtückischen Angriff der Weißen argwöhnten) – und den Lehrern von seiten der Behörden: kostenlose Glutaminverabreichung. Dem Besucher stellte sich angesichts der Kinder und Lehrer unausweichlich die Assoziation von Leichenschauhaus, mehr noch: von Auschwitz in subtiler Form, ein. Wir haben keine Veranlassung, darüber den Kopf zu schütteln. Denn unter dem Aspekt des Prinzipiellen unterscheidet sich unser Modus des Schul- und Kindergartenbaus, unsere Kenntnis vom kindlichen Organismus und der spezifischen Art seiner Lernfähigkeit nur dem Grad nach vom New Yorker Beispiel.

Angesichts der weltweiten und alle Lebensgebiete erfassenden Kommunikationsmittel fragt man sich: Wie ist diese anthropologische Ignoranz erklärbar? Dieser blinde Fleck, sobald es um den Menschen, insbesondere das Kind, nicht in einem ideologisch fixierten Sinn als Repräsentant, Funktionär oder Konsument einer irgendwelchen Gesellschaftsform geht, sondern um den Menschen in seiner physischen Konkretheit? Man könnte es doch wissen! Die Materialien dazu liegen doch massenhaft offen zutage! Man kommt z. B. nicht mehr um die Feststellung herum, daß das Licht von Leuchtstoffröhren von einer gewissen Dosis ab, die individuell verschieden sein kann, karzinogen ist (vergl. R. Diethelm »Schweizer Medizinische Wochenschrift« – Bd. 100, S. 1159). Eine Erscheinung, die noch nicht einmal der eigentliche anthropologische Angriffspunkt ist. Der eigentliche Angriffspunkt ist die nivellierende Konstanz. Wieso wird die Fülle derartiger Untersuchungsergebnisse in der Praxis, in der Baupraxis, nicht realisiert? Absolventen der Architekturklassen der Technischen Hochschulen haben kaum je etwas gehört von den Kardinalbedingungen menschlicher Lebensprozesse, d. h. menschlicher Erkenntnisprozesse. »Menschlicher Lebensprozesse« bedeutet menschlicher *ER-lebensprozesse* als der Bedingung der Entstehung und Entfaltung des sich selbst objektivierenden Bewußtseins des Menschen. Sie haben kaum je etwas gehört von der Struktur der Sinnesprozesse. Nie gehört, daß es nicht das Auge ist, welches sieht, sondern daß in der Gesamtheit seines Organismus der Mensch selbst der Sehende ist. Der tiefste Grund für diese menschenkundliche *Agnosie* ist das auf Effektivität projizierte Denkmodell vom Menschen, das sich auf einer niederen Ebene als nacktes Commerz- und Karrieredenken auswirkt.

Ist die hundertjahrewährende Ignoranz und Mißachtung in Fragen der Zerstörung der Biosphäre des Erdkörpers, obwohl noch verstehbar, schon skandalös, so ist der heute industriell betriebene anthropologische Raubbau, weil Uniformiertheit nicht mehr entschuldbar ist, etwas viel ernsteres: es ist der klinische Zustand derjenigen, die ihn begehen. Sie können nicht mehr anders. Ihre Denkstrukturen und -abläufe sind ebenso monoklin wie die Effektivitäten, die sie produzieren und postulieren. »Sie wissen nicht, was sie tun.«

Das nicht-monokline, das sphärisch weite, das globale oder universale Bewußtsein, die »Bewußtseinserweiterung«, welche die Drogenverteidiger herbeiwünschen: es basiert auf einem neu gewonnenen Verhältnis des Menschen zu seinem Leibe: Jedoch, dieses neue Leibverhältnis ist nicht etwas erst zu Erzeugendes, sondern es ist die immer schon gegebene Verfassung des Frühkindes. Diese Seinsverfassung ist es, die es zu hüten und zu fördern gilt. Hier hat das Goethe-Wort: »Was wollt ihr tun? Seht, es ist alles getan!« seine spezifische Gültigkeit.

Zu dem Haarlemer Beispiel von 1967 ein in Deutschland nachgezogener Parallelfall: Im Oktober 1970 stand in Neu-Isenburg (Kreis Offenbach) die erste »Fensterlose Schule in der Bundesrepublik« vor der Vollendung. Die Eltern sagten ihr den Kampf an. In Protestversammlungen kündigten sie an, ihre Kinder dieser Anstalt fernzuhalten. Argument der Bauherrn (Architekt Professor Fesel, TH Darmstadt): Die Grundschule ist deshalb nur mit Kunstlicht ausgestattet, um den Kindern das Lernen durch Ausschaltung von Umwelteinflüssen nichtoffizieller Art zu erleichtern. Die Fallgeschwindigkeit derartiger biogener Paralysen beschleunigt sich im selben Maße, wie die ökologisch und menschenkundlich entfesselte Technikkurve hochschnellt. Obwohl gleichzeitig die Erforschung der Kausalzusammenhänge einer solchermaßen verratenen und mißbrauchten Kindheit mit der Drogenverfallenheit und der Kriminalität Jugendlicher, deren enge Verflochtenheit immer alarmierender verdeutlicht. Was nützen Appelle an die Veranstalter? Nichts. Nicht etwa, weil böser Wille sie beherrscht, sondern weil nicht ausbleibt, als Täter solcher Veranstaltungen auch deren Opfer zu sein. Die Denkprozesse werden offiziell monoklin … die logischen Verknüpfungen reduzieren sich auf die Formel A = A, was vollkommen richtig, aber auch vollkommen sinnlos ist: Wenn es hell ist, ist es hell; ergo: 2000 Lux konstant; wenn es warm ist, ist es warm; ergo: Lufterwärmung. Will ich die Information X mir aneignen, beziehe ich mich auf X und nur auf X. Es gibt nur den direkten Bezug. Anders, um es kurz zu fassen, der Organismus: Der Direktbezug ist für ihn irreal. Beispiel: die Seh-Bewegung ist kein punktuelles Fixieren, sondern ein sphärisch-antagonistisches Schweifen; und sie ist nicht konstant, sondern rhythmisch. Usw. – usw.

Das bisher für die schulische und vorschulische Kindwelt Gesagte gilt nun nicht nur für diesen Bereich, sondern erst recht für Fabriken, Warenhäuser, Büros. Umgekehrt, die dortigen parabiologischen Praktiken sind – mit geringen Ausnahmen – auf den Schulbesuch übertragen worden.

Nicht mehr in Frage gestellt wird als Basis der Pädagogik die Notwendigkeit, gegebenenfalls unter Abwehr von Informationsmassen die elastische Lernfähigkeit, die dem Frühkind *organhaft* eignet, gegenüber einer permanent sich ändernden »Welt« zu erhalten, zu steigern, fortzubilden. Die Lernfähigkeit ihrerseits aber ist kein *Element von Information*, das übertragbar wäre, sondern sie ist diejenige physiologische elastische Energie, die den vorgeburtlichen Aufbau des Organismus in Antrieb und mehr noch in Abbremsung steuerte und die als Spiel im nachgeburtlichen Menschen weiterschwingt – falls sie nicht generell bis auf den heutigen Tag und weltweit durch Fehlregulation zunichte gemacht wird.

DIE EINHEIT VON INWELT UND UMWELT

Rundfunkvortrag
gesendet am 25.4.1971
im WDR Hörfunk, 1. Programm
Sendereihe »Die Stille Stunde«

Abschrift des handgeschriebenen Manuskripts

Kurzfassung:

Eine »Umwelt an sich« gibt es nicht. Sie ist Spiegelbild der menschlichen Inwelt. Umweltsanierung kann nicht in dem Sinn verstanden werden, wie man ein Auto repariert.

Der Mensch selbst muß sich ändern. Das wird aber nicht bewirkt durch Appelle an Einsicht und Willen.

Die regenerationsfähige Vernunft waltet konkret als physische Eigenschaft des Kindes, das bis ins fünfte Lebensjahr als postnataler Embryo zu betrachten ist.

Der Autor gibt eine Methode an zur »Mobilisierung der embryonischen Energie«. Sie manifestiert sich in der Entwicklung der Technik zur Anthropotechnik. Er bezeichnet die Methode als den »Goetheschen Weg«.

Meine sehr verehrten Hörerinnen und Hörer – um gleich eingangs bei der Nennung des Themas von der Einheit von Inwelt und Umwelt mit der Tür ins Haus zu fallen und um das Ergebnis der folgenden Überlegungen vorwegzunehmen:

Inwelt und Umwelt sind keine Gegenstände, auf die sich Denken und Handeln beziehen könnte – etwa von der Art, wie man sich auf ein Auto, ein Möbelstück oder Haus und Hof beziehen könnte. Aus diesem – allerdings noch näher zu erläuternden – Grunde kann auch keine Abstimmung, kein Zusammenklang oder – wie man heute sagt – keine Integration von Inwelt und Umwelt als Effekt von Denken und Wollen zustandekommen. Unter »Inwelt« verstehen wir hier den Menschen als Individuum und unter Umwelt, was an ihn angrenzt und von außen auf ihn einwirkt. Wobei das Außen so weit gefaßt ist, daß es Natur und Gesellschaft umspannt.

Der Hebel zur Inwelt wie zur Umwelt mit dem Ziel, beide zu einem Funktionsganzen zu verbinden, ist jenseits aller durch Planung zu erreichenden Zustände anzusetzen. Das klingt reichlich absurd. Denn, so kann man sagen: Was bleibt denn übrig, wenn alle Art planendes Handeln versagen soll?

Die Antwort auf diese Frage lautet: Jenseits des durch Planung Erreichbaren und jenseits des in die Zukunft Projizierten liegt das *Diesseits* des absolut Konkreten. Liegt das immer schon Geleistete; liegt das, was es nur zu erkennen gälte, damit es wirklich sei, wirklich als etwas, das als Gegenwärtiges alles Künftige in sich birgt, etwa wie eine Eichel den Eichbaum in sich birgt... Das längst Geleistete, angesichts dessen das unverständliche Goethe-Wort sich meldet: »Was wollt ihr tun? Seht, es ist alles getan.«

Das absolut Konkrete, Längstgeleistete zu sehen, um an dessen Wirklichkeit mittels Plan und Tat nicht anders beteiligt zu sein wie ein Gärtner, der seine Pflanzen wahrnimmt in der seltsam aufschließenden Doppelbedeutung des Wortes von der Wahrnehmung als eines Bemerkens und als eines Versorgens und eines Dienstes: Dieses Wahrnehmen des Konkreten soll das wie ein Werkzeug zu handhabende Ergebnis der folgenden Bemerkungen sein.

Wir leben, was Inwelt und Umwelt angeht, eingestanden oder uneingestanden, in einer Torschlußpanik, die nicht mehr lokal einzugrenzen ist. Sie ist weltweit. Darüber kann der bemühte Eifer, mit dem Analysen und Diagnosen über die beiden Komplexe angestellt werden, nicht nur nicht hinwegtäuschen; er bestätigt, ja, er fixiert sogar die Panik. Die dadurch entstehenden Modebegriffe, Stichworte und Parolen machen bereits einen Katalog gut verkaufbarer Markenartikel aus.

Wir zählen einige auf, nur um uns die Landmarken unseres Themenkreises und Stoffgebietes so vor Augen zu führen, damit wir vor dem Gedanken gefeit sind, es könne sich um Spekulationen handeln. In der Rubrik »Umwelt« wimmelt es von Schlagzeilen wie: Zerstörung der Biosphäre des Erdkörpers. Verbleiung der Meere. Versumpfung der Binnengewässer, Quecksilber in Fischnahrung. DDT im Säuglingsgewebe. Vergasung der Atemluft. Aussterben ganzer Tiergattungen usw. usw.

Unter dem zur »Umwelt« komplementären Begriff der »Inwelt« verstehen wir des Näheren die physischen, psychischen, mentalen, moralischen und sozialen Seinsebenen des Menschen als Individuum und als Gattung.

Wie lauten hier die Feststellungen und Warnungen, die ebenfalls begonnen haben, Schlagzeilen zu machen und Markenartikel zu werden:

Konflikte ohne Überwindungsansätze – soziale, nationale, wirtschaftliche, politische, militärische, konfessionelle – Unfähigkeit zur Eindämmung *expansiver* Gewalten – unhemmbare Drücke, Schübe, Zwänge in Richtung eines allgemeinen Auseinanderfallens – wie bei einer Explosion – in die Höhe, Breite, Tiefe. Unkontrollierbare Veränderungen jahrtausendealter Seinsweisen menschlichen Miteinanders – Versiegen des Eros in Sex und Porno – verwaltete Welt – Versachlichung, Manipulierbarkeit. Die Kunst als Liquidator des Emotionalen – Verfall der Familie – was heißt Vater, was heißt Mutter, was Großvater, was Großmutter, was Onkel, was Tante, was Bruder, Schwester, Sohn, Tochter, Kind – jeder hat Angst vor dem anderen – die Eltern zumal vor den Kindern. – Um hier noch Bindungen zu sehen, muß man schon zu den Chinesen, den Negern, den Südländern, den Ausgebeuteten gehen. –

Wie geht's weiter in unserem Zeitkatalog? Konsumgesellschaft. Leistungsgesellschaft. Selbstmordgesellschaft, in der mehr produziert wird, als jemals verdaut werden kann, allein aus Zeitmangel. Dabei hat zwei Drittel der Menschheit überhaupt nichts zu verdauen. Statt Bildung Informations-Supermarkt. Was bleibt denen, die den ungeheuren Schwindel nicht mehr mitmachen wollen und können? Mehr und mehr der Absturz ins chemische Delirium.

Jedoch, schon während wir diese Stichworte mit ihrem Alarminhalt, diese Kassandra-Rufe aus allen Windrichtungen aufsagen – und um dies zu demonstrieren, tun wir es –, haben sie etwas einschläfernd Monotones.

Sie rütteln gar nicht auf. Sie haben die merkwürdige Eigenschaft, nach einiger Zeit in ein Ohr hinein, zum andern herauszugehen. Damit erfüllt sich ein Gesetz, dessen Minus- oder Kontraeffekt wir durch die ganze Geschichte der Menschheit beobachten können. Alarme verhallen. Warnungen fruchten nichts. Im Gegenteil: Sie stumpfen ab. Mehr noch: Sie reizen zu einem »Nun erst recht.« Schocks (und wir haben eine Art »Kunst«, die sich als Schockproduktion interpretiert) regen nicht auf. Sie erschließen nur einen neuen Markt. Angriffe wandeln sich in das, was sie angreifen.

Das Desaster, der Konkurs der Zivilisation hat den Kommunikationsmedien einen ganz spezifischen Kurswert und eine ganz spezifische, nur ihnen eignende, Wirkung verliehen.

Der Zusammenhang ist folgender: Die »Medien« sind sprachlicher Natur. Sprache ist ihr Element. Die Sprache wiederum ist das Merkmal des Menschen, das seine Erscheinung bestimmt und ausmacht. [Das ist] seine Besonderheit, die ihn abhebt von den Lebewesen, deren Verhalten durch die substantiell einprogrammierte Erfahrung der langen Kette ihrer Vorfahren bestimmt ist. Mit dem Menschen hat die Natur das Experiment riskiert, die substantielle Einprogrammierung der Vorfahren-Erfahrung abzubauen zugunsten eines ganz anderen, neuen Evolutions-Prinzips: Sie bietet die Erfahrungen der Entwicklungsgeschichte dem Menschen durch die *Sprache* an. Er handelt nun nicht mehr automatenhaft, sondern in einer sprachgesteuerten Bewußtheit. Das Prinzip der substantiellen Vererbung ist abgelöst durch das kulturelle Prinzip. Damit ist die Frage nach dem Fortbestand, nach der Fortentwicklung, der Evolution der Gattung Mensch – und darin liegt das Risiko, das die Natur mit dem kulturellen Evolutionsprinzip eingegangen ist – eine kulturelle Frage.

Die kulturelle Frage nun wiederum reduziert sich auf die Frage der Bildung; sie erweist sich als eine – im weitesten und tiefsten Sinn – pädagogische Frage. Die besondere Wirkung der »Medien« – von der wir sprachen – liegt darin, daß durch sie die Frage nach dem biologischen Fortbestand der Menschheit zurückgeführt wird auf ihren Kern: auf die Pädagogik. Das heißt: auf die Methodik, durch die der Mensch mittels des kulturellen Elementes in dem Sinne zum Mensch wird, wie Pflanze und Tier durch ihr genetisches Programm diese Pflanze und dieses Tier, diese Palme und dieser Vogel wird.

Wie lauten nun hier die Losungen und Lösungsangebote, die Appelle und Projekte und Prognosen? Wir zählen einige auf, absichtlich deswegen, weil bereits ihre sprachliche Fassung eine besondere Art der Ratlosigkeit deutlich macht: die Ratlosigkeit vor einem Zuviel an Angeboten.

Allem voran: antiautoritäre Erziehung. Im Sog dieses Schlagwortes beginnt auch Pädagogik eine Art Heimsport zu werden. Neills Summerhill-Bericht erreichte in kurzer Zeit die Halbmillionen-Auflage. Die Themen Bildung, Erziehung, Autorität ja oder nein treiben üppige Blüten im Wald der Illustrierten, Zeitschriften, Magazine. Wäre jedoch bis in die Slogans der Verlagswerbung hinein nicht Torschlußpanik zu spüren, so könnte es scheinen, daß der optimistische Glaube der Aufklärung an die Erziehbarkeit des Menschen durch *Zielsetzungen*, welcher Art immer, zu einem höheren Vernunftwesen neu erstanden wäre – diesmal in der Perspektive einer computergesteuerten Programmierung von Informationsmassen.

Dabei stellt man sich anscheinend Bildung als Effekt schnellen und umfangreichen Konsums von *Information* vor. Und tatsächlich ist es der Begriff der Information, an dem sich eine täglich zunehmende Fülle korrespondierender Begriffe ankettet.

Daß die Vermittlung von technischen Daten im wesentlichen eine Sache von Information ist, liegt auf der Hand und ist unbestreitbar. Und daß technische Information auf perfekte technische Weise zu leisten ist und daß dieser Anspruch in dem Augenblick, in dem er erhoben wird, auch bereits erfüllbar ist, liegt ebenfalls auf der Hand. Mit Lernprogrammierung, Medienverbund und dergleichen ist die Technologie von Unterricht und Ausbildung unter dem Druck von Interessengruppen, deren einziger Maßstab die Effektivität ist, bis zur Praxisreife vorangetrieben. Jedoch, sobald der Begriff »Ausbildung« in die Nähe des Begriffs »Bildung« gerät; sobald gegenüber der Kategorie der Zwecke die Frage nach dem Zweck der Zwecke, sobald nach dem Sinn des ungeheuren, sich selbst verschlingenden Aufwands erhoben wird, wird deutlich, daß man sich zwar über die Mittel und Wege des künftigen Unterrichts klar ist; daß man jedoch darüber, *was* nun vermittelt werden soll und wo die Kriterien liegen, entweder blind umhertappt, sich in endlosen Diskussionen und Verzögerungstaktiken erschöpft, oder umgekehrt allzu genau weiß, was zu machen ist; daß man Rezepte hat und Ziele, die durchzusetzen sind.

Sehr einfach und eindringlich drückte um die Mitte des vorigen Jahrhunderts der Begründer der amerikanischen Berufs- und Fachschulen die Kontroverse zwischen »Bildung« und »Ausbildung« aus – in einer Losung, die er in Stein über dem Eingang der Schulen einmeißeln ließ:

> »Hier gilt es, aus Menschen nicht Fachleute;
> sondern aus Fachleuten Menschen zu machen.«

Genau dies ist der Punkt, an dem wir auch heute stehen. Mit dem einzigen Unterschied, daß die Hochentwicklung der mit Psychotechnik gekoppelten Kommunikationstechnik die Frage nach dem WAS, nach dem Eigentlichen der Bildung, nach dem Wesen der Pädagogik bis auf den Grund von Sein oder Nichtsein im *biologischen* Sinn getrieben hat.

Daß Pädagogik sich heute so gut verkauft, daß Bücher wie »Eltern lernen die neue Mathematik« ebenso wie der Summerhill-Bericht zu Bestsellern wurden, hat eben seinen Grund in dem nun schon nicht mehr dumpfen Gefühl, denn nun wird's handgreiflich, Fensterscheiben klirren, Schüsse fallen, Bomben explodieren, es gibt Tote – in dem ziemlich wachen Gefühl, daß es sich bei der Bildung und Bildungspolitik nicht um eine

Papierblumendekoration handelt, sondern um diejenigen materiell-physischen Elemente der Spezies Mensch, die sein Existieren auf diesem Globus verbürgen; auch nicht mehr so, daß diese Sache den Einzelnen privat nicht weiter berühre, sondern so, daß sein privatestes Leben dadurch aufgerissen und sein Intimstes zerrissen wird ... mit einer Sprengkraft, die nicht mehr, wie noch vor zwei, drei Generationen, aus sozialen Blickwinkeln zu sehen ist, sondern die von grausamer physischer Direktheit ist.

Vergiftung der Nahrung, Zerstörung der Biosphäre – vor zwei, drei Generationen noch als Professorengefasel belächelt – und heute? Dieses in so materieller Weise verdorbene Heute zeigt seine Zähne verblüffendermaßen gerade dort, wo man es am wenigsten vermutet, im kulturellen Bereich, in der pädagogischen Dimension als der Halsschlagader seiner Beute: Die Jugend läuft der Effektivitätsgesellschaft davon oder kehrt sich gegen sie.

Nun: Was ist zu tun? Kategorische Antwort: Zu tun ist das bereits Getane. Es wurde bereits gesagt, und es soll nun erläutert werden. Es soll erläutert, nein: es soll erfahrbar gemacht werden, daß einzig das Tun des Getanen die Gültigkeit des Wirklichen hat. Es soll gezeigt werden, daß einzig am Anfang anzufangen ist, und es soll einsichtig werden, daß es nur *eine* Konkretheit gibt – den Anfang. Und daß alles Planen und futurologe Unterfangen, das nicht die Zukunft im Anfang, das nicht das Künftige in dem suchte, was im Zustand des Keimens und Kommens ist, in ein Vakuum stößt.

Was aber ist das im Kommen begriffene Anfängliche im Bereich des Menschseins? Was ist es in Konkretheit anders als die gerade in diesem Augenblick geborene Generation? Was ist es anders, als die Gattung Mensch im Zustand ihrer Ankunft in diesem Augenblick, diesem Jetztpunkt im Strom der Zeit, im Zustand der Keimung und Keimkraft, des Kindseins – also der Kinder aller Welt?

Dieser auf der Hand liegende triviale Sachverhalt sollte des Rätsels Lösung enthalten? Alle unsere heißgelaufenen Spekulationen sollten hier wieder Boden unter die Füße bekommen? Hier also sollte Ereignis sein, was keiner planenden Zielsetzung gelänge: Inwelt und Umwelt als ein sich fortentwickelndes Funktionsganzes? Hier sollte gelungen sein, woran alle moralische und intellektuelle Anstrengung mit der Schlußfolgerung scheiterte, daß der Zusammenbruch von Inwelt und Umwelt prinzipiell nicht durch Appelle an die Vernunft, nicht durch Beschwörung der Gewissen aufzuhalten sei. Mit der absurden Konsequenz, daß die Ordnung der Welt, die Schöpfung des Friedens, die Balance der Gegensätze, der Ausgleich der Spannungen grundsätzlich nicht eine Sache von Können und Leisten ist. Sondern?

Wir werden sehen…

Man sagt, die Moral hat mit der Steilkurve der Technik nicht Schritt gehalten. Sie ist unter der Versuchung der Technik, alles das mühelos und rasant zu erreichen, wofür man früher geschwitzt und geblutet hat, zusammengebrochen. Man sagt, die Vernunft ist durch den Verstand überrundet worden. Wäre nun die Moral ebenso ein Produkt von Leistung und Können wie die Technik, die ihr davonlief; und wäre die Vernunft ebenso ein System von Information und Schaltung wie der Intellekt, dann wäre der Schaden relativ leicht zu beheben. Durch intensive Schulung und vermehrte Information. Aber dem ist nicht so. Wie das Beispiel der Realität grausam zeigt. Im Gegenteil: Je mehr Schulung, Schock und Information, desto finsterer und kälter die Welt von Mensch und Natur. Desto ungehemmter die Gewalten der Wucherung.

Die Ordnung der Welt, die Organisation des Friedens, die Zügelung, Steuerung, Bremsung des Wuchernden ist nicht Effekt von Können und Leistung, sondern?…

Sondern ist die Eigenschaft eines *Seins*, ist das Merkmal eines Zustands. Natürlich eines menschlichen Seins und Zustands.

Wie ist dieser Zustand zu erreichen, das ist unsere Frage? Wo ist er zu finden? Er ist dort zu finden, wo er – wie schon gesagt – von Anfang an, ja, schon vor allem Anfang erreicht ist.

Derart, daß sich unsere Frage dahin verdichtet, wie sich zu verhalten sei, um das längst und immer bereits Erreichte, das stets schon Geleistete nicht zu stören oder zu zerstören.

Wo und was ist dieses Erreichte beim Menschen? Es ist als sein Anfang das Kind; nein, mehr noch und genauer: es ist das Kind als nachgeburtlicher Embryo und so lange und in dem Maße, als es dieser Embryo ist. Das heißt in höchstem Maße in den ersten vier Lebensjahren; danach in ständig abnehmendem Maße bis zur vollen Ausreifung der Großhirnrinde, etwa der Pubertät.

Zugespitzt formuliert: Will die Gattung überleben durch ein weltumspannendes System von Ausgleichsprozessen und beschränkenden Maßnahmen, durch die sich die Erdbevölkerung zu einem einzigen *globalen Organismus* ausgliedert, derart, daß jedes einzelne Individuum mit einem *globalen* Bewußtsein ausgestattet ist, dessen Hier und Jetzt zittert und schwingt in Resonanz des neuen Mensch-Erde-Wesens, so gibt es nur jene eine Möglichkeit, die die Versicherung der Verwirklichung radikal ausschließt: Das ist die Erhaltung der embryonischen Energie, in der sich der Organismus *vor* der Geburt aufbaute, während der ersten sieben Jahre *nach* der Geburt.

Damit erwiese sich das zu Leistende als das bereits Geleistete, nämlich als ein SEIN. Ein Sein in dem Sinne, wie das Netz der Spinne nicht eine Leistung der Spinne ist, sondern ein Akt ihrer Verwirklichung.

Im Entwicklungsstadium des Keims und des Embryo ist das Individuum Mensch ausgestattet mit der universalen Fähigkeit, alle raumzeitlichen Elemente seines Organismus, die Zellen und Zellverbände, die Organe und Organsysteme, wie der Dirigent eines riesigen Orchesters, zügelnd und anfeuernd zu einem Ganzen zu binden, das im Endzustand Dauer verleiht durch permanente Wiederholung seiner Anfangsprozesse bei permanenter Opferung des Gewordenen. Gewinnung der Gestalt durch unentwegte Störung des Gesicherten zugunsten des ungesicherten Anfangs.

Das Genie eines Stifters von Gemeinschaft und Gemeinwesen durch Begrenzung wie Anfeuerung vielheitlicher Interessen, das Genie eines weltumspannenden Organisators – der Embryo ist dieses Genie.

Der im Selbstaufbau, sprich: der in Selbstverwirklichung begriffene vorgeburtliche Mensch ist gesellschaftbildende Potenz in stärkster Ausbildung und von äußerster Verletzlichkeit. Wie kann die Gattung Mensch, wie kann die Gesellschaft sich dieses, ihr Genie erhalten, wie es sich verwirklichen lassen? Wie sich in ihm als ihren tast- und greifbaren, sicht- und hörbaren, beweglich bewegten Anfang bewahren und bewähren.

Hierzu einige wenige, aber entscheidende Hinweise.

Wenn wir die Helligkeitsschwankungen des Tageslichtes vom Morgen bis zum Abend in einer Linie darstellen, so bietet diese das Bild einer Schwingungskurve mit vielen Auf- und Abbewegungen. Das Licht, das sich das Auge schuf und das Auge, das sich das Licht schuf, ist – beides – ein rhythmisches Geschehen.

Der menschliche Organismus ist in seiner materiellen Dinglichkeit wie in seinen Abläufen ein rhythmisches System. Als dieses und auf diese Weise hat es sich von der ersten Zellteilung an realisiert.

Kein Organ bildet sich aus und legt sich an für eine in der Zukunft zu erfüllende Leistung. Für den Organismus gibt es keine andere Art Zukunft als die zur Gegenwart gebundene Vergangenheit. Organe entstehen nicht für Funktionen, sondern durch Funktionen. Das Adernetz bildet sich nicht, um das Blut zu kanalisieren, sondern das Adernetz ist ein Element des Blutkreislaufs. Das Auge, genauer: die Netzhaut, bildet sich nicht aus zwecks späteren Sehens in der nachgeburtlichen Zeit des Lebens, sondern es entsteht als drüsiges Organ des Hirnstamms, durch das das Sehen ein drüsensteuernder Prozeß der Hypophyse ist. Die so entstehende energetische Nervenbahn des Auges geht der Entstehung der optischen Nervenbahn, die zum Hirnhauptlappen des Großhirns führt, in dem Sinne voraus, wie dieses sich zeitlich nach dem Hirnstamm bildet. Das

Auge ist wie jedes Organ ein rhythmisches System, das zwischen Zustandsunterschiedlichkeiten pendelt, d. h. Ausgleichsprozesse vollführt. Es lebt in und von Potentialdifferenzen.

Der Entwicklungsgeschichte des Auges gemäß ist (in Konkordanz zu allen Organen) nicht das Auge, das sieht; sondern es ist der Mensch, der sieht. Es ist nicht das Ohr, sondern der Mensch, der hört. Es ist nicht das Gehirn, das denkt, es ist der Mensch, der denkt.

Wenn dem Auge des nachgeburtlichen Menschen das oszillierende Leben in Zustandsunterschiedlichkeiten *vorenthalten* wird, so ist es nicht das Auge, das davon betroffen wird, weil es das Auge, das Ohr, die Leber, der Mund usf. als solche *nicht* gibt, sondern es ist der ganzheitliche Mensch, der davon betroffen wird.

Ist es aber der Mensch als frühgeborener Embryo von vier, fünf, sechs, sieben, acht usw. Jahren, dem das periodisch differierende Lichtleben vorenthalten wird, so ist die damit ausgerichtete Wirkung ein paralysierender Angriff auf den Organismus im Ganzen und als Ganzes. Es kommt hinzu, daß – wie wir von Blinden, von Tieren und Pflanzen wissen – nicht nur das Auge lichtempfindlich ist, sondern auch die Haut. Wobei zu bemerken ist, daß ohnehin alle Organe aus den Bewegungen von Hüllen und Häuten entstehen. Während die Helligkeitswerte des Augenlichtes (sprich Sonne) eine schwingende Kurve beschreiben, zieht das Kunstlicht der Leuchtstoffröhren (genannt Neonlicht) durch seine Konstanz eine schnurgerade Linie. Das Kunstlicht ist konstant, a-rhythmisch, das aber heißt pararhythmisch.

Die Sonne wandert. Wenn die Wandmauer eines Raumes ein Loch hat, dringt das Licht der Sonne als ein wanderndes Lichtbündel in den Raum. Das durch die Augenlinse fallende Licht wandert als ein Lichtbündel, ein Lichtfinger über die Netzhaut. Wobei noch zu bemerken ist, daß das Linsenauge hervorging aus dem Lochauge. Womit die Analogie zum Urraum, der Höhle, auch im Sinne des Platonischen Höhlengleichnisses vollkommen ist.

Das wandernde Licht der Sonne ist ein organgemäßes Licht, ebenso wie das Auge ein organlogisches Glied des Lichtes ist.

Das bedeutet, daß die Lichttechnik ihren Weg als Technik erst dann beschritten hat, wenn sie ein organlogisches Licht produziert. Diesen Weg der Technik bezeichnen wir als deren Fortentwicklung zur Anthropotechnik. Von der sie wahrscheinlich so weit entfernt ist, daß sie die fortschreitenden Tiefschäden vor dem endgültigen »Zu spät« nicht mehr wird wettmachen können. Das aber soll uns nicht hindern, die Erscheinungsformen der Wirklichkeit anzuschauen und uns ihrer Gleichnismacht hinzugeben, wie sie in dem Wort des Christus zur Sprache kommt vom »Licht, das scheint in der Finsternis« und der Gleichnismacht seiner Brechung am Widerstehenden zur Farbe, zur Farbspirale mit ihrem kalten Blaupol und ihrem roten Warmpol.

Nein, das Zuspät soll uns nicht hindern. Es soll uns zu uns selbst bringen. Erst angesichts des Zuspät stehen wir Auge in Auge mit dem Absoluten, wo es nicht mehr erheblich ist, nach Zweck und Ziel zu fragen und zu handeln, sondern wo nur noch gilt, nach SINN und SEIN zu fragen und zu leben.

Das organlogische Kunstlicht würde sich erfüllen als eine über eine weitgespannte Leuchtfläche in Unmerklichkeit oder nur an den Grenzen der Wahrnehmbarkeit sich bewegende Hell–Dunkel-Schwankung. Damit würde der Rhythmik der Netzhaut, das heißt: des Organismus – und das wiederum heißt des ganzen Menschen – entsprochen.

In Harlem (New York) wurde Anfang 1967 eine Schule für anderthalbtausend meist farbiger Kinder in Betrieb genommen, die jeglichen Einlaß von Tageslicht zugunsten einer total durchgeführten Kunstlichtbeleuchtung ausschloß. Mit einem Helligkeitsgrad von 2000 Lux. Vergleichszahl: Die Zeit Rembrandts kam mit 60 Lux, die Goethezeit mit 130 Lux aus. Und diese enorme Reizüberflutung ist von absoluter Konstanz und Gleichförmigkeit relativ zur menschlichen Organrhythmik. Hinzu kam die Konstanz der Werkstoffe für Böden, Wände, Decken: PVC-Material.

Es stellten sich nach einigen Wochen schon schwere und schwerste Neurosen und Phobien bei den Kindern und bei den Lehrenden, besonders den Lehrerinnen, ein. Rätselhafte Erkrankungen, akute und chronische. Nach verzweifelten Protesten der Opfer verabreichten die Behörden schließlich kostenlos Glutaminpillen.

Im Herbst 1970 baute ein Professor der TH-Darmstadt mit der Schulbehörde als Auftraggeber im Kreise Offenbach eine ebenfalls fensterlose ausgehellte Schule. Der Professor heißt Fesel. Was geht in diesen Köpfen vor? Was geht in ihnen vor angesichts des Streiks der Eltern, die sich weigerten, ihre Kinder dahin zu schicken?

Die totale Ignoranz gegenüber Lebensprozessen und Organik versteckt sich hinter der höhnischen Entgegnung, technischer Fortschritt käme zunächst immer schlecht an.

Wäre unser Rechtssystem nicht errichtet auf der Basis des Besitzes und seines Schutzes, sondern auf der Basis des Lebens und seines Schutzes, so gäbe es die Verseuchung der Umwelt und die Paralysierung von Lebens-, erst recht nicht von Entwicklungsprozessen, nur im Bereich des Strafbaren.

Ein solches Recht haben wir nicht. Wir haben aber eine Informationsfülle und eine Medienbreite, die durch Untaten aus Ignoranz nicht mehr entschuldbar sind.

Wir haben nur dieses eine Beispiel gebracht, um getreu dem Gesetz, nach dem wir angetreten, aus dem Beispiel als einem Organteil das Ganze sich realisieren zu lassen; man kann auch sagen, darin zu reflektierender Spiegelung zu bringen. Die gebaute Kindumwelt in ihrer Gesamtheit und allen Bezügen (bei allen Kindergärten, Vorschulen, Schulen, Heimen, Kliniken) wäre in Konkordanz, ja, sogar zur Provokation von Prozessen aller Organbereiche zu konstruieren. Die Gesetze des Sehens, des Hörens, des Tastens, des Riechens, des Lernens zumal, das beim Kinde ebenso wie das abstrahierende Kombinieren nicht durch den Kopf »geschieht«, sondern durch die bewegte Gestik des Skelett-Muskelsystems, grob gesagt, durch Arme und

Beine, durch Hände und Füße. Die Erkenntnis Immanuel Kants: »Die Hand ist das äußere Gehirn des Menschen« wird von der funktionalen Embryologie (vergl. das epochale Werk von Blechschmidt – Göttingen) ausgewiesen als ein entwicklungsgeschichtlich begründeter Zusammenhang.

Komplementär zum Leistungsverbund Gehirn–Hand ist die Fußsohle das nach außen gekehrte vegetative oder autonome Nervensystem. Woraus sich ergibt, daß die Erlebensfähigkeit des Kindes, seine Erlebenslust und Wonne von der Fußsohle her ernährt wird, vorausgesetzt, daß sie nicht daran gehindert wird, den Boden, den sie begeht, zu spüren bis in die Tiefen der Geschichte seiner Substanzen, die sich in der Struktur oder Textur ihrer Oberflächen spiegeln – Stein, Holz, Keramik, Gewebe.

Hier, an der Fußsohle, legt sich Tiefe an Tiefe. Nur wo sich Tiefen berühren, ist Leben. Tiefen von Geschichte, Tiefen »lebend sich entwickelnder Form«, die Tiefen des vergehend sich Wandelnden, die Tiefen des Vergänglichen.

Konsequenz: Wie in Japan haben die Kinder beim Betreten ihrer Schul- und Spielwelt die Schuhe auszuziehen, auf Socken oder barfuß zu laufen, auf Böden, die ein Schicksal haben, das heißt: deren Geschichte sich im Relief ihrer Oberfläche bezeugt.

Wie der Muskeltonus zwischen Dehnung und Stauung, Plus und Minus oszilliert, so realisiert sich Leben kategorisch als ein Balancieren zwischen Zustandsspannungen. Eine Anthropotechnik wird hier ihre Koordinaten finden. Von Anbeginn an ist die Menschwerdung ein technischer Vorgang. Um es zu illustrieren: Das Sprach- und Musikgehör des Menschen hat sich ausgebildet, entwickelt, differenziert durch Instrumentierung des Gehörs. Das Gehör hat sich in den Musikinstrumenten (Trommel, Saiten-, Blasinstrumente) zum Werkzeug seiner selbst gemacht. Indem er seine Prozesse zu Gegenständen ihrer selbst macht, gelingt und gelangt der Mensch zum Menschen.

Das Gehirn instrumentiert sich im Computer, wie dieser das Ergebnis der sich maschinierenden Mathematik ist. Aber wehe, wenn es sich abschnürt von der embryonischen Energie, in deren Dynamik sich die Teile zum Ganzen fügen durch Nicht-Tun der katalysatorischen Wirkweise der Spurenelemente.

Wehe dem Denken, dem das Kind entfällt …

Immer eklatanter bewirken Planungen und Gesetzesprogramme, erst recht wenn Computer sie konstruieren, das Gegenteil des Erstrebten. Slums werden beseitigt durch Sozialsilos. Aber gesteigertes Elend entsteht, das Elend der Isolierung, der Vereinsamung. Neue Regierungen treten an, um Preise zu senken, die Produktion anzukurbeln, die Arbeitslosigkeit zu vermindern, Arbeit zu garantieren. Das Gegenteil wird erreicht. Erstaunlich, daß man die zwingend logische Struktur dieses Zusammenhangs nicht durchschaut und sich danach verhält.

Denn so,
wie man wird, was man verdrängt,
entschwindet, was man herbeizieht.

REALITÄT UND WIRKLICHKEIT

Eine Begriffsverwirrung und ihr Grund

Rundfunkvortrag
gesendet am 12.9.1971
im WDR Hörfunk, 1. Programm
Sendereihe »Die Stille Stunde«

Abschrift des handgeschriebenen Manuskripts

»Realität« und »Wirklichkeit« – es möchte aufs erste Hinhören scheinen, als wenn die beiden Worte das Gleiche aussagten. Dem ist aber nicht so. Im Gegenteil. Es gibt zwischen zwei irgendwelchen Elementen keinen so wesentlichen Unterschied zu denken als den zwischen Realität und Wirklichkeit. Man muß schlechthin von einem Gegen-Satz (im Sinne von Satz im Gegensatz) der beiden Weisen oder Verfassungen sprechen.

Das aufzuweisen – mehr noch: es in der Art erfahrbar zu machen, daß man entdeckt, es immer schon selbst, von innen her, gewußt zu haben, soll der Gewinn der folgenden Erinnerungen sein. Es soll keine Spekulation, die zur Stellungnahme für oder wider herausfordert, sondern etwas aus dem eigenen Inneren Erbrachtes sein, eben: Erinnerung.

Eigentlich sagen die Worte selbst schon, was sie bedeuten. »Realität« kommt von lat. res = die Sache. Wirklichkeit kommt von Wirken. Das erste ist etwas Abgeschlossenes, Verfügbares. Verfügbar wie etwa das Ziegelsteinmaterial, das ein Maurer am Rande des Bauplatzes gestapelt findet. Das zweite, das auf Wirken bezogene, meint nicht etwas Verfügbares, sondern etwas erst zu Erzeugendes. Es meint etwas, das noch nicht da ist, sondern das als ein Daseiendes erst hervorzugehen hat aus einem Prozeß, dem Prozeß des Erwirkens. »Real« bezieht sich auf etwas, was ist, »wirklich« auf etwas, das noch im Werden begriffen ist.

Einer Melodie gegenüber sind ja die Noten, aus denen diese komponiert ist, nichts als Sachen, die erst Wert gewinnen, wenn über sie verfügt wird, nicht irgendwie verfügt, sondern musikalisch von einem Musiker, einem Künstler. Das Reale verhält sich dem Wirklichen gegenüber wie die Einzeltöne eines irgendwelchen Tonsystems zur musikalischen Tongestalt.

Wie schon gesagt: mit einer Begriffsbestimmung als solcher ist nicht viel anzufangen. Im Sinne unseres Vorhabens, das ein Erinnern sein soll, gewinnt eine Definition erst dann Bedeutung, wenn sie mit uns etwas anfängt.

Es hat seine zeitaktuelle Bedeutung, es hat einen hohen Kurswert im Gedränge dessen, was uns der Tag abfordert, und es hat sein höchstes politisches Gewicht, uns des Satz–Gegensatz-Verhältnisses von Realität und Wirklichkeit derart bewußt zu werden, daß es etwas mit uns anfängt, ehe wir uns zutrauen dürfen, etwas mit ihm anzufangen. Wohl ahnen wir dessen Gegensatz, wir sind uns seiner aber nicht bewußt. Aber eben aus diesem Grunde werden wir mehr oder weniger steuerlos hin und her gestoßen zwischen den Forderungen, die uns wie zugeworfene Lasten aus der Realität bedrängen (wir nennen sie »Sachzwänge«) und den Schubkräften, die uns aus der Wirklichkeit Auftrieb geben könnten, falls wir uns der tiefbegründeten Unterschiede des Gleicherscheinenden von Realität und Wirklichkeit bewußt geworden wären.

Das Schlagwort »realistisch« klingt uns allerorts von morgens bis abends in den Ohren. Hauptsächlich aus dem Munde von Politikern. Gibt es überhaupt einen Politiker, der seine Vorstellungen und Absichten nicht mit dem Wort »realistisch« kommentiert? Oder mit der Wendung, die dasselbe besagt: »Man muß die Dinge sehen, wie sie sind«?

Es bedarf gar keiner besonderen analysierenden Anstrengung, wir fühlen es durchaus: Das Wort »realistisch« wird immer dann angewandt, wenn es gilt, ein Wagnis nicht anzutreten; ein Risiko nicht zu übernehmen. Negation ist gewissermaßen das Siegel, das unter all das gedrückt wird, was sich als realistisch begründet.

Jedoch, in dieser Negation – auch das sagt uns das bloße Gefühl – steckt auch etwas Positives. Ja, sogar, das Wirkliche ist wirksam und wirkend nur so lange und nur in dem Maße, als es sich mit seinem Gegensatz auseinandersetzt. Dadurch nämlich, daß es besagt: Sei vorsichtig. Laß die Finger davon. Prüfe erst. Diese Mahnung ist als Satz im Gegensatz das der Negation innewohnende Positive. Es ist der Wirklichkeitsanteil im Realismus. Ohne diesen wäre die Realität so irreal, wie ein Ei genetisch irreal wäre, wenn es nicht befruchtet wäre.

Um es zu wiederholen, weil wir durch Wiederholung der Sache näherkommen: Die Abtastung des Begriffs »realistisch« und seines Gegenparts nehmen wir nicht vor, um zu einer Definition zu kommen; sondern wir definieren, weil wir durch aufmerksames Abtasten der Unterschiede im Gleicherscheinenden und des Gleichen im Verschiedenen gewahr werden: Hier im vorliegenden Falle des Unterschieds zwischen dem scheinbar Gleichen von Realität und Wirklichkeit.

Was ich nämlich mit dieser definierenden Denkübung betreibe, ist in Wirklichkeit die den Denkvorgängen gemäße Abwandlung des Grundvorgangs, durch den ein Organismus sich von der Summe seiner materiellen Bestandteile unterscheidet, mit anderen Worten: durch den er ein Leben gewinnt und sich lebendig erhält: das Vermögen, Unterschiede im Gleicherscheinenden und das Gleiche im Unterschiedlichen zu erkennen, hat Wurzel im Vermögen des Organismus, gestörte Lagen seines Systems vor dessen Zerfall durch Ausbalancieren zu bewahren wie umgekehrt ungestört verharrende Zustandslagen mittels Eigenstörung vor Erstarrung zu bewahren; zugunsten einer rhythmisch schwingenden Ausgeglichenheit aller Prozesse. Das ist die organismische Wurzel des in der Begrifflichkeit vonstatten gehenden Vergleichens und Unterscheidens.

Hiermit sind wir auf den Zusammenhang gestoßen, der die Basis bildet, von der aus wir uns weiter vorwagen, von der wir operieren können: vom funktionalen Zusammenhang zwischen Denkprozessen und Organprozessen, zwischen Gehirn und Leib, zwischen Kopf und Körper, zwischen Sprache und Organismus – und letztlich, wie wir zu erfahren uns anschicken: zwischen Realität und Wirklichkeit.

Wenn wir uns das Zusammenspiel der Leibprozesse, die sich manifestieren im Ausgleichen von Störung und im Stören des Verharrens mit den Denkprozessen des Unterscheidens und Vergleichens zum Bewußtsein bringen, so ist dieses Sich-Bewußtmachen sowohl Mittel zum Zusammenwirken von Leib und Gehirn als auch dessen Ergebnis. Es ist unser Verhängnis, das Verhängnis der technischen Zivilisation überhaupt, daß dieser entwicklungsgeschichtlich bestimmte psychologische Zusammenhang aus unserem Bewußtsein herausgefallen ist. Denn da dieser Leistungszusammenhang nicht ein bewußter und bewußt kultivierter ist, ist er auch nicht mehr wirklich und wirksam. Leib und Gehirn, das vegetative und das Zentralnervensystem sind auseinandergefallen, und damit ist die Brücke zusammengestürzt zwischen Wirklichkeit und Realität. Zwischen Phantasie und Intellekt, zwischen Vernunft und Verstand. Was ist zu tun?

Um die Mitte des vorigen Jahrhunderts kam das geflügelte Wort auf: »Es würde alles besser gehen, wenn man nur ginge.« Damals schon scheint die Mahnung angebracht gewesen zu sein, mehr zu gehen. Und heute? ... Heute kommt sie zu spät. Die Entgehungsmedien wachsen unaufhaltsam – wie ein Karzinom. Der Zusammenhang zwischen vernünftigem Handeln und Gehbewegung wurde von den Urhebern dieser geflügelten Wendung nicht nur gefühlt. Er war – die Medizingeschichte belegt es – gewußt. Es war ein Appell an das Bewußtsein der Zeitgenossen.

Doch fahren wir zunächst fort im Abfragen des Organismus, da dessen Antworten alle unsere Zivilisationsprobleme aus der Wurzel ihrer Konkretheit behandelt, statt aus einer darauf bezogenen Theorie.

Beim Nervensystem, durch das im Organismus alles mit allem verbunden ist, unterscheiden wir einen vom Willen unabhängigen Bereich, den wir das unwillkürliche, das autonome oder vegetative Nervensystem nennen, und den vom Willen beeinflußbaren Bereich, den wir das willkürliche oder Zentral-Nervensystem nennen. Beide Bereiche sind aber – entgegen der gängigen Auffassung – beileibe nicht getrennt, sondern sie bilden ein wechselbezügliches, ineinander wirkendes Ganzes. So auch sind die Denkvorgänge, die sich als Schaltungen im Nervengewebe verstehen lassen, was ihre logischen Verknüpfungen angeht, ihre strukturelle Form, nicht zu trennen von den Steuerimpulsen, die vom Vegetativum ausgehen und die es ausmachen. Wenn wir der Abkürzung halber das Großhirn als das Denkorgan, den Leib als das Feld der vegetativen Nervenvorgänge bezeichnen, so verhalten sich die Anteile an der Nervensubstanz beider Komplexe wie eins zu zehn. Derart überwiegt das Vegetativum.

Wir wollen uns hier nicht des Näheren darüber verbreiten. Uns genügt im vorliegenden Zusammenhang, daß wir die Vorstellung, die Schaltvorgänge des Großhirns, die wir mit Intellektleistungen bezeichnen, seien hinsichtlich ihrer formalen Struktur und ihres Vollzugs-Musters autark und unabhängig vom Leib-Nervensystem, als falsch aufgeben.

Beispielsweise vermeinen wir doch, daß der Umgang mit Zahlen, das Rechnen, das mathematische Kombinieren überhaupt, eine ausschließliche und spezifische Fähigkeit des Intellekts sei. Dem ist aber keineswegs so. Im Gegenteil!

Beinahe wäre man versucht, auf den berühmten Fall der »Kalender-Idioten« hinzuweisen, wo zwei Vollidioten, die »nicht bis drei zählen« konnten, aber bis auf ein Jahrtausend und mehr vor Christi Geburt für jedes Kalenderdatum den dazugehörigen Wochentag angeben konnten – ohne jedwedes Nachdenken – wie ein Supercomputer. Nein, soweit wollen wir nicht ausholen. Wir bleiben beim nächsten und dem für jedermann Kontrollierbaren.

Allerdings, es war die Genietat eines Philosophen und Mathematikers, der dieses jedermann Kontrollierbare zu Bewußtsein brachte und zur Methode formte: der Grieche Pythagoras, 582 – 496 v. Chr. Durch ihn gelangte die Zahlhaftigkeit vegetativer, periodischer und rhythmischer Prozesse zu einer Erkenntnis von folgenschwerer Eindringlichkeit.

Da nun nicht ohne weiteres vorauszusetzen ist, daß jedermann wisse, worauf diese Entdeckung des Pythagoras beruht und was sie beinhaltet, hier einige Worte darüber; um so anschaulicher auch wird der wechselseitige Zusammenhang zwischen Leibnervenvorgängen und Zahl, zwischen Empfindung und Denken: Das experimentelle Werkzeug des Pythagoras war das Monochord, ein antikes Musikinstrument mit nur einer einzigen Saite. Und einem Resonanzkasten. Die Saite ist durch ein Gewicht oder einen drehbaren Stift zu spannen. Die Tonhöhe wird durch Verschieben eines Steges verändert. Pythagoras untersuchte die Gesetze der Saitenschwingungen, die im Gehör als wohlklingend empfunden werden. Das einfachste Zahlverhältnis, das als wohlklingend gehört wird, ist das von 1 zu 2. Der Ton, der bei einer gespannten Saite durch Anzupfen entsteht, bildet mit dem Ton, der dann entsteht, wenn die Saite angezupft wird, während der Steg genau in der Mitte steht, den wohlklingenden Einklang der Oktave. Das Verhältnis der Schwingungszahlen ist dann 1:2. Und eben das ist aufs genaueste hörbar.

Die Tonleiter bestimmt eine Auswahl von Tönen innerhalb einer solchen Oktave, angeordnet nach steigender und fallender Tonhöhe. Von den Intervallen zwischen diesen Tönen sind diejenigen, die durch einfache Zahlverhältnisse dargestellt werden können, besonders bedeutsam. So verhält sich in der Pythagoräischen Tonleiter das Intervall zum Grundton (also beim Ton der ganzen Saite)

bei der	Priem	=	1	:	1
bei der	Sekunde	=	9	:	8
	Terz	=	81	:	64
	Quart	=	4	:	3
	Quint	=	3	:	2
	u. s. w.				
bis zur	Oktave	=	2	:	1

Das Gehör ist zahlfühlig. Die Pythagoräische Entdeckung hebt den Schleier über dieses sein Geheimnis. Aber nicht nur das: Die Zahlfühligkeit des ganzen Organismus ist es, die sich im Gehör realisiert als Hören. Insofern aber, als alles Seiende von den Gestirnen bis zu den Atomen als zahlgesetzlich erkennbar wird, gewinnen wir für das, was im Gehör vor sich geht, folgenden Aspekt: Dadurch, daß die Zahlgesetzlichkeit des Universums gehört wird, hat sowohl der hörende Mensch teil am Universum als auch dieses an ihm. Es liegt ein Wechselbezug vor. Es ist gewissermaßen das Universum selbst, das sich in der Zahlfühligkeit des hörenden Menschen belauscht. Wie umgekehrt sich im Hören der Mensch als Universum erfährt und – verwirklicht. Der aktuelle Kern der Entdeckung des Pythagoras, wonach das Hören harmonischer Zusammenklänge zugleich ein Hören von Zahlgesetzlichkeiten ist, ist folgender: Die spezifische Eigenschaft des Großhirns, Denkvorgänge und Denkinhalte dadurch werkzeuglich anzuwenden und operativ einzusetzen und weiter zu entwickeln, daß es diese mathematisiert, ist eine Spiegelung der mathematischen Grundverfassung des Gesamtsystems des Organismus. Das Vegetativum ist die Basis des Abstraktionsvermögens. In letzter Konsequenz, die jedoch bis heute noch nicht gezogen worden ist, die vielmehr erst heute unter dem Problemdruck der Computertechnik zu ziehen begonnen wird, bedeutet diese Einsicht: Die Mathematik ist keine Geisteswissenschaft, sondern eine Naturwissenschaft. Sie kann – ebenso wie die Naturwissenschaft – keinen Wahrheitsanspruch erheben. Sie kann keine Sätze mit unbeschränkter Gültigkeit aufstellen – sofern sie den Anspruch erhebt, exakte Wissenschaft zu sein. Exakte Wissenschaft ist die mathematische Spiegelung des sich mitsamt seiner mathematischen Ordnung selbststörenden Vegetativums. Aus diesem physiologischen Grunde stellt sie in keinem Bereich Sätze von unbeschränkter Gültigkeit auf.

In Handspannenentfernung und in Richtung des Nasenrückens halte ich einen Zeigefinger vor die Augen. Wir visieren ihn erst mit dem rechten, dann mit dem linken Auge an. Dabei bemerken wir, daß er im Vergleich zum Hintergrund hin und her springt. Sehen wir ihn dagegen mit beiden Augen zugleich an, so sieht das rechte Auge ihn von rechts, das linke von links. Wir sehen also den Finger von zwei Seiten zugleich oder zugleich auf zweierlei Weise. Keine davon ist allein gültig. Gültig vielmehr wird der Anblick dadurch, daß das Auge die beiden Seitenansichten in der Art ausbalanciert, wie man auf einem Seil gehend das Rechts- und Linksgewicht des Körpers ausbalanciert. Dieses Balancieren ist die nervenphysiologische Grundfähigkeit des Organismus. Es käme darauf an, diese Balancierfähigkeit des Organismus auch und erst recht in dem seiner Funktionsglieder wirksam zu erhalten, durch das wir denken und handeln: im Großhirn. Und wie geschieht das? Durch aktive und methodisch aufrechterhaltene Verbindung von Leib und Gehirn mittels methodischer Entfaltung aller Leibkörperprozesse.

Bezeichnenderweise auf dem derzeit höchsten Punkt der steil hochschnellenden Kurve des technischen Fortschritts, der Astronautik, öffnet sich der Blick dafür, in welche Tiefen des Organismus und seiner Genesis die Senkwurzeln des Intellekts hinabreichen und hinabreichen müssen, wenn dessen Funktionen intakt bleiben sollen.

Wird der Leib um seine biogenetischen Grundprozesse durch technische Manipulation betrogen, so ist damit die funktionale Einheit von Leib und Gehirn, vom vegetativen und zentralen Nervensystem auseinandergebrochen und das Gehirn wird durch Auflösung der logischen Strukturen und durch Erlöschen der Denkinhalte denkunfähig. Das ist die Bilanz der Forschungen des Physiologen Karl Ernst Schöfer aus New Haven, USA, an den Veränderungen des Organismus im Zustand der Schwerelosigkeit.

Wird bei Schwerelosigkeit mittels Nichtinanspruchnahme der gegen die irdische Schwerkraft wirkenden Organenergien die physische Gesamtaktivität gedrosselt oder nach relativ kurzer Zeit außer Kurs gesetzt, so geht nicht nur die Bildung neuer Blutzellen und der Knochen-Muskelsubstanz galoppierend zurück, sinkt der Puls auf 50 oder schnellt hoch auf 140, gehorchen Arme und Beine der Befehlssteuerung nicht mehr, erleidet

Auge und Gehör Irritationen, streikt das Hormonalsystem – und vieles mehr, ja eigentlich nach und nach alles andere –, es geht auch die Zeitempfindung verloren und mit der zunehmenden Abschwächung der Zeitempfindung die auf dieser basierende kausale Schlußweise: Die Verknüpfung von Ursache und Wirkung verwirrt sich zu einem Knäuel von Halluzinationen, bis das Schaltvermögen des Großhirns endgültig zusammenbricht, nachdem es sich noch eine Weile dadurch über Wasser zu halten versuchte, daß es traininghaft eingeschliffene Schablonen fixierte.

Also: Ausgerechnet unter dem Druck der abstraktesten Intellektleistung, wie sie sich in der Astronautik manifestiert, werden wir zu der Einsicht gezwungen: Die Denkprozesse sind leibabhängig und leibgesteuert. Mathematik ist eine physiologische Kategorie. Und weil sie das ist, kann und will sie keinen Anspruch auf unbeschränkte Gültigkeit ihrer Sätze stellen. Nicht das Gehirn denkt, sondern der sich voll in seinen Organprozessen verwirklichende Mensch denkt. Und diese Prozesse vollziehen sich im Wagnis des Nichtverharrens.

Das ist es, was Einstein gegenüber Max Born mit folgendem Satz bekannte: »Immerhin kann ich mich auf kein logisches Element berufen, um meine Überzeugungen zu verteidigen, – es sei denn mein kleiner Finger, alleiniger und schwacher Zeuge einer zutiefst in meiner Haut verankerten Ansicht.«

Ähnliches lesen wir bei zwei anderen Genien abstrakter Theorienbildung, bei John von Neumann, der die mathematische Basis der Kybernetik schuf, und bei Erwin Schrödinger in seinem kleinem Buch *Meine Weltansicht*. Ohne Schrödinger wäre die moderne Physik ohne eine einheitliche Grundlage der Quanten und Atomtheorie.

Wohin steuern diese von unserem Thema »Realität und Wirklichkeit« scheinbar so abseits liegenden Beobachtungen? Fassen wir noch einmal zusammen. Die Denkprozesse des Gehirns, sofern sie wirkliches Denken sind, vollziehen sich nicht abgetrennt vom Gesamtorganismus. Erst im Steuer eines organismischen Gesamtgeschehens ist unser Handeln vernünftig.

Das Prinzip dieses Geschehens manifestiert sich innerhalb des Denkens vorzüglich darin, daß sie nicht stabil, sondern instabil sind. Sie sind elastisch; und zwar in zweierlei Richtung: einmal gegenüber einer sich unablässig ändernden Umwelt; zum anderen gegenüber sich selbst.

Elastizität, Balancierfähigkeit, Eigenstörung bei Gefahr des Verharrens, Ausgleich bei Gefahr des Zerfallens in Gegensätze – das sind die kardinalen Eigenschaften des lebenden Organismus. Nur soweit, als dies Eigenschaften auch des Denkorgans, des Gehirns, sind, ist unser Handeln vernünftig.

Und eben dieses Wechselspiel, das ein physiologisches ist, ist bis an den Rand des Zusammenbruchs gestört. Daß wir in einer Welt existieren, in der sich ohne Vergiftungsgefahr kaum noch atmen, essen und trinken läßt, die kaum noch Ruhe, kaum noch Bewegung gestattet … usw. ist nichts als eine Erscheinungsform, ein Symptom dieses Auseinanderfallens von Leib und Großhirn.

Immer länger wird die Schlange der Manager der Produktions- und Konsumzivilisation, die sich vor der Couch der Psychotherapeuten staut. Getrieben von der Frage: Was soll das alles? Die Sinnlosigkeit macht krank. Und wo kommt sie her? Antwort: von der leiblosen Richtigkeit der errechneten Realität…

Hier ist keine Rettung. Wenden wir uns wieder dem Leib zu. Seiner Elastizität. Das Wort läßt sich verdeutschen als »Rückstellkraft«. Ein Schneeball hat keine Rückstellkraft. Werfe ich ihn an die Wand, so bleibt er daran kleben. Ein Ball (oder eine Stahlkugel) springt zurück – und zwar deswegen, weil die Verformung, die der Aufprall herbeiführte, genau der Impuls ist, der sie die ursprüngliche Form nicht nur wiedergewinnen läßt, sondern mehr noch: Die Elastizität hebt das durch Aufprall Verformte über die Rückgewinnung des Status quo insofern hinaus, als das Pendeln zwischen Verformung und Formgewinnung das Prinzip dessen ist, was wir spezifisch organisches Leben nennen; was jedoch generell Eigenschaft des Seienden selbst ist. Und eben dieses Prinzip ist gültig nicht nur in der Beziehung eines Lebewesens zu einem entgegenstehenden Äußeren, sondern allem voran gegenüber dem eigenen System. Es stößt sich nach innen hin an sich selbst, prallt an sich selbst ab, gewinnt sich neu. Es oszilliert; es schwingt; es vibriert.

Die »Eigenstörung«, diese Funktion rhythmisch schwingenden Lebens – wir wollen uns ihrer durch Besinnung auf eigene Erfahrung bewußt werden. Genauer gesagt: Wir werden dabei die Besinnung auf den Punkt richten, auf dem überhaupt die Möglichkeit beruht, Erfahrung zu machen.

Wenn ich einen Gegenstand, wiederum sei es mein Finger, eine gewisse Weile anstarre, so ermüdet das Auge fühlbar – bis zum Schmerz. Was bei dem Müdewerden im Augenhintergrund vor sich geht, ist von schlüsselhafter Bedeutung: Die mit etwa 120 Millionen Sehzellen besetzte Netzhaut hat zwei besonders ausgezeichnete Punkte: den »blinden Fleck«; das ist der Ort, an dem der zum Gehirn leitende Nervenstrang seine Ausfächerung zur Netzhaut beginnt. Diese Stelle ist blind. Sie liegt seitlich zur Mittelachse des Augapfels. Auf der spiegelbildlich anderen Seite der Achse liegt die Stelle des schärfsten Sehens: die Sehgrube. Hier befindet sich auch die stärkste Häufung der Zellen.

Wir erinnern uns aus dem Aquariumbesuch daran, wie sich die Seerosen, jene Blumentiere im Meere, verhalten, wenn sie durch einen Fremdkörper gereizt werden. Sie ziehen ihre rosettenartig ausgebreiteten Fühlfäden ruckartig zusammen. Es ist wie ein Krampf. Ähnlich verhalten sich die Sehzellen der Sehgrube, wenn sie durch meinen Willen gezwungen werden, ein Objekt zu fixieren. Sie streiken. Die Verharrung in einer einzigen Funktion, dieses Erstarren in einer Art nacktem Zweckverhalten würde das Ende des Sehens als eines Prozesses bedeuten. Ein Prozeß ist aber gerade als das Geschehen zu definieren, das nicht in sich selbst verharrt. Sehen heißt: nicht starren, sondern schweifen. Heißt: loslassen, Abstand nehmen, Wiedergewinnen, loslassen. Nur so gelangt das Sehobjekt zur Erscheinung. Ich kann ein einzelnes Objekt nur dadurch sehen, daß ich es in den Zusammenhang hineinsehe, den es mit anderen Objekten bildet. Der Sehgegenstand ist ein Glied eines vielheitlichen und eines außerdem sich durch mein umherschweifendes Auge ständig wandelnden Sichtganzen. Eingegliedert in ein sich vielheitlich bewegendes Ganzes, wird das Einzelne als das sichtbar, was es ist. Isoliert und für sich wäre es nicht sichtbar; wäre es im Sinne unseres Themas nicht wirklich, weil nicht prozeßhaft er-wirkt; wäre es nur – real.

Der Organismus gewinnt Zugang zum und Kontakt mit dem Gegenstand nicht durch Feststellen und Festhalten, sondern durch das, was die Sprache mit »Um-gang« bezeichnet – so wie etwa die Hand, um einen Gegenstand im Dunkeln als das zu erkennen, was er ist, diesen permanent umtastet. Was also kann ich tun, um diese im buchstäblichen Sinn »umfassende« Fähigkeit des Organismus auch und sozusagen erst recht im Denken und Handeln wirksam werden zu lassen? Das ist unsere Frage. Das ist die Frage, die durch das Vergleichen der Begriffe »Realität« und »Wirklichkeit« aufgeworfen wird.

Die Orientalen machen es so, daß sie in ihren Taschen Fühldinge herumtragen, ähnlich Rosenkränzen, die sie fortwährend mit den Fingern umspielen. Es mag für unsere zivilisationskranke Kopflastigkeit absurd erscheinen: aber eben durch diesen Usus wird die organgeschichtliche Verbindung von Hand und Gehirn als eine Leistungseinheit in Aktion gehalten. Und eben nur durch ein konkretes *In-Aktion-Halten* bleibt ein Organzusammenhang intakt.

Die Japaner, die dem weißen Manne auf dem Weltmarkt solche Kopfschmerzen bereiten, haben ihre enorme Produktionskraft zum guten Teil jenen in Brauch und Sitte verankerten Verhaltensweisen zu verdanken, deren Prinzip sich etwa in der zenbuddhistischen Kunst des Bogenschießens, in der Teezeremonie, in den Eßgewohnheiten u. a. konkretisiert. Die Organleistung des Dauerkontaktes durch Dauerumgang, des Zielerreichens durch Abstandhalten wird im Bogenschießen für das Denken und Handeln dadurch wirksam gehalten, daß das Zurückziehen der Sehne mit dem Pfeil vom Ziel weg und das nachfolgende Loslassen der gespannten Sehne mit dem zielgerichteten Pfeil als eine ausschließlich dem Vorgang als solchem zugeordnete Übung gelebt wird. Es geht hierbei nicht um sportliche Leistung, sondern um Sinn und Sein.

Nun ein weiteres Beispiel, nein: eine Vorbildung aus dem Arsenal der Organerfahrungen: die mehrfach angeführte »Eigenstörung«, die ein Prozeß an sich selber vornimmt, um im Prozeß zu bleiben, statt zur Salzsäule zu erstarren. Übrigens: Diese Warnung an Lots Weib im alten Testament, nicht stehenzubleiben, um zurückzuschauen, ist Warnung vor Verharrung, im Gewande eines Gleichnisses.

Das Sehen vollzieht sich als ein Informationsstrom, der aus der »Außenwelt«, und aus der an den Körper und der Körpersinne von außen angrenzenden Welt, auf die Netzhaut eindringt, um von dort zu den nervenelektrischen Impulsen umgewandelt zu werden, die wir das Bild der Außenwelt nennen. Die Außenwelt »bildet« sich aber nicht etwa »ab«, wie etwa bei einem Diaprojektor, sondern: Die Umwandlung in Nervenimpulse ist die Außenwelt selbst – als Nervengeschehen des Sehenden. Das, was wir mißverständlich »Bild« nennen, ist in Wirklichkeit die substantielle, materiell-dingliche Einsgewordenheit von Außenwelt und sehendem Organismus. Nun dringen aber auf die Netzhaut Reizströme nicht nur von außen ein, sondern auch von innen aus dem Organismus heraus. Zum Beispiel steht die Netzhaut unter der Einwirkung von Drogen oder Alkohol mehr unter dem Reizdruck aus dem System der inneren Organe als aus dem der Außenwelt. Dieses Übergewicht der Innenreize über die von außen andrängenden zeigt aber nur an, daß der Normalzustand der der Ausbalanciertheit beider Reizwelten ist. Würde dieses Auspendeln von Ungleichheit aufhören, so wäre damit das Leben erloschen. Um eben diesen Zustand des Auspendelns in Fluß zu halten, produzieren alle Funktionen die für die Fortführung ihrer Prozesse notwendigen Störungen selber mit dem Effekt eines sogenannten »Eigenstörungspegels«. Unter der Doppeleinwirkung der von außen und der von innen kommenden Reizursachen, die auf die

Netzhaut einfallen, vermag das Gehirn nie mit absoluter Sicherheit zu entscheiden: Dieser Finger ist mein eigener (vielleicht hat mancher das schon an sich selber erlebt). Es bleibt ein Rest Ungewißheit. Entschieden wird nicht nach Gewißheit, sondern entschieden wird aufgrund von Wahrscheinlichkeit. Die Erfahrung sagt mir: Höchstwahrscheinlich ist dieser Finger mein eigener. Aber genau weiß ich's nicht. Wüßte ich es ganz genau, so würde das Organ Auge seines Prozesses verlustig gegangen sein. Und da das Organ identisch ist mit seinem Prozeß, wäre das Auge auch als ein anatomisches Element abgestorben.

Bevor wir weitergehen, noch ein letztes Wort über das, was in dem, »was vor sich geht«, vor sich geht. Meine Organbesinnung gibt Auskunft; sie sagt, daß das deutsche Wort »Vorgang« ebenso wie das Wort »Prozeß« (von lat. pro-cedere) zutreffend ist. Vorgang heißt: »vor sich hergehen«. Ich gehe, indem ich den Schwerpunkt meines Körpers aus mir heraus verlagere, nach vorn hin, in den Schritt rechts hineinfallend – worauf der Fall aufgehoben wird, der Schwerpunkt nach innen zurückpendelt, wieder in den nächsten herausfällt, diesmal in den Schritt links. Also: Gehen ist ein Pendeln zwischen dem Hinausverlagern des Schwerpunktes aus – und einem Hereinholen in des Körpers Mitte. Mit zwei Zuständen haben wir es hier zu tun, die jede nur gültig wird in Verbindung mit der anderen, die ihr gegengesetzt ist: Festhalten – Loslassen, Bindung – Lösung, Schließung – Öffnung, Engung – Weitung, statisch – dynamisch.

Nach all diesen Betrachtungen, die ja nichts anderes beinhalten als die Bewußtmachung von Organerfahrungen, dürfte zwar nicht definitiv (was es ohnehin nicht gibt), aber der Richtung nach die Zuordnung von »Realität« zum Kopf, zum Gehirn, zum Intellekt, zu Messung, Rechnung und Gleichung, die Zuordnung von »Wirklichkeit« zum Vegetativum, zum Leib, zu Gefühl, Phantasie, Kunst und Gleichnis sich mit mehr oder weniger deutlichen Struktur-Linien aus der Trübheit des Gleicherscheinenden herausgehoben haben. Realität und Wirklichkeit sind Projektionen einmal des Kopfes, einmal des Vegetativums.

Das Reale wird wirklich, d. h.: es erhält einen menschlichen Leib und ist diesem zugeordnet, und das Wirkliche wird real, d. h.: es erhält einen rechnenden Kopf, dann und nur dann, wenn die Organsysteme, denen beide Haltungen entsprechen, eine im symbolischen Sinne funktionale Einheit bilden.

Wir wollen am Schluß dieser Betrachtung sehen, wie das in der Praxis und als Praxis vor sich geht. Das Charakteristische dieser Funktionseinheit ist, daß sie ein entwicklungsgeschichtliches Erbe ist, daß dieses Ererbte jedoch – und das ist das Menetekel der menschlichen Gattung –, um präsent und funktionsfähig zu sein, ständig neu zu erwerben ist.

Das Reale ist unwirklich, d. h. es zerstört den menschlichen Leib, es ist unmenschlich, so wie andererseits das Wirkliche kopflos »süchtig« wird, wenn das ständige Erwerben des Ererbten nicht als körperlicher, gymnastischer, dinghafter, materieller Prozeß systematisch geleistet wird.

Wie sieht es nun damit aus: a) in der Bestandsaufnahme, kurzgefaßt b) hinsichtlich dessen, was zu erstreben ist und wie es erreicht werden kann.

Was die Bestandsaufnahme, die Analyse des Bestehenden, angeht, so ist hier nur das zu sagen, was das besondere Verhältnis Kopf–Leib betrifft. Die Kurve, welche die Erweiterung der Spaltung anzeigt, schnellt im selben Zeitmaß höher wie die Kurve des technischen Fortschritts und des gesellschaftlichen Zerfalls. Von einem Abschwingen kann keine Rede sein. Im Gegenteil, denn die Lawine des Fortschritts hat sich neuerdings in zwei Stoßkeile formiert. Sie zielt nicht mehr überwiegend auf die Lebensprozesse des Planeten und damit nur indirekt auf die des Menschen, sondern zunehmend direkt auf den menschlichen Organismus selbst.

Man wäre geneigt, diese Entwicklung als eine zwangsläufige, aus sogenannten »Sachzwängen« resultierende zu sehen. Stellt man aber in Rechnung, daß sich hinter dem mit »Sachzwang« Bezeichneten in Wahrheit eine psychische Verfassung verbirgt, nämlich Angst, so wird klar, daß diese scheinbar zwangsläufige Entwicklung in Wirklichkeit in der Hand von Menschen liegt, und zwar derjenigen, die – auf welcher Ebene immer – am Drücker sitzen. (Und irgendwie sitzt jeder – selbst im kleinsten Bereich und mit geringstem Wirkungsgrad »am Drücker«.) Was ist das für eine Art von Menschen, uns selbst mit eingeschlossen? Sie befinden sich als Opfer dessen, was sie ausrichten, zumal dann, wenn sich ihre Manipulationen auf den menschlichen Organismus in direkter Schußlinie beziehen, in einem durchaus klinischen Zustand. Man kann mit ihnen nicht mehr reden. Die Denkinhalte sind entsprechend der eingleisigen Denkrichtung, die eine fixierende ist, klischeehaft. Nur das Effiziente, das effektiv Meßbare gilt.

In der Medizin wird das ins Auge fallende Symptom attakkiert; die Zusammenhänge, die als wesentlich Vorgängliches nicht Feststellbares sind, fallen aus dem Blickfeld derartiger Mediziner. Medikamente gelten nur, soweit sie in direkter Zielrichtung als wirksam festgestellt werden können. Indirekte Beeinflussung aus dem Ganzen des Organismus heraus einschließlich der Vorstellungswelt des Individuums, entsprechend der Wirkweise des Katalysators (des Auslösers), verliert jede Relevanz. Zur Zeit kann man lesen, daß die am Effekt orientierte Arzneimittelindustrie über EWG-Bestimmungen darauf drückt, der Homöopathie den Garaus zu machen. Es ist durchaus einzusehen, wieso bei der klinischen Gesamtverfassung der menschlichen Gattung die kopflastigen Realisten nicht obsiegen sollten.

Der solcherart bereits auf den menschlichen Organismus gerichtete Stoßkeil versteift sich neuerdings vehement in Zielrichtung des jungen Organismus.

Das Erscheinungsbild der Lawine, die hier ins Rollen gekommen ist, ist dem Sachverhalt entsprechend zu benennen als »Weltersatz aus Plastik« – oder »Ersatz der Lebenswelt durch Plastik«.

Auf den öffentlichen Spielplätzen erscheint sie massiert und beschleunigt als Angebot von Riesenkugeln, Rutschbahnen, Stangenwäldern, stereometrischen Formteilen, Reifen, Scheiben, Wabbelplastkissen – jeweils in der Größe des kindlichen

Körpers – in den Farben eines monochromatischen Rot, Gelb, Grün, Blau – Material: Polyvenylchlorid. Die Kunststoffindustrie rechnet sich für die Massenherstellung einen großen Markt aus. Mit Recht. Denn es ist nicht einzusehen, wieso die Plausibilität des Werbeslogans nicht ebenso durchschlagend wirken sollte, wie die auf Effektivität verweisende Argumentik der Arzneimittelindustrie.

Die logischen Prozesse, d.h. die Form oder das WIE der Gedanken-Verknüpfung (nicht ihr »WAS«, nicht der Gedanken-Inhalt), deren sich diese Werbung für die Durchdringung der Kind-Umwelt mit Kunststoff bedient, sind ebenso engschlüssig und zweckfixiert, wie deren Produkte in Form und Materie störungsfrei eindeutig sind.

Diese logische Struktur ist es, die uns im Rahmen unseres Themas »Realität und Wirklichkeit« kategorisch angeht, ihre Gleichung lautet: »A ist A.« Das ist ebenso richtig, wie es sinnlos ist. Wir haben es in der Effektivitätswerbung mit einer Identitätslogik zu tun.

Was etwa das Licht angeht, so besagt und erzwingt die identitätslogische Formel A = A: »Hell ist hell.« Oder: »Die gerade Linie ist die kürzeste Verbindung zwischen zwei Punkten.« Oder: »Der Tod ist die wirksamste Bekämpfung von Schädlingen. Also gehe ich ihnen mit tödlichen Giften zuleibe.« Oder, wie der amerikanische Vietnam-General Curtis le Muy treffend formulierte: »Krieg heißt Menschen töten. Wenn man genügend Menschen umgebracht hat, gibt die andere Seite auf.«

Eine Kugel ist eine Kugel. Ein Dreieck ist ein Dreieck. Rot ist Rot. Keimfrei ist keimfrei. – Diese Identitätsformeln verkehren sich jedoch, sobald ich sie auf organische Systeme anwende, in direkte oder indirekte, meist jedoch direkte Attentate auf diese Systeme.

Es kommt nicht darauf an, dem WAS, das hier gemacht wird, ein anderes WAS entgegenzuhalten, sondern es kommt darauf an, das WIE, mit dem hier gedacht wird – den logischen Prozeß – als die störungsfreie Fixiertheit des enthaupteten Leibes und des entleibten Kopfes zu entlarven. Für den Leib ist Licht beispielsweise beileibe nicht Licht.

Für den Leib ist Licht einzig und allein ein im Raum langsam kreisendes Hell–Dunkel-Gefälle.

Eine Zeitlang konstruierte man Werkzeugmaschinen, indem man Hebel und Druckknopf in der Entfernung der geraden Linie von der arbeitenden Hand anbrachte – mit dem plausiblen Axiom der Papierflächen-Geometrie, wonach eben die gerade Linie die kürzeste Entfernung zwischen zwei Punkten ist. Bis die Praxis lehrte, daß Organe durch geradlinige Bewegungen ruiniert werden. So ist – auf ein organisches System übertragen – insbesondere in Anwendung auf das Kind – ein Würfel beileibe nicht Würfel; eine Kugel beileibe nicht Kugel. Sie ist ebensowenig in materieller Hinsicht Kugel, wie eine total ausgeleuchtete Kugel nicht als Kugel, sondern als flache Scheibe erscheint. Erst die verschattete Kugel gestattet, als Kugel erkannt zu werden. Warum? Weil erst die Ungewißheit des Schattens den Sehprozeß in Gang bringt. Und in Gang hält.

Übertragen auf räumliche Gebilde (wie Kugel, Würfel, Scheibe) bedeutet das: Erst die vielschichtige Struktur (das polymorphe Gewebe der Grenzfläche, die Tiefendimension der Oberfläche, wozu auch die Spiegelung Brancusis gehört), die Haut – sowie die zwischen Plus und Minus pendelnde Formschwankung, ihre geheime Entformung macht die Kugel zur Kugel – auch ihr Stirb und Werde in der Fühlbarkeit ihres Verfalls durch Abnutzung, ihre Vergänglichkeit… ihre Schicksalsrunen…

Ist es nicht so, daß dem Kind der Teddy und die Puppe am meisten ans Herz gewachsen ist – die abgewetzt, narbenbedeckt und mit einem fehlenden Bein ausgestattet ist…?

Was wäre zu machen? Ich würde für das Lebensspiel des Kindes Raumkörper als Zimmermannswerk wie bei Dachstühlen machen, aus Balken, Rundhölzern mit Waldkante – beileibe nicht sterilisiert – verspannt durch Hanfseile und Strickleitern… (meinetwegen auch aus Nylon verzwirnt wie im Schiffsbau…).

So fernab diese Symptome zu liegen scheinen – was ist schon ein Kinderspielplatz? könnte man fragen. Sie sind das Indiz: Die Stoßrichtung der entleibten und kopflastig gewordenen technologischen Fortschreitung treibt nicht mehr nur zur Vermüllung der Außenwelt, der irdischen Biosphäre, sondern zur Vermüllung der Inwelt, d. h. des menschlichen Organismus selbst. Man kann sich nicht mehr an der Erkenntnis vorbeimogeln, daß die zerfallende Lebenswelt nichts anderes ist als Spiegelung des sich nebelhaft auflösenden Menschenbildes.

Man kann nicht mehr die Augen davor zukneifen, daß der heute angestrebte Umweltschutz nicht mehr sein kann als eine Symptombekämpfung, während die Krankheit selbst um so begieriger weiter um sich greift ...

Der Akt der Selbsterhaltung der menschlichen Gattung hat handgreiflich anzusetzen am menschlichen Organismus als Vollzugsfeld kosmischer Prozesse. Das bedeutet; er hat anzusetzen an dessen konkreter Quelle: am Organismus des Kindes. Die Chance des Überlebens der menschlichen Gattung liegt darin, die entleibte Raubbau- und Kommerz-Technik umzuwandeln in eine wissenschaftlich fundierte Anthropotechnik. Diese erfüllt sich in genau bemessener Entsprechung an die menschlichen Organprozesse. Diese Prozesse sind dadurch ausgezeichnet, daß sie sich im Aufbau rhythmisch schwingender Spannungsfelder verwirklichen. Es sind jedoch gerade diese Spannungsfelder, auf deren Ablösung und Nivellierung die Techniktendenz abzielt.

Selbstverständlich ist diese Fehlregulation das Erscheinungsbild einer gesellschaftlichen Grundverfassung, in welcher zwei die biologische Existenz der menschlichen Gattung kardinal bestimmende Elemente abgedrängt, sozusagen unter den Tisch gefegt werden:

Das Kind und die Frau ..., beides verstanden im nackten physischen Sinne, nicht etwa als Begriffsgrößen irgendeines ideologischen Nebels.

Denn was hier gesagt wurde hinsichtlich der Organlähmung der frühkindlichen Physis gilt ja ebenso für die Frauen.

Für die hunderttausenden, für die Legionen von Frauen, die in den entleibten und entleibenden Leistungsräumen der Büros, der Supermärkte, der Fließbandhallen ihr Leben verbringen, um nicht zu sagen ver-geuden müssen – wobei wir nur an die rein quantitativ gemessene, radikal antirhythmische Überlichtung zu denken brauchen.

Folgen? Wir brauchen sie nicht aufzuzählen. Sie stehen in der Zeitung.

In der Dimension der Organik, zu der auch eine Mathematik als Naturwissenschaft gehört, ist, was nur das ist, was es ist, ebenso unwirklich, wie es – realistisch ist.

Was identisch ist mit sich selbst, ist tot … allerdings – das Verhängnisvolle jedoch ist: Das, was tot ist, tötet, unter allen Umständen, in jeder Art Verkappung und Verpackung – über kurz oder lang. Was tot ist, ist tödlich. Und tot ist das mit sich selbst Identische. Das ist es, was uns erregen sollte, und was uns mitschuldig macht, wenn wir seine realistische Plausibilität nicht durchschauen.

SOMATISCHE PÄDAGOGIK UND ELEMENTARE ARCHITEKTUR

Teil 1: UNMENSCHLICHE ARCHITEKTUR – VON DER TIERFABRIK ZUR LERNANSTALT

Rundfunkvortrag
gesendet am 30.1.1972
im WDR Hörfunk, 1. Programm
Sendereihe »Die Stille Stunde«

Abschrift der Tonaufnahme / Buchtitel in überarbeiteter und ergänzter Form: Unmenschliche Architektur

Ansage:
Westdeutscher Rundfunk – 1. Programm
Die Stille Stunde

Hugo Kükelhaus spricht über Sünden der modernen Architektur gegen die körperlichen und seelischen Bedürfnisse – besonders der Kinder

Meine sehr verehrten Hörerinnen und Hörer! Gleich zu Anfang muß gesagt werden, daß die folgenden Darlegungen und Bedenkungen nur den ersten Teil eines aufeinander bezogenen Themenpaares ausmachen. Es geht beide Male um das Gleiche, nämlich um die Frage, was hat von Seiten der Gesellschaft zu geschehen, um die Universalität, die der Mensch vor seiner Geburt im Aufbau und in der Durchgliederung seines Organismus bewiesen hat, hinüberzuretten in die Zeit und einzubringen in die Welt, die er nach der Geburt betritt?

Eine seltsam klingende Frage – vermutlich –, aber sie ist notwendig! Denn wenn man sich ein wenig mit den in Raum und Zeit ablaufenden Entwicklungsvorgängen des menschlichen Keims, von den ersten Zellteilungsschritten angefangen, befaßt, so bemerken wir von allen zu Tage gelegten Fähigkeiten besonders bei zweien, daß sie – obwohl von fundamentaler Bedeutung – dadurch ausgezeichnet sind, beim nachgeburtlichen Menschen verlorengegangen zu sein. Und zwar desto mehr je weiter er sich von der Stunde der Geburt entfernt, je älter er wird, je weniger er Kind und je mehr er Erwachsener ist.

Es sind dies: erstens die Fähigkeit, gegensätzliche Strebungen durch Bildung übergreifender Systeme auszuwiegen, und zweitens die Fähigkeit, Wachstumsdränge nicht auswuchern zu lassen, sondern abzubremsen. Letztere ist sogar die grundsätzlichere, denn letztlich wie erstlich beruht die Gestaltwerdung des Keimlings darauf, sich selber Grenzen zu setzen und diese innezuhalten. Keineswegs nämlich gehen Entwicklungsvorgänge in der Weise vonstatten, daß angelegte Möglichkeiten – wir schreiben diese den Genen zu –, sich sozusagen aussprossend aus ihrem Potential heraus verwirklichen. Vielmehr gelangen die Anlagen zur Verwirklichung dadurch, daß Widerstehendes sie bedrängt und sogar dadurch, daß sie dieses Bedrängende suchen.

Wie sehr und in wie verhängnisvollem Maße der nachgeburtliche Mensch der embryonischen Fähigkeit mittels Beschränkung und selbstauferlegter Begrenzung sein Leben zu führen verlustig gegangen ist, das spiegelt sich in der Verfassung, in der die menschliche Gattung sich heute mitsamt der Erde, die sie bewohnt, befindet. Denn der eigene und der Verderb der Lebenssphäre des Erdplaneten ist das Resultat eines allgemeinen »Nicht-Mehr-Haltmachen-Könnens«, auf welchem Gebiet immer. Womit die Mensch-Spezies dem Erdkörper gegenüber zu einem Parasiten geworden ist, der ihn teils auffrißt, teils erstickt.

Im Gegensatz dazu ist die Fähigkeit, die immer auf Expansion gerichteten Dränge der Vielzahl seiner Organe und Organsysteme in Schranken zu halten, gerade diejenige, durch die sich der vorgeburtliche Mensch spezifisch auszeichnet.

Wie kommt es, daß er dieser Fähigkeit nach der Geburt so bald verlustig geht?

Nach der Geburt – das heißt in dem Seinszustand, in dem es gilt, die individuell bewährte Kraft auch zu beweisen als eine unter einer Menge von Individuen, vom Glied in einem Familienverband bis zum Staat unter Staaten.

Mit der Frage nach dem »Wie kam es dazu« begegnen wir unserem Themenpaar von der negativen Seite. Aber damit soll es nicht sein Bewenden haben. Im Gegenteil soll aus dieser Fragerichtung als die ihr Gegengewandte die Antwort hervorgehen, die uns zeigt, wie die Möglichkeit zu erhalten ist, wonach die vorgeburtliche Universalität als Ordnungsmacht wirksam wird in dem mengenhaften Miteinander, das wir Gesellschaft nennen. Ob das gelingt, steht hier ebensowenig zur Debatte wie jemals. Es geht nicht um das Erreichen, sondern um die Bewegungsrichtung und den Bewegungsstil – und zwar in der Entschiedenheit, mit der es der Satz von dem Bäumchen, das man pflanzen würde, auch wenn die Welt morgen unterginge, bekennt.

Durchaus ist berechtigt anzunehmen, daß es längst zu spät ist, um der Bewegung noch ein Erreichen zu gewähren. Jedoch ist diese Annahme ohne Belang. Im Gegenteil: Erst angesichts des *Zu-spät* befinde ich mich gegenüber dem Absoluten, dem Absoluten von SEIN und SINN.

Halten wir als eine der beiden angeführten Grundeigenschaften des Organismus als wesentlich fest: Wachstum und Selbstbegrenzung bilden eine Funktionseinheit. Es gilt – es sollte gelten –, diese zweiwertige, gegenläufig geordnete Energie des Organismus einzubringen in die Seinsebene seines nachgeburtlichen Lebens.

Was wurde versäumt, so daß diese schöne Erde beginnt, der Raubfraß von Parasiten zu werden? Was ist zu tun? Denn es ist ja so, daß die gleichen Prinzipien, die den Organismus vor der Geburt und weiterhin einige Jahre nach der Geburt aufbauen, auch diejenigen sind, die den Ablauf und die Ablaufsform seiner Prozesse nach der Ausreifung des Organismus aufrecht erhalten; nur leider – sie gelangen nicht über die Körpergrenzen des Individuums hinaus. Sie kommen nicht zur Auswirkung in der Welt, in der es nach der Geburt zu leben hat.

Nach seiner Geburt gerät der Mensch nachgerade in ein Inferno, das seinen Organprozessen konträr ist. Diese Vorgänge sind so schleichend, daß er sich dessen lange Zeit nicht bewußt werden konnte. Heute sieht das anders aus. Aber seine Fluchtversuche – Tourismus, Rauschgift, futurologische Spekulationen mit genetischer Manipulation werden ihn nicht befreien von der Seinsbedingung der selbstauferlegten Beschränkung seiner Wachstumsdränge.

Die Antwort auf unsere Frage nach dem, was zu tun sei, sagt also nicht, daß ihr jenseits des Suchens und Handelns eine Bedeutung beizumessen sei. Die Beschreibung eines derartigen Suchens und Handelns und seiner Elemente werden wir vornehmen nach dem Abschreiten des – wie wir es nannten – negativen Aspektes. Das heißt nach dem Blick auf das Versäumte und Verkannte. Die Auffassung, daß die embryonische Organisationsfähigkeit, die Impulsquelle und die Steuerkraft für die Bildung gesellschaftlicher Ordnungen sei, daß – mit anderen Worten – Gesellschaftsformung unterhalb aller Ideologien und allen ermessenen Sozialstrukturen voraus zu korrespondieren hat mit dem nachgeburtlichen Weiterschwingen der Entwicklungsdynamik des Keimlings und Embryo. Diese Auffassung klingt nur demjenigen verstiegen oder verfehlt in den Ohren, der sich noch nicht von der Jahrhunderte langen Verkennung des Zusammenhangs von Hirnleistung und Leibgeschichte befreit hat. Wir sind als Epigonen einer Denkrichtung, deren sichtbare Erfolge auf der Frage nach dem »Warum«, unter Vernachlässigung der Frage nach dem »Wozu« beruhen, immer noch geneigt, Denkleistungen als leibfreie autonome Funktionen zu betrachten – um nicht zu sagen anzubeten, die sich, was Gesellschaftsformung angeht, durch das Produzieren von Strukturtheorien, Ideologien, Doktrinen, Futurologien steuern. Wobei – da eben das allgemein verbindliche und allgemein gültige Fundament der menschlichen Leibgeschichte fehlt – sich die Strukturtheorien, Ideologien, Doktrin mitsamt ihren Institutionen im permanenten Kampf um die Macht eine nach der anderen ad absurdum führen müssen. So lange, bis es in

Folge von Auszehrung der physischen, der nackt organismischen Basis nicht mehr weitergeht, bis die Lungen nicht mehr atmen können, der Kreislauf streikt und die Chromosomen und Gene ihre Orientierung verlieren.

Dieser Zustand ist heute erreicht. In einem viel umfassenderen, viel tieferen Maße und materiell physischen, physiologischen Sinn, als es sich Marx unter seinem Begriff der »Selbstentfremdung des Menschen« durch die profitfixierte kapitalistische Gesellschaftsordnung noch vorstellen konnte. Verfallen an Mächte, die uns – geradeaus gesagt – zu lebenden Leichnamen konservieren. Die zoologische Spezies Mensch, die sich als die Krone der Schöpfung bezeichnet, hat begonnen, sich zu entleben.

Wir haben hier themagemäß das Infernohafte eines erdumspannenden Situationspanoramas wie in einer Sammellinse auf den einen Punkt hin konzentriert und eingeschränkt, den wir »Unmenschliche Architektur« nennen, mit dem Untertitel: »Von der Tierfabrik zur Lernanstalt«. Es bedarf der Begründung für diese Verfahren. Es muß die mögliche Frage beantwortet werden, wieso die Architektur der Sündenbock sein soll.

Nein – allerdings nicht. Sie ist nicht der Sündenbock. Wenn es nur das wäre, so wäre dem leicht beizukommen. Sie ist mehr, sie ist der Brennpunkt, der die Bezüge der sachlich gegenständlichen Ebene der Gesellschaft auf sich vereinigt.

Die Architektur ihrerseits hat in sich selbst einen Bezugspunkt, aus dem heraus sich das eigenschaftliche Maß, die Qualität ihrer Manifestierungen ergibt. Das ist der Kultbau. An ihm mißt sich der Grad von Menschlichkeit, der von und für Menschen gebauten Welt. Von der Wohnhöhle bis zum Grab, von der Hütte bis zum Palast, vom Kraal bis zum Dorf, von der Kleinstadt bis zur Großstadt, von der Kaserne bis zur Fabrik, von der Schule bis zur Universität. Frage: Wieso ist der kultische Raum der Bezugspunkt der gebauten Welt? Wie hängt dieser mit jenem zusammen?

Die Antwort erteilt der Organismus. Er erteilt sie jetzt und sofort. Der Prozeß des lebenden Organismus ist im Prinzip der gleiche, der ihn aufbaut. Es ist nicht etwa so, daß die Entwicklungsgeschichte des Organismus mit dessen Ausreifung abgeschlossen wäre, vielmehr sind die gegenwärtigen Prozesse des ausgereiften Organismus Wiederholungen der Entwicklungsvergangenheit. Für den lebenden Organismus ist Gegenwart die wiederholte Bezeugung der Vergangenheit. Nun aber gibt jeder gegenwärtige Prozeß die gleiche Antwort auf die Frage nach dem Zusammenhang von Kultbau und baulich durchformter Lebenswelt, wie der am Aufbau des Organismus in der Vergangenheit beteiligte Prozeß. Die Antwort lautet: Ein Prozeß vollzieht sich als Periodik einer Herausverlagerung des Schwerpunktes aus dem System heraus und dessen Wiederhereinholung in das System hinein.

Diese Auskunft ist hier als überschlägliche Formel vorgestellt. Wir wollen sie uns aber leibsinnlich erfahrbar machen an einem Prozeß, der im eigentlichen Sinne die Grundform des Prozeßhaften selber ist – nämlich an der Gehbewegung. Wir gehen nämlich, indem wir jeweils von Schritt zu Schritt das Schwergewicht aus des Körpers Mitte herausverlagern. Wohin? Nicht etwa auf etwas Stützendes hin. Vielmehr ist die Herausverlagerung des Schwerpunktes identisch mit der Preisgabe jedweder Art Stütze. Wir gehen, indem wir fallen. Und wir fallen, indem wir den Fall auffangen durch Hereinholen des herausverlagerten Schwerpunktes wieder in des Körpers Mitte, worauf der nächste Schritt symmetrisch zum vorhergehenden gesetzt wird; das heißt: Der Schritt mit dem rechten Bein wird abgelöst durch den Schritt mit dem linken Bein und so fort.

Wir nennen diesen Vorgang des Herausfallens ins Freie, Ungestützte, der zugleich der Modellfall dessen ist, was vor-sich-geht, während etwas vor-sich-geht, die transzendierende Phase eines Prozesses, die rhythmisch abgelöst wird durch die funktional und also logisch mit ihr verbundene Phase des Wiederhereinholens. Es ist die Periodik des Pendels, die diesem Rhythmus der Gehbewegung ebenso untergebildet ist wie der systolisch- und diastolischen Bewegung des Atmens, des Herzschlages und allen sonstig rhythmisch wiederholten, bei der der Wechselschlag von Engung–Weitung das projizierende Begriffspaar ist.

Über den Pforten der alten Fachwerkbauten westfälischer Bauern stand häufig der Bibelspruch »Wir aber wissen, daß wir hier keine bleibende Stätte haben.« Oder »Gott, du stellst meine Füße auf weiten Raum.« Nun möge man einmal alle überkommene Ausdeutung vergessen und bemerken, was hier beim Wort genommen gesagt ist. Gesagt ist, daß die besondere Standeseigenschaft des Bauern, mit beiden Beinen auf dem Boden zu stehen, in seinem Bewußtsein von seiner Pilgerschaft ohne bleibende Stätte gegründet ist. Die Herausverlagerung des Schwerpunktes aus der bleibenden Stätte heraus ist die dieser Stätte auferlegte Bedingung dafür, Dauer zu gewinnen.

Nun – dieser Erfahrungs- und Betrachtungsbogen führt uns zurück auf die Frage nach dem Zusammenhang zwischen Kult- und Profanbau, mit der Auskunft, daß beide nur in dem Maße eine menschliche Wirklichkeit bilden, als sie sich als Glieder eines funktionalen Zusammenspiels erwirken – gleich den auf- und absteigenden Schwingungen eines Pendels, mit dem Richtungsbezug des Steigenden über sich hinaus und aus sich heraus und des Fallenden in sich hinein.

Das sich einstellende Bild der Pendelschwingung will jedoch nicht nur als ein Vergleich begriffen sein – zum Zwecke der besseren Vorstellung –, sondern es will, es soll in unserem Bewußtsein die steuernde Kraft, die ihm als einem universalen Vorgang innewohnt, gewinnen – zum leiberfahrenen, zum leibständigen Gleichnis werden.

Das geschieht in folgender Weise. Man verfertige sich ein Pendel, indem man sich ein Gewicht, etwa ein Senklot, wie es die Maurer benutzen, an einer dünnen, etwa ein Meter langen Schnur an der Zimmerdecke aufhängt. Aus der senkrechten Ruhestellung lenkt man das Gewicht aus, worauf man es, ohne zu schleudern, losläßt. Dann fällt es in die Ruhestellung zurück und steigt auf der Gegenseite, die symmetrisch zur Auslenkseite liegt, empor, um dort nach Erreichen fast der gleichen Höhe, die der Auslenkungswinkel anzeigte, umzukehren und zurückzuschwingen; erst wieder in die senkrecht unter dem Aufhängepunkt liegende Ruhestellung, dann darüber hinaus in fast die Höhe der zweiten Auslenkung. Die Rechts-Linkshöhen, die die Schwingung erreicht, werden mit der Zeit stetig abnehmen bis bei Null-Auslenkung die Ruhelage wieder gewonnen ist.

Die so beschriebenen Bewegungen wollen nun, und das ist der Sinn unserer Veranstaltung, mit den Augen verfolgt werden, wobei – und das ist in unserem Themenzusammenhang das Entscheidende und worin auch der Unterschied zu einem physikalischen Experiment liegt – die Aufmerksamkeit auf die Empfindungen zu richten ist, die die Augenverfolgung der Pendelbewegung in uns auslöst. Dann wird es an den Kehren, dort, wo die Schwingung aus der steigenden in die fallende Richtung und umgekehrt umschlägt, zu der Empfindung kommen, daß diese Umkehr keine plötzliche und sozusagen harte auf den Punkt ist, sondern daß die Wende eine irgendwie bogenförmig weiche ist. Sie ist von der Art eines allmählichen Übergangs, in der die Steigekraft dadurch von der Fallkraft abgelöst wird, daß sie diese, als eine immer schon in ihr selbst enthaltene, nunmehr freigibt. Diese subjektive Empfindung entspricht indes genau dem objektiven Sachverhalt und umgekehrt; es handelt sich nämlich bei dem Verhältnis von Steigen und Fallen des Pendels um ein Je-Desto-Verhältnis. Je höher das Pendel steigt, desto schwächer wird die Steige- und desto stärker die in dieser anwesende Fallkraft, und umgekehrt.

Man sollte sich nicht scheuen, den beschriebenen Pendelversuch oft und oft zu wiederholen. Man sollte sich mit Zurichtungen derart universeller Natur, wie es das Pendel ist, umgeben. Warum? Um das Phänomen, durch das die Korrespondenz der inneren und äußeren Welt als eine konkrete Leiberfahrung zu Bewußtsein kommt, immer wenn einem der Sinn danach steht, zugleich hervorrufen zu können. Wenn wir uns also die leichte Mühe machen – die Mühe liegt in ihrer Leichtigkeit –, den Pendelversuch in der beschriebenen Weise als Empfindungssuche durchzuführen, so werden wir sehr bald die bewußtseinserhellende und steuernde Eigenschaft dieses Wahrnehmens am eigenen Leibe erfahren. Übrigens: Nichts anderes ist es, was die Kinder auf der Schaukel empfinden und was sie sich nach dessen Entdeckung mit Lust und Wonne gezielt zur Empfindung, zur Leibfindung bringen; die Immanenz, das Ineinander, das lusthafte Miteinander des Gegensatzpaares von Steigen und Fallen, mit deren übergänglicher Elastizität in den Kehren.

Nun – zurück zu unserer Ausgangsfrage nach dem Funktionszusammenhang von Kultstätte und Bauwelt. Wir haben sie ihrer Klärung dadurch näherbringen können, daß wir das dem kultischen zugrundeliegende strukturelle Prinzip von Organprozessen aufdeckten. Einmal an der Gehbewegung, zum andern an der einem schwingenden Pendel folgenden Sehbewegung. Es lautet in Worten: Herausverlagerung des Schwerpunktes aus und Wiederhereinholen in das System. Pendelschlag zwischen Sicherung und Entsicherung. Organprozesse verlaufen in der Rhythmik von transzendierender Selbstüberschreitung und Selbsteinkehr.

Insofern wir diese Prinzipien als die des kultischen und rituellen Lebensvollzugs und dessen baulicher Verdinglichung erkennen, sind sie nicht auf das speziell Religiös-Kultische beschränkt. Sondern wir erkennen sie in all denjenigen menschlichen Verhaltungen waltend, die den Gegenpol zu verharrenden Tendenzen bilden. Der Kern dieser Verhaltungen oder Aktivitäten ist eine Art nachgeburtliches Entwicklungsgeschehen, die Menschwerdung durch Bildung von Seiten der Gesellschaft. Sie müßte es sein!

Aber es ist anders! Wir wollen dieses Anders an einigen tatsächlichen Fällen, die jedoch symptomatisch sind für die ins Rollen geratene Lawine des *Zu-spät*, ins Auge fassen. Dabei wird gegenständlich deutlich, wieso und inwiefern unserer Ausgangsfrage gemäß der Kultbau – und jetzt sagen wir in Erweiterung des speziellen Begriffs, der Bildungsbau oder der Bildende Bau – das Maß der Menschgültigkeit der Architektur ist. An ihm entscheidet sich, ob sie die Brutalisierung, durch die sich unsere Zeit auszeichnet, mittels der ihr eigentümlichen Fähigkeit, gesellschaftsbezogene Lebensprozesse vorzukanalisieren, weiterhin beschleunigt oder ob sie zu Erfindung und Produktion menschbildender Systeme fähig ist.

Ein Wort zum Thema Brutalisierung. Warum? – Weil sie das Erscheinungsbild einer Entwicklung ist, die – was die Architektur angeht –, die moderne Stadt unmenschlich macht; und die zugleich auf den Grund für die Unmöglichkeit hinweist, menschliche Stätte als Resultat zweckfixierten Planens zu realisieren. Es würde wissenschaftlichem Denken zuwiderlaufen, wollte man den mit Brutalisierung zusammenhängenden Begriff der Aggressivität soweit ausdehnen, daß er den alleinigen Schlüssel abgäbe für die Daseinsführung in der Welt der Organismen. Daß beispielsweise Aggressivität kein Absolutes, kein Verhalten an sich ist, zeigt die an Tierversuchen gewonnene Einsicht, daß sie vornehmlich dann und eigentlich nur dann ausbricht, wenn Lebewesen zu dicht aufeinanderhocken. Es kommt dann zu einer Raumangst, die viel tiefer liegt als die Angst um Futter und Fortpflanzung. Die Angst in der Angst, die in allen Spezialängsten verborgene Urangst bricht durch, und diese heißt »Enge«. Die durch räumliche Beengung herbeigeführte Engeempfindung ist die Unmöglichkeit des Abstandgewinnens vom anderen und von sich selbst als dem anderen. Im Gefängnis verliere ich nicht nur den Abstand zum Anderen, sondern vor allem den Abstand zu mir selbst. Leben aber ist, wie wir sahen, nur in Selbstabstand möglich. Der transzendierende, der selbstüberschreitende Akt, das Wagnis der Schutzlosigkeit ist dem Gefangenen genommen – die Freiheit von sich selbst. Der verzweifelte Ausweg aus der biogenetischen Sackgasse der Enge ist heute einmal Raumschaffen durch Umsichbeißen; zum anderen Raumschaffen durch *Insichbeißen* mittels Rauschgift.

Damit sind wir wieder bei der Architektur. Sie – als das Exekutiv-Organ der Gesellschaft – hat die menschliche Lebenswelt auf ihre materielle Weise zur Angst kanalisiert und damit zur Aggression und damit zur Brutalisierung aller Bezüglichkeiten. Dabei ist zu bedenken – Brutalisierung erfüllt sich in der bewußtlosen Anwendung von Gewalt. Die Bewußtlosigkeit in der Gewaltanwendung ist das Charakteristische der Brutalität – ihr lediglich registrierender Vollzug aus der Entfernung vom Tatort. Der Zusammenhang dabei ist folgender: Bewußtheit kann sich nur in der hautnahen Auseinandersetzung mit Widerständigem entzünden. Jedoch gerade das Widerständige ist ja das Objekt, auf dessen Beseitigung durch Aushöhlung, Lähmung, Verderb des Prozeßhaften die Brutalisierung bezogen ist. Sie mordet nicht direkt, sondern indirekt. So die Architektur im Städtebau, sie tötet durch Enge. Dabei ist die Flucht aus der Enge in die Streuung lediglich die Kehrseite der Medaille. In der Brutalisierung vergreift sich die Gewalt an selbstgemachten Leichen. Sie operiert im Vakuum. Und eben darum geht sie in Bewußtlosigkeit vonstatten.

Es ist niemand anzuklagen, es ist niemand zu belangen denn als Klage aller Klagen: »Sie wissen nicht, was sie tun.«

Die Greuel des Nazitums als Blüte nackten Zweckverhaltens setzen sich heute nicht nur diesmal weltweit fort, sondern sie gipfeln sich hoch; und zwar insofern, als sie zunehmend bewußtloser ablaufen. Am bewußtlosesten nicht etwa in den abstrusen Grausamkeiten der inneren und äußeren Kriege in Ost und West, Nord und Süd, wo es ja noch um Widerstandsfelder geht, auch nicht in der staatlich konzessionierten Folterung, sondern am bewußtlosesten in der architektonisch erzwungenen Paralysierung von Lebensprozessen. Der Appell an eine Vernunft, der von Moralisten erhoben wird, ihr Ausmalen der Schrecknisse, ihr vorgestelltes Gruselkabinett, ihr Entwurf eines umfassenden Kontrollsystems gegen Brutalität und Aggression und deren Entlarvung aus allen Formen der Verkappung und Verpackung kann nichts anderes sein als eine Erscheinung dessen, was sie bekämpfen.

Warum? – Wir werden sehen! In den letzten fünf Jahren sind in USA und in Deutschland – vielleicht auch anderswo – Schulen gebaut worden, in denen Lebensprozesse durch technische Regulation in Keimung erstickt werden – selbstverständlich unter Verantwortung von Architekten. Die leitende Absicht dabei war oder ist ausgesprochenermaßen Ausschaltung aller den sogenannten Lernprozeß störenden Einflüsse. Das heißt: Ausschaltung aller Reizfelder, die nicht in direkter Beziehung zum Lernstoff und zu dessen Aneignung stehen. Man stellt sich also vor, daß das Lernen des kindlichen und jugendlichen Organismus ein durch Rezeptorenfelder im Zentralnervensystem – vor allem im Großhirn – geleistetes Speichern und Kombinieren von Daten sei. Wenn wir uns auf die Auskünfte des Organismus beziehen, so stellt sich jedoch das von einem lebenden Organismus betriebene Lernen, zumal wenn es ein junger Organismus ist, als ein in der Oszillation von Sicherung und Entsicherung, Engung und Weitung, Hinwendung und Abwendung vonstatten gehender Prozeß dar, und gerade nicht durch Fixierung auf Information. Es konnte nicht anders sein, als daß die der Enge verhaftete Brutalisierungsmentalität kategorisch nur Enge produzieren und zulassen kann.

Konsequenterweise zeichnet sich die Lernanstalt Architektur des Brutalismus durch die Anwendung der gleichen Techniken aus, durch die Hühner-, Hähnchen- und Schweinefabriken Massenausstoß von Eiern und Fleisch garantieren. In Harlem wurde 1966-1967 eine Mittelschule in Betrieb genommen, für etwa eintausend, meist farbige Jugendliche. Das Bauwerk ging seinerzeit als beispielhaft für die Lösung moderner Schulbauprobleme durch die Weltpresse unter dem Schlagwort »Fensterlose Schule«. Die Schule liegt im Kreuzungsgebiet mehrerer zwei- und dreidimensional geführter Verkehrsbahnen; das bedeutet, unter einer Glocke pausenlosen Lärms mit Phonstärken weit über dem zumutbarem Pegel und zudem mit einer kaum noch atembaren und sauerstoffarmen Gasluft, ganz zu schweigen von dem sozialen Klima Harlems.

Diesen Teufel trieb man nun mit Beelzebub aus auf dem Rücken der Kinder und Lehrer, meist Lehrerinnen. Es liegt übrigens in der Konsequenz der Bewußtlosigkeit, mit der der Brutalismus operiert, daß sie auf einen groben Klotz stets einen noch gröberen Keil setzt und Übeln durch Super-Übel begegnet. Bewußtlosigkeit ist geradezu definierbar als die Unfähigkeit zur Umkehr. Die Schule ist ein durch fensterlose Wände von der Außenwelt abgeschlossener Betonbau von kastenhafter Form. Der Kasten ruht auf Betonstützen. Die dadurch unterhalb des Kastens entstehende ebenerdige freie Fläche ist mit Magazinräumen bestückt und zu den umführenden Straßen hin ringsherum vergittert. Einen Schulhof gibt es nicht. Das Innere des Komplexes empfängt sein Licht durchweg und ausnahmslos für alle Räumlichkeiten, Treppentrakte, Flure, Klassen, Aulen, Labors, Bibliotheken, Gymnastikhallen, Musikräume, Behandlungszimmer, Lehrerzimmer, Büros usw. durch derart dicht an dicht gereihte Leuchtstoffröhren, daß es zu keinerlei Schattenbildung kommt. Lichtmenge – 2500 bis 3000 Lux. Vergleichsbild: Lebensmittel-Supermarkt im Souterrain der Warenhäuser. Pflanzen sind ebensowenig zu unterhalten wie Aquarien und Terrarien. Sämtliche Wände sind einheitlich weiß gekachelt und stark spiegelnd vom Boden bis zur Decke. Die Decke ist wie üblich aus weißen Schallschluck-Plastiktafeln gebildet, mit dem Effekt der Ausschaltung jeglichen Überschalls. Die menschliche Stimme hört sich an, wie durch Watte gesprochen. Die Böden bestehen einheitlich für den gesamten Bau aus spiegelglatten PVC-Kunststoffplatten. Die Türen sind kunststoffbeschichtet weiß-grau, ebenso sämtliche Tisch- und Pultflächen. Da es keinen Schulhof gibt, suchen sich die Kinder während der Pausen Bewegung auf den langen Fluren zu verschaffen. Die Lehrer stöhnen über zunehmendes Schulschwänzen – etwa ein Drittel –, Unlust, Streitsucht, Neurosen, Phobien, Haltungsschäden, Schäden an Augen und damit zusammenhängend an den Nieren, wachsende Kriminalität.

Nun wäre es schon ein Wunder zu nennen, wenn dieses Projekt nicht in Westdeutschland eine Parallele und darüber hinaus eine Parallelentwicklung gefunden hätte. Vor einem Jahr begonnen in Neu-Isenburg, Kreis Offenbach. Die dortige Anlage übertrifft das Harlemer Beispiel durch Einführung weiterer biogenetischer Negativfaktoren beträchtlich. Die Anlage ist nämlich ebenerdig. Ihre Raumsätze bewegen sich in ein und derselben Ebene – stufenfrei. Die Belichtung erfolgt ebenfalls durch Leuchtstoffröhren bei etwa 1200 Lux – schattenlos. Die Physiologie gestattet maximal 250 Lux Kunstlicht; vergleiche die Forschung von Professor Jakob (Sozialpathologisches Institut der Universität Heidelberg), Professor Hellwig (Universitätsaugenklinik Münster), Professor Helmut Becher, Professor Metzger und viele, viele andere. Sie lassen permanentes Kunstlicht außerdem nur in Funktionsräumen zu – Labors zum Beispiel. Die Schule in Neu-Isenburg läßt Tageslicht in der Form in die Klassenräume, daß sie bis in Augenhöhe reichende Öffnungen mit farbig abgedämpften Glasflächen wie bei den Panoramafenstern von Touristikbussen aufweist. Man hat sich dazu bereit gefunden, um Phobien bei den eingeschlossenen Kindern vorzubeugen. Man erblickt auf diese Weise den unter Augenhöhe liegenden Teil der Außenwelt wie durch eine Schneebrille – kein Himmel. Die stufenfreie Bodenebene ist mit einem für alle Räume einheitlich weiß-gelben Spannteppich aus Perlonvelour ausgestattet. Die Wände bestehen durchweg aus eierschalen-weiß beschichteten Aluminiumblechen über den üblichen Isolierschichten; die Decke: Schallschluck-Kassetten aus Synthetikmaterial. Die Unterrichtsräume sind mittels vom Boden bis zur Decke reichenden Glasflächen von den Gängen der vorgelagerten foyerartigen Pausenhalle und anderen Klassenräumen aus einsichtig. Das Mobiliar, Gestühl und Tische bestehen aus weißem und grauem Kunststoff. Die Akustik ist bis praktisch zur Echofreiheit herabgedämpft. Gleichförmige Auswärmung aller Räumlichkeiten durch Vollklimatisierung. Als farbiges Element – soweit baugebunden – monochromatisch behandelte Kunststofftürflächen. Die folgenden Kurzkommentare, die zugleich die thematische Aufgliederung des zweiten Teils unserer Betrachtungen angeben, enthalten nun Grundsätzliches über die Fehlregulation der wichtigsten architektonischen Faktoren. Die spätere Behandlung der Themen befaßt sich dann eingehender mit deren biogenen und physiologischen Zusammenhängen.

1. Bewegungsführung in ein und derselben Ebene. Dazu ist zu sagen: Das Kind lebt nicht in einem zwei-, sondern in einem dreidimensionalen Bewegungsstil. Ein Leben in Zweidimensionalität, zu der die Schule die Kinder verdammt, führt zu atrophischen Bildungen im Skelett-Muskel-System, Haltungsschäden und zu psychosomatischen Ausfällen. Durch ihre Zweidimensionalität übertrifft das Neu-Isenburger Modell die Harlemer Negativbilanz gravierend.

2. Der Boden: Eine unaustauschbare Rezeptorenfläche des vegetativen Nervensystems ist die Fußsohle, besonders für den in Ausreifung befindlichen Organismus des Kindes. Die höchst komplexen, auf der Fußsohle lokalisierten Reizzonen benötigen die Dauermassage durch fühlbar strukturierte, reliefartige Grenzflächen des Bodens. Perlon-Velours, noch dazu weich unterfüttert, ist in dieser Hinsicht absolut ruinös. Ein Problem für sich sind dessen elektrostatische Eigenschaften.

3. Die Wände: Das Tastvermögen und das Auge benötigt zu seinen Funktionen die Inanspruchnahme durch Tiefenerstrekkungen. Diese wird den Organen durch glatte, einfarbige Grenzflächen entzogen. Entsprechende atrophische Schäden sind die Folgen.

4. Schattenlose Helligkeit durch Leuchtstoffröhren: Im physiologischen Bereich ist konstante Helligkeit nicht identisch mit Licht. Organlogisches Licht ist ein räumlich bewegtes, inkonstantes Hell–Dunkel-Gefälle.

5. Akustik: Analoges gilt für die Echolosigkeit. Das Gehör benötigt Reflektionen der Schallwellen.

6. Klimatisierung: Gleichförmige Auswärmung des Luftraums oder thermische Konstanz ist dem Organismus als einem elektro-thermischen Gewebe absolut zuwider.

Allen hier aufgeführten sechs Fehlregulationen gemeinsam ist: Ausschaltung von Spannungsfeldern, die die Bedingungskonstanten organischer Prozesse sind.

Frage: Was steckt hinter diesen nivellierenden Manipulationen? Was sind die Motive der Verantwortlichen? Antwort: Es liegt kein Motiv zu Grunde. Die Leute, die so was machen und veranstalten, handeln nicht aus böser Absicht, sondern sie sind als die Veranstalter dieses biogenen Vakuums deren erste Opfer. Das heißt, sie handeln bewußtlos.

Die Folgeereignisse und die beiden Anstaltstypen, soweit es für unsere Darlegungen von Belang ist, zeichneten sich beide Male durch die gleichen Aktionen und Gegenaktionen aus, insofern beide das Kunstlicht zu ihrer Zielscheibe erwählt haben, und zwar von allen Negativfaktoren nur diesen einen. Die anderen ebenso gravierenden werden symptomatischer Weise überhaupt nicht gesehen. Es wird bei den Streitgesprächen für und wider auf beiden Seiten total verkannt, daß der Lichtfaktor nur einer ist in einem Komplex von Faktoren, deren gemeinsame Stoßrichtung die ist, fundamentale Entwicklungs- und Lebensprozesse weniger zu zerstören, als sie gar nicht erst aufkommen zu lassen, eben durch technisch manipulierten Entzug von Spannungsfeldern. Die Argumente der Verantwortlichen entlarven den Circulus vitiosus, mit dem sich die Brutalisierungstechnik in die schuldlose Bewußtlosigkeit schraubt. Sie sagen nämlich, der Schallpegel des Großstadtverkehrs, die Gasluft, die sozialen Störfaktoren und andere sind derartig angeschwollen, daß wir gezwungen sind, wenigstens bei den Kindern, solange der Lernprozeß läuft, für Isolierung zu sorgen. So wird also nach dem Gesetz, daß ein Übel fortzeugend größere Übel hervorbringt, auf den groben Klotz der verdorbenen Umwelt der noch gröbere Keil der anthropogenen Entropie der technisch operierenden Entlebung gesetzt, und das bei dem Kind, dem im eigentlichsten Sinne konkreten gegebenen und nicht erspekulierten Regenerationspol der Gattung Mensch.

Die einseitig auf den Beleuchtungsfaktor genagelte Argumentik und Gegenargumentik hat auch den deutschen Schulbehörden den Blick auf den eigentlichen Kern und Umfang des Verhängnisses verstellt. Es ist eine Art von Stop durch die Kultusminister der Länder verfügt worden, wonach der Bau von sogenannten »fensterlosen Schulen« bis auf weiteres untersagt wird – bis auf weiteres.

Das heißt, bis durch Festbeißen auf den Faktor »Kunstlicht« das Interesse der Öffentlichkeit müde geredet worden ist.

Und was es mit der Erstellung von Gutachten auf sich hat, die den einstweiligen Stop aufheben sollen, so zeigt die aktenkundige Unterdrückung und Verfälschung der bereits vorliegenden Warnungen von Seiten der Wissenschaft hinlänglich, wie der Hase laufen wird.

Es ist eine Ersatzwelt durch Plastik in Richtung Kindheit im Anrollen, deren Stigma in allen Kategorien ein und dasselbe ist: Unterbindung nachgeburtlicher Ausreifung und Ausschaltung zustandsunterschiedlicher Prozeßbedingungen.

Die Barrieren dieser Lawine werden über kurz oder lang weggestoßen werden. Der Staudamm wird brechen. Es sei denn, es bildet sich eine Phalanx von Humanbiologen, Anthropologen, Psychologen, Physiologen, Pädagogen, Verhaltensforschern und überhaupt Naturwissenschaftlern aller Kategorien, einschließlich von Technikern und Ingenieuren, die das anrollende Verhängnis beim Namen nennt und der Exekutive begreiflich macht.

Im nächst folgenden Teil unserer Betrachtungen werden wir an einem in statu nascendi befindlichen Schulbauprojekt, also ebenfalls an einem konkreten Fall, schildern, was zu tun ist, weil es zu tun möglich ist. Dadurch möglich, daß die Basis keine erst theoretisch zu erspekulierende, sondern die unspekulativ und konkret gegebene des Kind-Organismus ist.

SOMATISCHE PÄDAGOGIK UND ELEMENTARE ARCHITEKTUR

Teil 2: ELEMENTARE ARCHITEKTUR – SCHULBAU AUF SOMATISCHER GRUNDLAGE

Rundfunkvortrag
gesendet am 27.2.1972
im WDR Hörfunk, 1. Programm
Sendereihe »Die Stille Stunde«

Abschrift der Tonaufnahme
(Buchtitel in überarbeiteter und ergänzter Form:
Unmenschliche Architektur)

Ansage:
Westdeutscher Rundfunk, 1. Programm, »Die Stille Stunde«
In der Stillen Stunde setzt Hugo Kükelhaus seine Überlegungen über menschliche und unmenschliche Architektur fort. In Hinblick auf die Bedürfnisse des menschlichen Organismus prägte Kükelhaus den Begriff »Organlogische Architektur«.

Wir faßten den ersten Teil unserer Betrachtung, die den Themenkreis Kind und Architektur unter dem Titel »Unmenschliche Architektur« behandelte, folgendermaßen zusammen.

Das Kind lernt durch den Kopf nur in funktionaler Verbindung mit der Gesamtheit seines Organismus. Wir schlossen damit den negativen Aspekt ab, unter dem im Banne der Erfolgsmentalität die Pädagogik beginnt, verhängnisvollen Fehlregulationen im humanbiologischen Bereich das Feld zu überlassen.

Aus Schulen werden Anstalten der Informationsvermittlung – auf Kosten des jungen Organismus, dessen Lernen ein den ganzen Organismus und den Organismus als Ganzes in Anspruch nehmender Prozeß ist, wobei das vegetative Nervensystem seinen Rang im Organismus entsprechend den Hauptanteil trägt.

Wir kehren nun auf unsere Grundfrage zurück. Was ist von der Gesellschaft zu tun, um die organisatorische Fähigkeit, die der Organismus vor seiner Geburt bewiesen hat und die er während der Ausreifungsjahre nach der Geburt weiter beweist, als Ordnungsenergie in die Gesellschaft einzubringen? Zur Beantwortung dieser Frage bedarf es eigentlich nur der Erfüllung einer einzigen Bedingung – der nämlich –, daß wir uns jeder Art zielsetzender Spekulation entschlagen. Wir dürfen nur noch trachten, das Gegebene – in diesem Falle – das aus der Vorgeburt Herangebrachte, das Vermächtnis, zu erkennen als nicht abgeschlossenes Fertiges; über das zu verfügen wäre nach Ermessen als etwas im Werden Begriffenes, das nach dem ihm innewohnenden Gesetz sich verwirklichen will als physisch Wachsendes, dem gegenüber ich mich als eine Art Gärtner zu verhalten hätte.

Wenn man einem Krabbelkind in seinem Laufstall ein Spielzeug gibt, so dauert es nicht lange, bis es das Ding durch die Gitterstäbe wieder hinauswirft, aber nur darum, um danach zu schreien und es wieder zu bekommen. Hier ist also das Gitter die Grenze seines Bereichs. Sie wird von dem Kind aufgefaßt und behandelt als eine Brücke zu dem, was um den Gitterstall herum ist. Es wirft den Gegenstand nach dorthin, wo es sich selbst nicht befindet – in seine Umwelt. Durch seinen Wurf hat es Verbindung mit dem Bereich, in welchem es sich selbst von außen sehen würde, wenn es dort wäre. Und durch den Wurf und den geworfenen Gegenstand ist es tatsächlich dort. (Bemerkung: Eine Tatsache ist eine Sache durch Tat.) An der Gittergrenze und an dem Wurf darüber erfährt das Kind auch noch etwas Weiteres, damit Zusammenhängendes und dem Zugrundeliegendes. Die Verbindung mit dem Gegenstand, sein Besitz, liegt nicht darin, daß das Kind ihn bei sich behält. Sie liegt auch nicht darin, daß es sich von ihm trennt und ihn wegwirft, sie liegt in dem pendelschwingenden Wechsel zwischen beiden Zuständen, dem Halten und dem Lassen. Dieser Prozeß, das ist die Grenze, Bindung und Lösung.

Nach Auskunft des Wachsenden und des Wachstums ist Grenze zu beschreiben als ein Vorgang, in dem Außen und Innen sich pendelnd zur Unvermischtheit vereinigen. Grenzen haben eine ambivalente, eine zweiwertige Funktion. Sie öffnen nach außen dadurch, daß sie nach innen schließen, und sie schließen nach außen dadurch, daß sie nach innen öffnen. Grenzen sind Prozesse.

So ist beispielsweise die Haut insofern ein Prozeß und sogar der Prozeß aller Prozesse, als die Haut sowohl ein Organ als auch ein organbildendes Element ist.

Aristoteles (384 bis 322 v. Chr.) wies, um sich die Haut als ein tätigbildendes Organ zu Bewußtsein zu bringen, auf folgende bei sich selber gemachte Erfahrung hin: Man reibe Daumen und Zeigefinger lose kreisend aneinander. Dann wird sich bald die Empfindung einstellen, als entstünde zwischen den beiden reibenden Fingerkuppen als etwas Drittes und Neues eine kleine, rollende Kugel. Damit sei bewiesen, daß die Fühlfähigkeit der Haut zugleich eine Bildefähigkeit sei. Wir würden mit unserem Wortspiel sagen können: Die Haut schafft Tatsachen.

Die Hand hat – genau genommen – nicht fünf Finger, sondern vier Finger und einen Daumen. Fühlt man sich in diese auffallend gegenläufige Anatomie der Hand hinein, dann begreift man mehr und mehr, was es eigentlich mit dem Begreifen auf sich hat.

Was heißt das alles aber anders, als daß das fremde Neue, die Kugel, dadurch zustandekommt, daß die Hand mittels Daumen und Zeigefinger in erster Phase eine Distanz zu sich selbst und innerhalb ihres Systems herstellt, um dann in einer zweiten Phase diesen Abstand durch eine Selbstinduktion mittels schraubender Bewegung wieder zurückzunehmen. Damit aber wiederholt sich in diesem Empfindungsvorgang und seinen Qualitäten, was sich in der mitotischen Zellteilung begibt, nämlich die Selbst-Symmetrisierung durch Selbst-Abstand und Selbst-Induktion. Es ist ein und dieselbe Vorgangsform, die sich in der Zellteilung, in der Handgestalt, im Wegwerfen und im Wiederholen beim Kleinkind, in der Rechts-Linkssymmetrie des schwingenden Pendels und der gehenden Beinbewegung in Abwandlungen wiederholt.

Als bauliches Element muß eine Wand so gebaut sein, daß sie mich, der ihr gegenübersteht, zum Schritt in den Abstand zu mir selbst herausfordert, mich frohlockt zum Überschreiten meiner selbst, zum Schrittfall ins nicht Verfügbare. Bauwände müssen also, wenn anders sie Grenzfunktionen erfüllen sollen, ein Tiefenerlebnis auslösen. Das heißt: Wände müssen dreidimensional gebildet sein. Sie müssen Körper sein. Als organlogische Projektion sind Wände Körper. Erforderlich sind sie dort, wo der Raum, den sie begrenzen sollen, im Dienste von Vollziehungen stehen, die im eigentlichen Sinn und Umfang, weil sie menschliches Sein Zeugende und Bezeugende sind, über sich hinausweisen.

Wie ist das zu machen? Stall und Scheune sind solche Räume. Sie wurden errichtet und dienten in solcher Verwendung damals – es ist vorbei – als Verrichten und Ausrichten wie beim Bauern, das sich maß an der Dauer, die den Täter überwindet, und an der Weite, die ihn hinter sich läßt. –

Das ist vorbei. – Wir wissen es. Aber wir wissen auch, daß dieses die Wahrheit des Anfangs ist und daß es in der Schwäche des Endes stark ist, wie die Fallkraft im Gipfel der gestiegenen Schwingung. Umkehrungsmächtig wie die Pendelschwingung am Ende ist im Alter die Jugend, das Kind, der Embryo.

> Das Wahre ward schon längst gefunden,
> Hat edler Geisterschaft verbunden!
> Das alte Wahre, faß es an! *Goethe*
>
> Die Wahrheit ist konkret! *Hegel*

Die Transzendenz ist dinglich! Sie ist anfaßbar und sie faßt an! Schöne Worte? Kokette Paradoxe? – Wir werden sehen! »Das alte Wahre, faß es an!« Wer aber vermag anzufassen? Ganz offenbar einzig, dessen Leben nur möglich ist durch Angefaßtwerden. Das aber ist das Kind, das frühe Kind. Auch das ist uns bekannt.

Was also wäre zu tun? Das körperliche Anfassen und das Angefaßtsein, und das leibliche Erfaßtsein, das körperliche Greifen, das leibliche Begreifen und die leibkörperliche Ergriffenheit. Das sind Wortspiele, mit den Wörtern des Embryo. Rükken wir ihnen auf ihren konkreten Kern.

Vorher aber noch ein ähnliches über das Wort Wand, aus dem Sprachgrund des Ungeborenen. Das sagt, daß es mit Wendung zu tun hat, und mit Winden, Verwinden nach Art des Knüpfens und Flechtens, Schlingens und Knotens, wohl zu verstehen als Hinweis darauf, daß die Wände in Höhle, Hütte, Stall und Zaun gleich Häuten Flechtwerk waren, reisigdurchflochtene Pfähle oder faserumwirkter Bambus oder Lianengeflecht oder geknotetes Bandwerk oder einfach Nest. Auf jeden Fall aber ging Wand hervor aus Gesten der Hand, der Füße auch, aus gestischer Bewegung von Körper und Gliedern, die sich in der Auseinandersetzung mit dem Gegenüber von Gegenständen erprobt.

Die handgemachte Wirklichkeit der vorindustriellen Menschheitsgeschichte ist im selben Umfang für die heutige Gesellschaft der Erwachsenen Vergangenheit, wie sie für die Physis des Kindes Bedingung von Wachstum und Reifung ist. Aufgrund der vorgeburtlichen Entwicklungsgestik ist zu folgern, daß der Kultraum und in dessen Nachfolge Scheune, Stall, Nest, Haus und die ganze nicht von Architekten gebaute Architektur in aller Welt die dingliche Reifestätte der Kindheit ist – der Kindheit aller Gegenwarten. Dieser Zusammenhang von vorindustrieller Baugeschichte und nachgeburtlicher Reifung bedarf, um eine Richtschnur für eine Baupraxis daraus zu gewinnen, einer entsprechend sachbezogenen Erläuterung. Die einer solchen Baupraxis zugrundeliegenden Konstanten einer kommenden architektonisch zu realisierenden Kindumwelt sind die Gewebezüge der Gesellschaft als eines Mutterschoßes, außerhalb dessen Wachstum und Reifung des menschlichen Kindes nicht nur schwer behindert, sondern folgenschwer abgebrochen sein würde. Wesentlich folgenschwerer als das seit dem staatlichen Schulzwang erfolgreich angewandte Erziehungssystem sich vorstellen kann, weil grundlegend ausschließlich Leistungsmaßstäbe statt solcher der Menschwerdung angelegt wurden und werden. Eben das ist auch der Grund, warum die anthropologischen – mehr noch die genetischen Ausfälle – ebenso schwer erkannt werden konnten, wie etwa während des Hochschnellens der industriellen Technikkurve der Blick für den fortschreitenden Verderb der Biosphäre des Planeten verstellt war – geblendet vom Erfolg durch Effekt. Der Fall der westdeutschen Entlebungsanstalt in Neu-Isenburg mit seinen noch nicht zum Durchbruch gekommenen Metastasen zeigt jedoch an, daß es immer schon so war und überall so ist, als ein latenter Zustand, der jetzt, wo der Schwund der Steigekraft den Pendel zur Umkehr bestimmt, offensichtlich wird.

Erinnern wir uns des Bekannten. Noch vor hundertfünfzig Jahren verwendeten Industrienationen Millionen von Kindern als Halbmaschinen, nicht zu reden davon, was mit den Völkern der Dritten Welt und ihrer Erde geschah. Und sie hatten sich auch eine Theologie zurechtgelegt, die solches Verfahren rechtfertigte. Und es waren nicht etwa moralische Skrupel, welche die Abschaffung der Kinderarbeit erzwangen, sondern es war der Protest der Generäle, die die militärische Schlagkraft durch den physischen Verfall des Rekrutenmaterials gefährdet sahen. Die Akzente haben sich verlagert. Aber der Begriff vom Kinde, der zur staatlichen Schulpflicht führte und der bis heute gültig ist, hat insofern mit dem militärischen Blickfeld den gleichen Sichtwinkel, als beide Einrichtungen gemäß bestimmter Zielvorstellungen gegründet wurden und unterhalten werden. Diesen Zielvorstellungen, gleichgültig von welcher Art das Ziel ist, wird das Material Kind angepaßt. Das heute geltende Ziel ist, wie im Fall Neu-Isenburg auffällig gemacht, das Marktreifmachen der heranwachsenden Jugend für Produktion und Konsum.

Dem Organismus gelingt es, die Unvereinbarkeiten einer n-Dimension aufzuheben durch Gewinnung einer n+1-Dimension.

Das war es, was wir durch den Sehprozeß erfuhren am Beispielfall der Überhöhung des gespaltenen Sichtfeldes der Ebene und das einheitlich oszillierende Sichtfeld der körperhaften Räumlichkeit. Diese stereometrisch genannte Form des Sehvorgangs ist das Modell aller Organprozesse. Und in eben diesem Sinne würde der Organismus, vor die Aufgabe gestellt, den derzeitigen Verfall von Welt und Natur in Richtung eines geordneten Wirkungsganzen zu verändern, diese Aufgabe nicht durch Fahndung nach abstellbaren Ursachen zu erfüllen suchen; sondern der Organismus würde entsprechend seiner Eigenschaft, das jeweils Feststellbare dem nicht Feststellbaren zuzuordnen, seinen Wachstumsenergien Raum und Grenzen geben.

Die Pflanze steigt mit dem als stützendem Stab empor, was sie nach unten zieht – mit der Schwerkraft der Erde. Ja – gäbe es diese nicht, die Schwerkraft, die alles von ihr sphärisch Entfernte radial in ihr Zentrum zieht, zu Fall zu bringen versucht, was steigt, so gäbe es nicht Entgegenstrebendes, nicht Pflanze, Tier und Mensch. Seine Aufrechthaltung erfährt der Mensch an der Schwerkraft. Ihr erliegt er im Schlaf, während die Auseinandersetzung mit ihr seinen Wachzustand auszeichnet. So erfährt das Kind, in dem es Bauklotz auf Bauklotz aufeinandertürmt, indem es dabei die Schwerkraft ausbalanciert, die physische Möglichkeit des Stehens und Gehens. Das Skelett-Muskelsystem des menschlichen Organismus bildet sich durch das Bilden gegenständlicher Balancen, als welches das Spielen des Kindes mit Bausteinen zu erkennen ist. Es ist Entwicklungsgeschichte. Würde man umgekehrt dem Kind das Spiel mit Bauklötzen, das heißt dem körperlichen Umgang mit Schwerkraftelementen vorenthalten, so würde Skelett und Muskel in dem Sinne unterentwickelt bleiben, als es zu keiner Leibempfindung der Aufrechten kommen könnte.

Hier ein Wort über das Verhältnis von Körper und Leib. Der Leib ist die Empfindungsgestalt, die durch die Mutung des körperlichen Ortes einer Leistung entsteht. So zum Beispiel vermuteten die Griechen den Sitz des vernünftigen Verhaltens im Zwerchfell. Und die griechischen Götter orteten ihre elastische Entschlußkraft in der Region des Knies. Die erste Wand, die Urwand, das sind von Schritt zu Schritt gesetzte Türme aus Quadern. Was sich so als Reihe von Säulen darbietet, ist das wirkende Bild des Ganges in aufrechter Körperhaltung. Wer eine Säulenreihe als Säulenreihe sieht, geht aufrecht, auch wenn er liegt. Wir bezeichnen die durch bloße Vorstellungen ausgelöste, unmerkliche Muskelbewegung als intendierte Bewegung. Zwischen den Säulen sind Lücken, Abstände, Intervalle. Die Säulen bilden durch ihr abstandhaltendes Nacheinander in ähnlichem Sinne eine Gestalt, wie eine Tonfolge durch die Pausen eine Klanggestalt, etwa eine Melodie wird. Welch eine Erfahrung! Ich kann nun um jede einzelne Säule herumgehen. So ist ihre grenzende Reihe wie ein Filter, der Äußeres nach innen zu umformt und Inneres nach außen verwandelt, freigibt. Eine Säulenreihe ist eine atmende Wand vermöge ihrer umwendenden Wandlung – eine Haut, eine Membran, ein osmotischer Prozeß. Auch das Licht wandelt um die Säulen herum, und im Umherwandeln moduliert es sich im Spiel mit dem Nichtlicht, dem Schatten zur Tonigkeit, ja – zur Farbe. Erst das an und mit Körpern geformte, umgeformte Licht ist Licht.

Wenn es also gilt, dem Kind durch die Formsprache einer elementaren Architektur, an den Prozessen der Grenze, der Schwerkraft, der Aufrichtung des Gehens aktive Teilnahme zu verschaffen, dann bauen wir mit entsprechenden Wänden, mindestens in den Räumen, die für ihre Entwicklung besondere Bedeutung haben sollen.

An dieser Stelle möchte zum wiederholtem Male angemerkt werden, daß die elementare Umweltformung, von der hier die Rede ist, im eigentlichen Sinne für die Jahre der physischen Ausreifung, das heißt bis etwa zu Beginn der Pubertät zu fordern ist. Danach kann nicht nur, sondern muß die Konfrontation mit den Erfordernissen der Gesellschaft, gleichgültig von welcher Form diese ist, einsetzen. Bis dahin aber muß ermöglicht werden, daß sich das Kind mit einem intakten Organismus mit der durch gesellschaftliche Wertsetzungen beherrschten Realität auseinandersetzen kann. Sollte es aber umgekehrt darum gehen, die Leibwerdung als Basis sozialen Verhaltens zugunsten von außen angreifender Steuerungen zu unterbinden, dann muß man es machen wie im Modelfall Neu-Isenburg. Die Form, durch welche die gesellschaftliche Realität Einfluß auf die Schule gewinnt, könnte man als realistische Pädagogik bezeichnen. Diese geschieht aber dadurch von selbst, daß das didaktische Prinzip, das heißt, die Verfahrensform des Lehrens bereits durch die raumbildenden materiellen Elemente ein Lernen durch Entdecken und ein Erkennen durch Tun ist. Den besonderen Funktionszusammenhang von Raumform entdecken lernen ist darin begründet, daß vermöge der leibkörperlich geleisteten Herkunft der architektonischen Elemente (Boden, Wand, Dach) das Lernen als ein Innewerden der Leibvergangenheit vonstatten geht. Eben das ist die Wirkrichtung des solchermaßen baulich erstellten Leibraums auf die kindliche Erlebensfähigkeit; daß Art, Umfang und Tiefe der Aneignung nach seinen individuellen Entwicklungswerten vorgenommen wird. Und dieses wiederum aus dem Grunde, weil nicht nur das Lernen ein »Sich-Erinnern« ist, sondern weil nur das solcher Art Erinnerte lernenswert ist. Es ist uns als Erben der vergangenen drei Jahrhunderte technischer Zivilisation schwierig, uns die Sinnes- und Bewegungsorgane unter einem anderen Modell vorzustellen als dem zweckfixierter Werkzeuge. Hände zum Greifen, Beine und Füße zum Gehen, Augen zur optischen, Ohren zur akustischen Registrierung der Welt. Daß jedoch die Sinnes- und Bewegungsorgane reine Entwicklungsprozesse erfüllen, allerdings dann und nur dann, wenn sie und dadurch, daß sie auf universale Vorgänge, auf, wie Platon es ausdrückte, Urbilder, oder wie Goethe, auf Urphänomene bezogen sind – diese Vorstellung setzt eine Denkrichtung voraus, die uns einzuschlagen beinahe unmöglich geworden zu sein scheint. Wir Heutige unterliegen einem ungeheuren dreifachen Handikap. Erstens der Verteufelung des Leibes durch das institutionelle Christentum kontra

Jesum, zweitens der Apparatefaszination, drittens der Subjekt-Objekt-Trennung im Welterleben. Um es apodiktisch zu sagen: Das Kind lebt, solange die Ausreifung seines Organismus währt. Goethe: Es lebt platonisch.

Die Dummheit ist nach Thomas von Aquin der eigentliche Fluch der Erbsünde, ihr Grund und ihre Folge. Goethe definiert sie als Zustand der Verharrung, in dem alles Sein in dem Nichts zerfallen muß. Und damit hat er die Tragödie Mensch bezeichnet, die in der Umkehrung seiner Möglichkeit besteht, seine nachgeburtliche Entwicklung durch den Umgang mit dem Phänomenalen fortzusetzen. Er kann sie paralysieren, und das tut er.

Das Kind lebt in unaufhörlichen Grenzprozessen, Schlaf- und Wachträumen, es lebt auf der Schwelle zwischen den Ereignissen, auf der Grenzscheide, die dieses mit jenem verbindet und durch Abständigkeit gliedert. Es sitzt auf der Schwelle, hinter sich das Haus, vor sich die Straße. Aus diesem physisch gegebenen Grunde ist der Begriff von der Wand auszudehnen auf die Schwelle. Folglich ist sie als ein raumgliederndes Element in der Architektur zu handhaben. »Dummes aber, vors Auge gestellt, hat ein magisches Recht: weil es die Sinne gefesselt hält, bleibt der Geist ein Knecht.« (Goethe 1821, *Zahme Xennien II*) Eine dumme Wand ist eine prozeßleere Fläche. Techniken, solche zu produzieren, gibt es nicht nur in Hülle und Fülle, sie sind sogar deren Paradestück. Wenn es also darum geht, die embryonische Dynamik des jungen Organismus zu sterilisieren, so muß man es aussetzen auf die Informationsplantagen des Harlemer oder Neu-Isenburger Modells, wissentlich oder unwissentlich, das bleibt sich gleich, weil beides die Infamie der Dummheit zur Wurzel hat.

Ordnen wir die durch Schwerkraftfaktoren aufgerichtete pfeilerhaft rhythmisierte Wand dem Skelett-Muskelsystem des menschlichen Körperbaus zu, so gibt es in solcher Zuordnung zum Körperbau als weiterer Ausbildung aufrechter Grenzflächen die durch Verstrebung gebildete Wand. Dazu gehört das

Balkengefüge des Fachwerkbaus und die aus Rund- oder Kanthölzern verschränkte Wand der Blockbauweise und das Flechtwerk. Ihre strukturelle Sprache ähnelt in anatomischer Entsprechung den Bänderungen der Sehnen und wohl auch den Verästelungen des Aderbaums und des Nervensystems. Wir haben es hier nicht mit Stein als Material, in dem sich die Schwerkraft demonstriert, zu tun, sondern eigentlich mit deren Gegenteil, mit der Wuchskraft, mit dem Nachobenstrebenden der Pflanze; der nach unten ziehenden Schwerkraft entgegengerichtet. Holz ist das spezifische Material des Verfugens und Verstrebens. Die Faser ist der Werkstoff des Flechtens und Knüpfens, des Verwebens und Schlingens. Die diesen Tätigkeiten zugrundeliegenden Gestik ist sowohl diejenige, durch die sich Arm und Hand embryonisch gebildet haben, als auch diejenige, die sie ausführen nach der Geburt, als ein in manueller Tätigkeit bezeugtes Leben. Wogegen der Umgang mit Steinen die Elastizität von Nacken und Wirbelsäule, dem dieser Umgang entspricht, herausfordert und hochbildet. Eine ganz andere, sogar wesentlich andere Wandentstehung vollzieht sich durch Phasen- und etappenhafte Vorgänge des Zusammenwachsens von erst weichen, dann erhärtenden Massen. Dazu gehören die Schneehöhlen des Iglu. Eine Backtechnik ist auch die besonders von den Römern angewandte Bauweise, viele Meter dicke Wände von Festungen und Wällen durch Einfüllen von Bruchmaterial zu gewinnen; und letztlich die unser ganzes industrielles Zeitalter beherrschende Betonbauweise. Diese genannten Bauweisen haben etwas Massebezogenes, Massives, Undurchdringliches, Abweisendes. Massenhaft auch insofern, als damit Wände nicht von unten nach oben errichtet werden, auch nicht allseitig vernetzt und verstrebt, sondern von oben nach unten hineingegossen in Hohlformen, um gleich Sinkstoffen gerüttelt und gestampft zu werden. Der letzte Schritt in der hier eingeschlagenen Richtung zeichnet sich in den Kunststoffen ab. Der Ausdruck Kunststoff ist nur dann nicht falsch, wenn man darunter nichts Außer- oder Widernatürliches, sondern in engen Zielsetzungen weitergeführte Verfahren der Natur versteht. Es handelt sich dabei um die aufgrund der Erforschung der Feinstruktur der Materie möglich gewordene Herstellung von Polymeren, das heißt von Molekülen, die aus vielen oder sehr vielen (10^3 oder mehr) gleichen oder verschiedenen Grundbausteinen additiv oder vernetzt aufgebaut sind. Das dazu führende technische Verfahren beruht auf Analysieren. Das zum Analysieren und Abstrahieren befähigte Leistungsgebilde ist als letzte Stufe des Zentralnervensystems das Großhirn mit der Hirnrinde. Solcher Art sind die Kunststoffe nicht nur Produktion des Großhirns, sondern auch Projektion desselben mit entsprechender Rückwirkung oder Rückkopplung nach Art eines Regelkreises auf den, der damit umzugehen hat, der sich mit ihnen befaßt, der mit ihnen lebt. Kurz – wie der Stein dem Skelett-Muskel-System, das Gebälk dem Bänderungssystem, das Flechtwerk der geweblichen Vernetzung, der Beton den Mischungsprozessen des Stoffwechsels und der Verdauung entspricht, so entspricht der Kunststoff dem Großhirn. Mit andern Worten – in den beschriebenen Verwendungsarten der Materie zum Baumaterial manifestieren sich Seinsweisen, die insofern phänomenal urbildhaft sind, als sie Seinsweisen des menschlichen Organismus und seiner Entwicklungsgeschichte sind. Da aber von der Zellteilung des Keimlings angefangen jede einzelne Funktion sich nur im Leistungszusammenhang mit allen andern anlegte und folglich auch nur in diesem Gesamtzusammenhang, der sich als eine einzige Raumzeit konstant verwirklicht, funktionsfähig ist, kann der nachgeburtliche Embryo nur dadurch werden, der er ist, daß alle seine Funktionsmöglichkeiten herausgefordert werden und nicht nur diese oder jene, zu der ihn eine zweckfixierte Gesellschaft mit ihrem Drang nach Sicherung und Verharrung verurteilt.

Das bedeutet für den baulichen Bereich, in dem das Kind im Vorschul- und im frühen Schulalter in der Ausreifung seiner Physis lebt, es müssen alle diejenigen vielfältigen raumbildenden Elemente zur Wirksamkeit durch Sinnes- und Körperumgang gebracht werden, deren Prinzipien in Folge ihrer Allgültigkeit den Keimling zur individuellen Ausbildung seiner

Erbmöglichkeiten aktivieren. Kurz gesagt – der Raum muß urphänomenal komponiert, er muß urbildlich veranstaltet sein. Die Wände sind diejenigen Grenzzonen, die uns als Aufgerichtetes von rechts und links, bauch- und rückenwärts umgeben. Die Fläche, über der wir uns aufrichten, ist der Boden unter unseren Füßen. Und was uns zu Häupten ist, ist im Freien das Firmament und im Geschlossenen Decke und Dach. Decke und Dach werden von uns ebensowenig berührt wie der Himmel; im Gegensatz zum Bereich unter unseren Füßen – hier befinden wir uns in einem Dauerkontakt mit dem Boden, als einer widerstehenden und daher – paradoxerweise – uns tragenden Grenzzone mit der Mutter Erde. Hier vereint sich die Grenzfläche der Fußsohle mit der des Erdkörpers. Das dem Zusammenhang von Oberflächen und Tiefe, Haut und Binnenorgan, Punkt und Gewebe zugrunde liegende Prinzip ist auch ein geometrisches, insofern die Kreislinie die Menge der Orte ist, durch die das Zentrum bestimmbar ist. Oder es ist auch ein dialektisches insofern, als die Peripherie die Verwirklichungsorte des Zentrums sind. Der Schluß, den wir aus all dem zu ziehen haben, ist der folgende: Das dialektische, den Marxismus bestimmende Denken, erfüllt sich gesellschaftlich erst dadurch und dann, daß es nicht Leistung, sondern Zustand, nicht Können, sondern Eigenschaft, nicht Gesetz, sondern Sein ist. Zustand, Eigenschaft, Sein im organhaft physischen Sinn eines ausreichenden Teils der Individuen der Gesellschaft, also der Menschen. Wo aber finden sich diese Menschen, die ja offenbar nicht Produkte von Leistung, Können und Gesetz sein können. Unsere Antwort lautet: im Kind. Die Fähigkeit, sich zu bilden, ist eine Erscheinung der elastischen Selbstbildung des Organismus, fortgeführt durch methodische und allseitige in Anspruchnahme gleich nach der Geburt, wobei die ersten Wochen und in sanft absinkender Kurve die folgenden Monate und Jahre erfüllt sind von der körperlichen hauthaften und fluidalen Gegenwart, der Zugewandtheit der Mutter und ihrer Gestik, ihrem Sprechen, ihrem

Blick, ihren Händen. Später, nach dem Kriech- und dem Krabbelalter – wodurch das Aufrechtgehen der Körper sich erweitert zum umgebenden Raum – werden die frühen Ereignisse des Angefaßtseins und des Anfassens übertragen auf die grenzende Körperlichkeit des Raumes. Zugespitzt gesagt – die raumtief strukturierte Wand erfaßt und umfaßt das Kind wie die Hand der Mutter. Wie nun wird die solchermaßen fassende und angefaßte Verbindung zwischen Fußsohle und Erdkörper gewährleistet? Dadurch, daß der Boden eine körperliche Zone bildet, in der Umwandlungen zwischen oben und unten vonstatten gehen. Was die Wand fallend oder steigend, senkrecht oder aufrecht ist, ist der Boden in gedehnter Lagerung. Das eine verhält sich zum anderen wie die Verfassung des stehenden zum liegenden Menschen. Liegend geschieht der Traum in der Schale des Schlafs; dem entsprechen die konstruktiven Ausbildungen der Böden, in Stein, Holz, Keramik, Gewebe, Geflecht, Gewirk, Fell – in welchem Material immer. Der Boden als fühlbarer Körper, als Gegenstand, der seine Geschichte hat, als Ding, in das die Zeit einging wie eine ausgetretene Schwelle, über die Generationen schritten. Als Dauerzeuge der Vergänglichkeit spricht er mit der Fußsohle in der Sprache des tiefsten aller Sinne, des Tastsinns von der abenteuerlichen Mannigfaltigkeit der wenigen Grundzustände, durch die sich die stoffhafte Welt erfahrbar gibt, des Festen, des Losen, des Wässerigen, des Luftigen, des Dichten, des Gedehnten, des Harten, des Weichen, des Kalten, des Warmen. Um das Verständlichste zu verstehen, stehe und gehe mal einer mit nackten Sohlen im Dunkeln, so geht ihm schnell auf, was ihm bisher alles entging. Als Kinder taten wir das. Nie waren wir aufmerksamer und empfänglicher, als wenn wir mit bloßen Füßen liefen.

Dem Gehenden geht die Welt auf wie ein Licht. Und wenn es schon – wie besonders heute angesichts der Informationsfülle – darum geht, die erkennbaren Hauptlinien des Weltgeschehens und das Rüstzeug, darin zu bestehen, schulisch zu vermitteln, wie sollte es besser geschehen als auf dem Boden des Nächstliegenden, das heißt durch Verbindung mit dem, was greifbar und tatsächlich am nächsten liegt, dem Boden. Kurz, wir haben dafür zu sorgen, daß in der Kind-Umwelt – besonders der schulischen – die Böden als körperhafte Grenzzonen ausgebildet werden, auf denen sich Kinder und Lehrer auf Socken oder barfuß, je nach Lust und Laune, bewegen. Das erfordert neue Gewohnheiten. Die Schuhe sind in der Vorhalle abzulegen.

Wie unfaßbar mannigfaltig ändert sich im Gebirge dessen Erscheinung im wandelnden Einfallswinkel des Sonnenlichtes und ständig wechselnden atmosphärischen Verhältnissen. Wie zugleich erregend als auch besänftigend ist der Anblick, wenn das Licht der Sonne sich mit zitternden Strahlen durch die Dunsthülle eines hochstämmigen Buchenwaldes tastet, wie magisch wandelt der Schattenstab der Sonnenuhr über den Stundenbogen des Tages.

Das Licht als solches ist nicht Gegenstand des Sehens, sondern die vom Licht getroffenen Gegenstände sind Gegenstand des Sehens. Die Lichtquelle weist von sich ab. Sie erfüllt sich nicht in sich, sondern in ihrem veränderlichen Bewegungsumgang mit der körperlichen Welt. Das klingt wie ein sittliches, ja ein religiöses Postulat. Das Licht findet seine Identität in der Brechung am Gegenstehenden. Und in eben dem gleichen Bezug wird das Auge Auge und der Mensch Mensch. Und eben dadurch erweist sich der sittliche Charakter des Sehprozesses wie eines jeden Prozesses, sofern er Prozeß ist.

Was also ist zu tun im Rahmen der Kind-Architektur? Zu tun ist nichts anderes, als was sein eigenes Auge den Fragenden zu tun anweist und was alle anderen Organe ihm zu tun anweisen würden, falls er es riskiert, sich aller sonstwoher kommenden Informationen zu entschlagen und eben nur sie um ihre Dinge zu befragen. Das ist es: Der Fragende muß sich selber fragen: *sich* in der Konkretheit seiner Leib-Körperlichkeit. Prozesse bedürfen der Zustandsunterschiedlichkeit ihrer Bezugsmedien und ihrer selbst. Der Schall bedarf der Brechung und der Modulation der Brechung, um gehört zu werden. Und eben diese Bedingung erfüllt auch das Ohr, wenn es hört. Die Vorgänge im Innenohr des Hörenden, vor allen an der Basilarmembran in der Schnecke, sind die gleichen wie in der äußeren

Schallwelt – sich brechende Wellenzüge. Entsprechendes ist zu tun in der Kind-Architektur.

Wie sieht es in der Klimatechnik aus? Wie ist hier das Prinzip der Unterschiedlichkeit zu realisieren? Gib dir selbst die Antwort. »Den Kopf halt kühl, die Füße warm, das macht den besten Doktor arm.« Zu fordern ist Differenz von Strahlungswärme = 23° und Luftkühle von 16° durch Bodenheizung und aktive Deckenkühlung. Die derzeitige Technik erschöpft sich in gleichförmiger Erwärmung der Luft. Sie bietet also – wie könnte es anders sein – das gleiche Bild wie die Lichttechnik, wie sie sich in der Produktion konstanter Helligkeit erschöpft.

Konträr, um es nochmals zu sagen, dem Organismus, der als ein inkonstant schwingendes System lebt. Was ist zu tun? Das zu Unterlassende ist zu tun. Es ist zu unterlassen, die Kinder in Stiefel zu zwängen. Die Drogenwelle schwillt an. Ein Drittel der Jugend ist rauscherfahren. Die Eltern sind in einem klinischen Sinne unfähig, in sich aufzunehmen, was da vor sich geht, noch unfähiger, sich der Ursache des Unheils bewußt zu werden, und zwar deshalb, weil sie selbst deren Opfer sind. Es reicht allenfalls dazu, nach Maßnahmen zu rufen, um der Folgen zu wehren. Die Ursache ist der industriell betriebene Abbruch der physischen Entwicklungsprozesse des Frühkindes. Durch die postnatale Abtreibung, wie sie in den Modellen Haarlem/New York und Neu-Isenburg mit einer Planreihe ebensolcher Anstalten demonstriert wird. Wenn die Jugend ihrer organständigen Erlebnisfähigkeit beraubt und zu Depressiven gemacht worden ist, denen Leben und Welt grau und sinnlos werden muß, was bleibt ihr anders übrig, als den eigenen Organismus im Feuerwerk der Chemie zu verglühen.

Aber nun steht doch mal die Schule in Neu-Isenburg. Was soll damit geschehen? Das aber ist nicht die Frage, weil außer Frage steht, daß sie zu schließen ist. Sie ist unter Denkmalschutz zu stellen! Die Frage ist die herzklopfende:

Was geschieht mit den Kindern?

KÖRPERBEWUSSTSEIN ALS BASIS SOZIALEN VERHALTENS

Rundfunkvortrag
gesendet am 10.9.1972
im WDR Hörfunk, 1. Programm
Sendereihe »Die Stille Stunde«

Abschrift des handgeschriebenen Manuskripts

Die Bitte, die zu Anfang der Behandlung unseres Themas zu stellen ist, mag unzumutbar klingen, aber es ist die Sache selbst, die dazu nötigt: Es ist darum zu bitten, daß der Hörer bei keiner der folgenden Ausführungen und deren anempfohlener Ausführung fragen möge: »Was kann ich damit anfangen?« In der Tat verhält es sich mit unserer Sache so, daß sie mit dieser Frage ihren Sinn und ihre Möglichkeit verlöre. Um es grob zu sagen: Es ist nichts mit ihr anzufangen.

Es ist möglich, daß sie etwas mit mir anfängt. Und zwar deswegen, weil sie keinen Anfang und kein Ende hat, da der Anfang ihr Ende und das Ende ihr Anfang ist.

Der Gegenstand unserer Behandlung ist unser Körper, seine Organe, seine Organfunktionen – nicht im Sinne einer darstellenden Anatomie, sondern als Frucht einer tätig gewonnenen Bewußtwerdung der besonderen Weisen und Bedingungen seiner Prozesse; insbesondere erläutert an denen der Sinneswahrnehmungen.

Kurz gesagt: unser Organismus nicht als etwas Verfügbares, sondern als etwas erst Zu-Erzeugendes.

Das besagt, daß ich ihm in der unvoreingenommenen Art begegnen muß, wie man, um einen Baum als Baum sehen zu können, diesen nicht betrachten darf mit den Augen eines Holzfällers, Holzhändlers oder Zimmermanns. Das ist nicht einfach. Es ist vielleicht das Schwerste, was es im Leben gibt. Der Zen-Buddhismus erkennt demjenigen den höchsten Grad des Eingeweihtseins zu, dem es gelungen ist, einen Apfel als Apfel zu sehen.

Goethe rang sein Leben lang darum, sein Auge so weit zu entwickeln, daß es sieht, was vor Augen liegt. In diesem Sinne ist auch die Eingangsbitte zu verstehen. Die Forderung, einen Apfel als Apfel zu sehen, gilt natürlich nicht dem Apfel in erster Linie, sondern dem Sehvermögen. Ich habe also im Umgang mit meinem eigenen Körper zu lernen, ihm keine von außen gesetzten Leistungen abzuverlangen; welcher Art auch immer. Vielmehr muß ich versuchen, durch erhöhte Aufmerksamkeit das WIE in Erfahrung zu bringen, durch das Organe imstande sind, Leistungen zu erfüllen.

Um es an einem Beispiel klar zu machen. Wir stehen und beabsichtigen, auf ein Ziel zuzugehen. Das Ziel haben wir ins Auge gefaßt. Jetzt verlangt unser Thema, daß wir durch aufmerksames Beobachten unserer Bewegungsabläufe zu erfahren suchen, was mit uns geschieht und zu geschehen hat, wenn wir den ersten Schritt tun. Wir werden danach festgestellt haben, daß wir nach Anheben des Fußes (nehmen wir an, es sei der rechte) vom Boden den ersten Schritt hinter uns brachten, indem wir in ihn hineinfielen, weil wir ja momentweise den Schwerpunkt aus uns heraus verlagern mußten, um sogleich das linke Bein aus der Ausgangsstellung anzuheben und es sodann über den Haltepunkt des rechten Beins hinaus pendeln und Fuß fassen zu lassen in einem Punkt, der ein Stück vorn vor dem Standpunkt des zuerst vorgefallenen rechten Fußes liegt. Das linke Bein hat eine regelrechte Pendelschwingung ausgeführt, wobei der Aufhängepunkt des Pendels senkrecht über dem Standfuß zu liegen kam.

Der Vorgang setzt sich dadurch fort, daß es in der nächsten Phase das rechte Bein ist, das die Pendelschwingung ausführt. Sie endet, indem der rechte Fuß fußfaßt, nachdem die Pendelschwingung durch Hineinfallen in den Standpunkt rechts zu Ende kam. Dieser Vorgang des Hebens und Senkens, einmal rechts, einmal links ausgeführt, wird als Prinzip nicht nur der Gehbewegung, sondern der Bewegung überhaupt von der Sprache richtig beschrieben: Vorgänge sind Vor-fälle.

Was das Bewußtwerden des Hebens und Senkens als des für Bewegung überhaupt geltenden Prinzips der Gehbewegung angeht, so haben – um ein geläufiges Beispiel zu nennen – die Griechen es dadurch geleistet, daß sie in der gehobenen Sprache der Dichtung das Gesetz des Sprachflusses auffaßten und handhabten als ein tänzerisches Schreiten im Heben und Senken des Versfusses. In ihr kommt die Sprache zur Sprache, wobei dann das Heben und Senken im Versmaß – ähnlich dem Pulsschlag oder der Atmung – zugleich Anstoß wie Ergebnis der Sprache ist: eben Dichtung.

Bevor das Kind sprechen lernt, spricht es das Sprechen. Wir sagen: Es lallt. Das Gehen lernt es dadurch, daß es das Gehen geht: Es torkelt, fällt, steht wieder auf. Bevor es lernt, einen Gegenstand zu ergreifen, greift es das Greifen: Es spielt mit seinen Fingern. Bevor es sehen lernt, sieht es das Sehen: Sein Blick schwimmt. Allemal ist es so, daß die Organvorgänge sich zum Gegenstand ihrer Selbst machen, um einer Herausforderung genügen zu können, die von außen an sie gestellt wird.

Im gleichen Sinne wollen wir verfahren, um zu erfahren. Mit dem Beispiel vom Gehen sollte es seinen Anfang haben, wobei jedoch das Beispiel nur dadurch bewußt-wirksam wird, daß es gespielt, daß das Gehen an sich und als solches gegangen wird. Denn das Körper- oder Organbewußtsein, das unser Thema bezeichnet, kann in keiner anderen Weise behandelt werden als durch Vollzug körperlicher Erfahrungsschritte. Wir können nicht darüber, wir können nur aus ihm heraus sprechen.

Die Gehbewegung ist eine Pendelschwingung, erfuhren wir. Das Gelenksystem der Beine mit Oberschenkel, Knie, Unterschenkel, Fuß ist pendelnd in das Skelett-Muskel-System des Organismus eingehängt. Der nächste Erfahrungsschritt, zu dem wie von selbst das Gehen des Gehens hinführt, gilt der Pendelbewegung als solcher.

Wir bemerken, daß die Richtung unseres Erfahrungsweges sich dabei zunehmend ausschließlich auf die Vorgänge als Vorgänge bezieht.

Um eine Pendelbewegung zu erfahren, müssen wir uns pendelnd verhalten. So wie wir, um das Gehen zu erfahren, uns gehend zu verhalten hatten.

Diese Einstellung unseren Organvorgängen gegenüber bietet heutigentags erhebliche Schwierigkeiten. Denn wir haben zu ihnen, wenn's hoch kommt, eigentlich nur noch ein begriffliches Verhältnis; wir wissen etwas über sie, aber wir wissen nichts aus ihnen heraus. Wir haben durchweg die Einstellung – und das ist das Menetekel der industriellen Zivilisation –, daß unser Organismus etwas Verfügbares wäre, wie etwa ein Bergwerk oder eine Ölquelle. Er ist aber – und darin eben lebt das Kind – etwas, das aus einer Anlage heraus zu entwickeln ist, um das zu sein, was es ist – ähnlich einem Erbe, das zu erwerben ist, um ein Vermögen zu sein.

Und noch etwas: Daß die Gattung Mensch so hemmungslos die Güter der Erde und gewaltige Kontingente der eigenen Gattung, wie es treffend heißt, »verheizt« (womit zugleich erwiesen ist, daß der Zerfall des Lebens in einem sozialen Miteinander ein und dieselbe Wurzel hat wie der Zerfall des Lebens mit der Erde) – alles das ist Auswirkung und Spiegelung des Verhältnisses des Menschen zu seinem eigenen Organismus als einer Art auszubeutender Energiequelle.

Das ist des Pudels Kern. Da liegt der Hase im Pfeffer.

Um die Pendelschwingung, die das Gesetz unserer Gehbewegung ist, als solche zu erfahren, müssen wir uns pendelnd verhalten... Wie geschieht das? Es geschieht durch die Wahrnehmung einer Pendelschwingung; im vorliegenden Falle wollen wir uns einrichten auf deren Wahrnehmung durch das Sehen.

Es ist angezeigt, vorauszuschicken, was wir allerdings im nachhinein ohnehin erfahren werden. Wahrnehmung ist entgegen der landläufigen Auffassung nichts weniger als die Zurkenntnisnahme eines Sachverhaltes. Wahrnehmung ist allgemein und im besonderen des Sehens eine Zustandsänderung des Wahrnehmenden, hervorgerufen durch den wahrnehmenden Bezug auf den jeweiligen Gegenstand. Wenn ich »rot« sehe, befinde ich mich in einem anderen Zustand, als wenn ich

»blau« sehe. Das Wort »wahrnehmen« besagt ja schon, daß das Erkennen zugleich ein Bewahren und Entwickeln dessen ist, was ich erkenne. Das Wort »wahrnehmen« deutet das Erkennen als einen mich und den Gegenstand ergreifenden Entwicklungsschritt.

Ein Kind nimmt die Pendelschwingung im Ganzen seines Organismus und nicht nur sehend dadurch wahr, daß es sich in Pendelschwingung versetzt: auf der Schaukel, beim Seiltanz oder dadurch, daß es hüpft und tänzelt, während es geht. Mit dem Ergebnis, daß seine Wahrnehmung von Schwingung nur insofern eine solche ist, als sie eine selber schwingende ist.

Jedoch gilt diese Verfassung in vollem Umfang auch für das sehend vonstatten gehende Wahrnehmen.

Warum?

Weil im Sinne des bereits Gesagten – das Sehen nicht bloß ein Vorgang im Linsenapparat des Auges ist, der von dort auf ein sogenanntes »Sehzentrum« einwirkt, um dort mittels Entschlüsselung nervlicher Signale als »Bild« zu erscheinen. Ganz im Gegenteil. Das System der Wahrnehmungsorgane ist darauf angelegt, und es entsteht und entwickelt sich von Anbeginn dadurch, daß durch seine Verrichtungen der Gesamtzustand des Wahrnehmenden unter der Einwirkung dessen verändert wird, was er wahrnimmt. Mit anderen Worten: Durch das Wahrnehmen werden die Gegenstände Zustände. Sehr deutlich machen uns das die Kinder, wenn sie, während sie einen Vogel fliegen sehen, ihre Arme wie Flügel, und wenn sie einen Hasen hüpfen sehen, sich hüpfend bewegen. Der ausgewachsene Mensch, der Entwachsene, kann dieses Inmitleidenschaft-Gezogensein unterdrücken und abdrängen – zugunsten von Leistungen, die er sich abnötigen muß, um sein Dasein fristen zu können. Das Kind kann das nicht, es sei denn auf Kosten seiner physischen Entwicklung und um den Preis der Verkrüppelung. Es kann es deswegen nicht, weil, da die Entwicklung seines Organismus noch nicht abgeschlossen ist, alle seine Lebens- und Erlebensvorgänge zugleich Entwicklungsvorgänge sind – und umgekehrt.

Was dem Erwachsenen jedoch zu tun möglich ist und was sogar das ist, was seinem Leben Sinn gibt, ist: sich methodisch soweit durch- und hochzubilden, daß er zwar nicht etwa wieder Kind, sondern wie ein Kind sein würde. Das heißt: Das Erwachsensein erfüllt sich darin, den jeweiligen Endzustand durch das, was wir Bewußtsein nennen, in aktiver Verbindung mit dem Anfang zu halten.

Der Holzhändler kann, wenn es ihm lebensernst damit ist, den Baum als Baum sehen. Dazu ist notwendig, das zu überwinden, was ihn daran hindert. Um diesen Zustand im Rahmen unseres Themas hinsichtlich der Pendelschwingung zu erreichen, fertigen wir uns ein Pendel; in einfachster Form auf folgende Weise:

In eine Hartgummikugel, die es als Spielball gibt, treiben wir eine Nadel, durch deren Öhr wir einen Faden ziehen, dessen beide Enden wir an zwei Punkten der Zimmerdecke oder am oberen Rahmen eines Türeingangs befestigen. Die Kugel hängt dann an der Spitze eines Dreiecks, dessen Kanten die Fadenlänge und der Abstand der Befestigungspunkte sind. Senkrecht gemessen soll die Hanghöhe des Pendels etwa ein Meter betragen. Bei dieser dreieckigen Aufhängung schwingt die Kugel in ein und derselben Ebene.

Wir versetzen das Pendel in Schwingung, indem wir das Gewicht aus seiner senkrechten Ruhelage auslenken und loslassen. Die Vollschwingung beschreibt einen Kreisbogen, dessen Radius die Dreiecksenkrechte ist, die zugleich die Schwingungsdauer bestimmt. (Je länger der Pendelarm ist, desto länger ist die Schwingungsdauer, unabhängig vom Gewicht und von der Weite der Auslenkung. Eine seltsame Erfahrung: Gleichgültig, ob ich das Pendel viel oder wenig auslenke, ob es weit ausschwingt oder eng, seine Ruhelage gewinnt es praktisch im immer gleichen Zeitraum.) Der Ruhepunkt befindet sich senkrecht unterhalb der Aufhängepunkte. Rechts und links von der Ruhelage befinden sich in der gleichen Ebene die Punkte, an denen die Schwingungsbahn ihre jeweils höchsten Stellen erreicht. An ihnen gewinnt die Fallkraft die Oberhand über die

Steigekraft, der sie ebenso innewohnt, wie umgekehrt die Steigekraft mit der Fallkraft verbunden ist. Je höher das Pendel schwingt, desto mehr verliert es seine Steigekraft und desto mehr nimmt die Fallkraft zu; und umgekehrt. Steigen und Fallen bilden die Einheit eines Je-desto-Verhältnisses.

Gewohnterweise wird nun die Frage gestellt: Was kann ich damit anfangen? Was läßt sich daraus schließen? Nun: Es ist zu sagen, daß, seit es Galilei gelang, diese Frage durch eine arithmetische Gleichung zu beantworten, diese Gleichung wesentlich mitbewirkt hat, die Welt so zu verändern, wie wir sie heute vorfinden.

Wir jedoch stellen zu dieser Frage und ihrer Zielrichtung die spiegelbildliche Gegenfrage; und damit ist der Ansatz bestimmt für alle Verrichtungen, die zu tun unser Thema empfehlen muß. Die Frage lautet: Was fängt die Pendelschwingung mit mir an? Was öffnet sich in mir, wenn ich meine Aufmerksamkeit auf die Empfindung richte, die die Beobachtung des Vorgangs, seine Wahr-nehmung, in mir auslöst? Wir kommen dabei zu der Einsicht, daß das wahrgenommene Je-desto-Verhältnis, das die Gegensätze von Steigen und Fallen zueinander einnahmen, mein Nervengeschehen derart beeinflußt, daß wir den äußeren Vorgang als unseren eigenen, inneren empfinden. Vorausgesetzt, wir suchen nichts dahinter; begreifen, indem wir uns ergreifen lassen.

Wir brauchen uns nur an unsere Kindheitserlebnisse zu erinnern oder, es würde schon genügen, schaukelnden Kindern zuzusehen. Die Höhepunkte des Schaukelgenusses fielen zusammen mit den Höhepunkten der Schwingungsbahn, weil sie die Kehren waren, in denen die Kräfte zum Umschlag kamen. Diesen fühlten wir förmlich; fühlten, wie die eine Kraft in der anderen wohnte, obwohl, ja: weil sie einander gegensätzlich gerichtet waren. Gerade diese Empfindung ist es, durch die das Schaukeln eine Lust ist, ein Rausch. Alles, was Schwingung heißt, Rhythmik, Periodik, Welle – und ist das Leben, das Sein selbst nicht eine rhythmische Erscheinung? – hat hierin ihre Wurzel. Es ist die Einheit der Gegensätze, ihr nahtloses In-

und Miteinander, deren Empfindung uns zu dem macht und das sein läßt, was wir dabei empfinden, weil es ein allgültiges Gesetz ist, das hier von uns Besitz ergreift, wie wir von ihm. Ein Gesetz, dem auch die Sterne gehorchen. Zugleich das Gesetz, das den Aufbau unseres Organismus steuerte, vom Ei bis zum Embryo; und das nun, wir erfahren's, auch die Basis unseres erlebenden Lebens, unseres Lebensspiels ist.

Wie die Schwingung selber sich wiederholt und wiederholt, so holen wir – sei es auf der Schaukel, sei es dadurch, daß wir eine Pendelschwingung sehend verfolgen – ihr Gesetz wieder; wir tun, was geschieht; und sind, da es ein allgültiges Geschehen ist, selber das, was geschieht: in persona und als Person die Vereinigung der Gegensätze.

(...immer ist das Einzelergebnis der Ursprung evolutionärer Entwicklungen. Das ist es, was den Kindern bei ihren Spielen die Lust wissend macht und das Wissen lustvoll.)

Fassen wir das bisher Erfahrene zusammen, ehe wir in der Richtung unseres Themas den nächsten Schritt wagen. Man muß schon sagen: wagen. Durch das Gehen des Gehens kam als dessen Prinzip zu Bewußtsein, daß es nicht vonstatten gehen kann, ohne daß wir den Schwerpunkt pendelnd aus dem Organismus herausverlagerten dorthin, worüber wir jeweils nicht verfügten. Das Gehen wies sich aus als ein stetig mal rechts, mal links aufgefangenes Fallen ins Ungesicherte. Ohne Entsicherung des Sicheren kein Prozeß.

An der Pendelbeobachtung wurde uns, da sie eine selber schwingende war, Schwingung als das Ineinanderspiel gegensätzlicher Zustände bewußt.

Vergleichen wir nun diese durch und von uns selbst erlebten Verhaltensweisen unserer Organe mit dem Lebensverhalten der Menschen zum Menschen und zu der Erde, die sie bevölkern, so können wir der Erkenntnis nicht ausweichen, daß von deren Fähigkeiten und Eigenschaften im Weltverhalten der menschlichen Art so gut wie nichts wirksam ist. Weder gelingt es den Gruppen, Völkern, Staaten, Rassen ihr Verschiedensein aufzuheben zu umfassenden Systemen, noch ist in der Ebene des Einzelnen jene Organverfassung, grundsätzlich nur im Austausch mit dem Neben-, Über- und Unter-Geordneten sich selbst verwirklichen zu können, als lebensteuernde Eigenschaft verankert. Sie existiert nur noch als mehr oder weniger starker Appell an Vernunft und Moral und Beschwörung ethischer oder religiöser Maximen und Wahrheiten, die jedoch lautlos verhallen müssen, da sie ohne den Resonanzkörper des Organismus lautlos sind.

Statt eines In- und Miteinander sehen wir jenes Durch- und Gegeneinander, das in der qualvoll langen Geschichte der Sorge, Klage und Anklage deren Hauptgegenstand ist.

Wie dieser traurig stimmenden Einsicht ins Ungenügen nicht auszuweichen ist, ist jedoch auch der Frage, die sich mit ihr gemäß eines Je-desto-Verhältnisses aufdrängt, nicht auszuweichen, ob es denn nicht möglich ist, die Verhaltensweisheit, die der menschliche Organismus gegenüber sich selber walten läßt, einzubringen in das Leben der Menschen in der Welt und in der Gesellschaft von ihresgleichen.

Es gibt eine Antwort darauf. Sie lautet: Es ist nicht nur möglich, sondern es ist das einzig Mögliche.

Aber bevor wir uns dieser Antwort stellen oder stellen können, sind weitere Selbsterfahrungen einzuüben. Sie gelten vor allem derjenigen Fähigkeit, welcher die menschliche Gattung am verhängnisvollsten ermangelt. Es ist dies die Fähigkeit der Steuerung der Wachstumsdrücke durch grenzensetzende Brems- und Hemmverrichtungen. Die Klage und Anklage gegenüber der zunehmenden Fehlentwicklung der technischen Zivilisation richtet sich in durchaus richtiger Einschätzung der Zusammenhänge mit größtem Nachdruck auf die Unfähigkeit, die Wachstumspressionen durch Grenzsetzungen zu zügeln.

Sie wäre zu zügeln. Jedoch nur unter der Bedingung, daß die Zügelung in dem Bereich der menschlichen Erscheinung ansetzt, wo sie von Anbeginn vollgültig wirkt und wirksam ist; wozu aber die Verbindung dadurch schwierig ist, daß nur – wie es bei Dschuang-Dsi heißt – »Prinzip Absichtslos« zu ihm finden kann. Mit anderen Worten: sie ist nur jener bedingungslosen Hinwendung erreichbar, die, gereinigt von Erfolgsabsicht und Vorbehalt, nur noch vollzieht, was geschieht. Das Feld dieser Bedingung ist die Greifbarkeit von Körper und Leib; ist die Leibkörperlichkeit in Greifbarkeit.

Grob gesagt: Jedes Individuum der Gattung müßte von heute auf morgen seine nach außen gerichteten Ansprüche drosseln, was aber, da es eine einseitig gerichtete Energie wäre, fruchtlos bliebe, wenn es nicht zugleich die nach »Innen« auf die Verhaltensweisen des Organismus gerichtete Hinwendung steigern würde. Wie aber sollte diese auf der Hand liegende Notwendigkeit erfüllbar sein, da doch der Schwund der Voraussetzung der Erfüllung, die Entleibung, Ursache des Verhängnisses ist?

Gegenüber der Antwort auf diese Fragen ist das Gehirn infolge Leiblosigkeit taub und blind. Die Antwort ist gegeben. Die Fragen hören auf, Fragen zu sein in dem Augenblick, in dem die Funktionsbedingungen des Organismus als Bedingungen ihrer Bewußtwerdung erfüllt werden.

Kein Organ legt sich an oder entsteht während der Entwicklungsgeschichte des Organismus dadurch, daß es eine später fällige Funktion zu erfüllen hätte. Die Organe sind im gleichen Sinne eins mit ihrer Funktion, wie im physikalischen Bereich Energie und Materie nicht getrennt gedacht werden können. Ebenso würde es meinem Leibsein zuwiderlaufen und seine Geschichte abbrechen, wenn ich aufhöre, darum bemüht zu sein, das WAS, das ich tue, in Einklang zu halten mit dem WIE dieses Tuns. Unser Schritt findet das Ziel, das ich ihm setze dadurch, daß das gesteckte Ziel mir das gleiche Wagnis abverlangt wie der Schritt als Wagnis gegenüber sich selbst vonstatten geht: sich überantworten dem, worüber es keine Verfügung gibt.

Es ist die Fähigkeit der Selbsthemmung, welche das Wachstum der Organe und Organsysteme während der Entwicklungsgeschichte steuert. Zugleich ist die Funktionsweise der Organe nach ihrer Ausreifung identisch mit ihrer Entstehungsgeschichte. Wie das Auge sieht, wie das Ohr hört, wie sich das Gelenk bewegt, wie die Hand sich bewegt, jedes WIE einer Organleistung ist Wiederholung seiner Entwicklungsgeschichte; und als Wiederholung ist es Erneuerung. Im lebenden Organismus ist Geschichte und Verrichtungsweise, Vergangenheit und Fähigkeit ein und dasselbe im Sinne der Wiederholung.

Ich sehe eine Fliege sich emsig putzen. Sehe, wie sie ihre Vorderbeine umeinander wringt, wie sie damit über ihre Augen fährt, wie sie gleich danach ihre Flügel durch die Schere ihrer Hinterbeine zieht, erst rechts, dann links. Alle diese Bewegungen der Organe Auge, Beine, Flügel vollführen diejenigen Bewegungsgesten, durch die sie sich gebildet haben. Das WIE einer Vollführung ist in entsprechender Abwandlung das gleiche WIE, das deren Organ hervorbrachte.

Kommen wir nun zu der erfragten Fähigkeit des Organismus zur Begrenzung. Dazu wählen wir einen Vorgang, der jedermanns Sache ist.

Wir tun es, weil, indem wir unsere Merkfähigkeit auf die Merkbedingungen einer Wahrnehmungsweise hinlenken, das Ziel in dieser Zuwendung erreicht ist. Es kommt nichts dahinter.

Wir befinden uns mitten in einer zahlreichen Gesellschaft. Die Luft ist erfüllt von Plaudern, Lachen, Rufen, Gläserklingen. Unser augenblicklicher Gesprächspartner befindet sich mehrere Schritte entfernt hinter einer Gruppe, in der es besonders lebhaft zugeht. Die Schallwellen aus den vielen Schallquellen bilden eine Art brausender Brandung, die es, wenn man sie später in einem Tonband abhört, gänzlich unmöglich erscheinen läßt, daß hierin einer den anderen aus mehreren Schritt Entfernung hat verstehen können. Man versteht ja sein eigenes Wort nicht in dem Lärm.

Und dennoch verstehen wir einander! Die Fähigkeit des Organs Ohr, die hier wirksam ist, ist das eigentlich Wunderbare an der Verhaltens-Eigenschaft der Sinnesverrichtungsorgane: Sie liegt beim Gehör nicht darin, zu hören, sondern darin, zu hören durch Nichthören. Durch, wie man sagt: überhören. Der Müller hört nicht das Klappern der Mühle, sondern er hört, wenn sie aufgehört hat zu klappern. (Übrigens: Man verweile einen Augenblick bei diesem vertrackten Spiel der Sprache: »aufhören« gleich »beenden«...) Die (relative) Unendlichkeit der Schallwellen wird vom Gehör eingeschränkt auf eine Endlichkeit. Durch Akte der Verendlichung unterhalten wir Verbindung mit dem, was über die Endlichkeit hinaus reicht und sie umspannt.

Wäre doch der Mensch, so möchte man an dieser Stelle ausrufen, fähig, diese Fähigkeit zur Selbstbegrenzung, die das Bedingungsgefüge seines Organismus ausmacht und erfüllt, einzubringen in sein Verhalten sich selbst und der Welt gegenüber, in der und als welche er lebt.

Ein anderes Erfahrungsbeispiel der Selbstbegrenzung, den Sehsinn betreffend. Ich bringe eine Streichholzschachtel in mein Blickfeld, drehe und wende sie nach allen Seiten. Sie hat, wie ich kontrollieren kann, sechs ihren Körper begrenzende rechteckige Flächen: Wieviel von diesen sechs Flächen sind sichtbar? Wie immer ich die Schachtel auch halte: Im Höchstfall sind nur drei davon sichtbar. Und außerdem bildet sich keine einzige von diesen dreien in der Netzhaut als Rechteck ab. Kein Linienpaar verläuft darin parallel. Dennoch sehe ich die Schachtel als einen geschlossenen, von sechs Rechteckflächen begrenzten Körper. Das besagt: Seine Ganzheit präsentiert sich mir nicht in der Summe seiner Teile, sondern sie ist ein Ganzes dadurch, daß sie sich im Zustand des von mir hervorgerufenen Hervorgehens aus einer begrenzten Anzahl ihrer Teile befindet. Sie ist kein IST, sondern ein ES-GESCHIEHT.

> »Willst du ins Unendliche schreiten,
> geh nur ins Endliche nach allen Seiten.«

So Goethe. Nebenbei bemerkt: Goethe stützt sich in seinen Aussagen auf seine Organe, die auch die deinen sind. Sie sind es, die er zur Sprache kommen läßt.

Ich lasse mir die Augen verbinden und einen Gegenstand in die Hand geben, den ich vorher nicht gesehen habe. (Noch besser wäre es, ich ließe ihn mir vor die nackten Füße legen.)

Nun gilt es, ihn zu erkennen: dadurch zu erkennen, daß wir mit dem Gegenstand zugleich den Vorgang des Erkennens erkennen.

Wir bemerken, daß wir, falls wir den Gegenstand mit einem einzigen Griff in seiner ganzen Gestalt erfassen wollten, wir nur Druck- oder Temperaturempfindungen hätten, wogegen die Gestalt verborgen bliebe.

Die Organe gehen anders vor. So nämlich, wie Goethe anriet: mit der abzählbaren Endlichkeit der Handglieder Umgang mit dem Gegenstand nach allen Seiten pflegen. Auf diese Weise gelangen wir durch die Endlichkeit unserer greifenden Glieder zum Begreifen der Gestalt, wobei das Greifen als ein Merken und Spüren, ein Ergriffensein ist. Die Gestalt ihrerseits verhält sich im gleichen Sinne insofern, als sie nur dadurch Gestalt ist, daß sie mit sich selbst im Prozeß bleibt, daß sie mit sich nicht aufhört. Wenn es sich um die Gestalt eines Lebewesens handelt, so liegt deren prozeßhafte Verfassung auf der Hand. Handelt es sich um eine Gestalt von Gestalt, d.h. um ein Kunstwerk, dann ist sie erst recht nicht mit sich zu Ende; weist sie erst recht über sich hinaus.

Ein Beispiel für diesen Sachverhalt: Die der Menschwerdung geltenden Bauten der Menschheit aller Epochen – also die Kult-Bauten – zeichnen sich aus durch gewisse Störverrichtungen, durch die sie sich der vollen Präsenz ihrer Möglichkeiten enthalten. Das bedeutet für die Bauplanung: die Geometrie blieb unvollkommen. Der rechte Winkel war kein rechter, sondern ein verfehlter rechter Winkel … u. s. f.

Bleiben wir einen Augenblick bei den Griechen: Sie verstanden es, die Verhaltensweisen des Organismus zu bauen. Und sie verstanden es, diese Bauten in das gesellschaftliche Leben einzufügen als dessen kultisch begangenes Leibgeschehen.

Dieses Beispiel vervielfacht sich wie von selbst, gleichsam im Rückwurf aus ungezählten Reflexionsspiegeln der Menschheitsgeschichte. Wir lassen's bei dem einen.

Verstünden wir doch, die Vernunft unseres Organismus einzubringen in den Bereich der Geschichtlichkeit, gleich Katalysatoren als Wirksamkeit ohne Zugriff.

Ohne Zugriff wirksam. Durch Abstand Verbindung stiften. Zugang erreichen durch Umgang. Leben durch Leben erzeugen. Das wären sittliche Maximen, deren Erfüllung einzig dadurch geleistet wäre, daß sie als längst erfüllt erkannt sein würden.

Ein weiteres Beispiel aus der Quelle des Organverhaltens: Wir sehen im Dunkeln auf eine Leuchtzifferuhr, indem wir zugleich unsere Aufmerksamkeit auf den Sehvorgang richten. Wir bemerken, daß wir die Ziffern in einer gradlinigen Anvisierung viel weniger deutlich erkennen als in Blickrichtungen, die sich daran vorbei und drumherum bewegen. Im direkten Anstarren würden die Sehzellen der Netzhaut streiken. Sehen heißt so wenig Anstarren, wie Greifen Zugreifen und Begreifen Festhalten heißt.

Die Verrichtungsweisen unserer Organe entsprechen den Vorgängen, aus denen und als die sie entstanden. Das besagt für unsere Hände; sie entstanden nicht, um später damit greifen zu können. Sondern sie entstanden als Glieder, deren Gestik die Bildung von Organen zu Organsystemen und Organbewegungen zu Bewegungsrhythmen hinsteuerte und formte. Mit anderen Worten: Die Hände entstanden als die formenden Bildner der Entwicklungsgeschichte. Die nachgeburtlich beim Menschen fortgesetzte Entwicklungsdynamik bricht ab, wenn den Händen diese ihre Funktion vorenthalten wird. Alle Organe sterben ab, wenn die Bedingungen und das Bedingungsgefüge ihrer Funktionen lahmgelegt werden.

Was dann übrig bleibt, ist ein Zustand der Lebenswelt der Erde und ihrer menschlichen Bevölkerung, in dem dessen Dauer von dem Aufschub abhängt, den die mit Prothesentechnik versorgten Schrumpforgane und Organstümpfe gegenüber ihrem unentrinnbaren Zerfall mangels Eigenbewegung erzielen können.

Daß wir uns in diesem Zustand mittendrin befinden, braucht nicht mehr gesagt zu werden.

Die Prothesentechnik marschiert. Zur Zeit hat ihr Stoßkeil den Geschehensort erreicht, in dem alles Erstrebte erfüllt und alles Künftige gegenwärtig ist als wiederholte Entstehensgeschichte und Wiederholung des Anfangs durch das Ende: Der Stoßkeil hat die Kindheit erreicht.

Hier ist es eine nach dem Modell von Hähnchenfabriken, Fließbandeiern und Supermärkten Lernbunker bauenden Exekutive, durch die das enthemmte Wachstum der Technik die embryonische Vernunft der Frühkindheit durch industriell und kommerziell betriebenen Entzug der Organik abtötet. Entzug der Organik und Verhinderung der prozessualen Prozesse bezieht sich gezielt auf das Skelett-Muskel-System, auf Haut, Auge, Gehör, Fuß, Kreislauf.

Grundsätzlich: Prozesse bedürfen der Herausforderung durch spannungsreiche Zustandsunterschiede. Beispiel: Das Temperaturgefälle des Hochgebirges bei strahlender Sonne und schneekalter Luft. Nichts ist bekömmlicher. Nach diesem Modell hätte sich die Wärmetechnik zu richten.

Die Fußsohle, besonders die des Kindes, ist ein mit Energetik des Organismus, insbesondere mit dem vegetativen Nervensystem, innig verbundenes Organfeld. Ihre Prozesse werden unterbunden durch Verbannung auf amorphe Kunststoffböden mit außerdem glatter, strukturloser Oberfläche, deren spannungslose Zustandsstille zu jenen schweren Fehlregulationen im Vegetativum führen, die das rechts und links der Wirbelsäule aufgenommene Elektrodermatogramm exakt aufzeichnet.

Frage eins: Was bezwecken Bildungsprogramme, deren Realisierung sich auf dem Rücken gekrümmter Rücken durchsetzt? Zumal solcher Programme, die geschichtslos sind?

Frage zwei: Wie funktioniert eine Gesellschaft gekrümmter Rücken?

Was ist angesichts solcher leibverlassener Fragen zu tun? Nichts ist zu tun! Es ist zu lernen, das Geschehende zu tun. Das Geschehende, Tatort des Einzelnen: Das bin ich. Das Geschehende am Tatort der Gattung: Das ist die Kindheit.

DAS GEHÖR – ORGAN UND FUNKTION
TEIL 1

Rundfunkvortrag
gesendet am 17.3.1977
im Radio Zürich

Abschrift des handschriftlichen Manuskripts

Wir heutigen Menschen sind als schiebende oder geschobene Mitglieder einer Gesellschaft, in der alles gewogen wird nach einem Maßstab, der Leistung, Erfolg, Wirkung heißt, dieser Denkrichtung besonders tiefwurzelnd und hartnäckig dann verfallen, wenn es sich um die Beurteilung, Beschreibung und Behandlung von organischen Lebensabläufen und von Lebewesen handelt.

Wilhelm Busch hat diese Denkweise (in »Fips, der Affe«) ironisiert mit der wortreichen Erklärung, die er über den Wert der Tiere einem Professor der Zoologie in den Mund legte. Selbiger, namens Klöhn, preist die Allwissenheit und Güte des Weltenschöpfers, wie sie sich hervorragend in der Nützlichkeit der Tiere erweise, denn

»... er hüllte sie außen in Häute, woraus man Leder verfertigt, füllte sie innen mit Fleisch von beträchtlichem Nährwert.«

Damals, vor drei, vier Generationen, konnte man darüber noch ironisieren. Heute, da wir vor den letzten Fluchtresten der Lebewelt stehen, sollte es einem vergangen sein. Dem ist aber nicht so. Die Klöhnsche Einstellung der Tierwelt gegenüber ist noch harmlos im Vergleich mit der Einstellung unseres Zeitgeistes gegenüber nicht-organischem Leben, dem Erdkörper etwa, dessen Materialität man als industriell ausbeutbare Rohstoffquelle ansieht. Ihren eigentlichen Gipfel aber erreicht diese Geistesverfassung erst in dem Augenblick, wo es sich um die Beurteilung der Einzelteile eines organischen Systems, als der einzelnen Organe und ihrer Funktionen handelt; erst recht dann, wenn die Organe des Menschen selber in den Scheinwerferkegel dieser Denkweise gerichtet werden.

Es ist erstaunlich:

Die äußerste Außenwelt, nämlich die Erdmaterie einerseits und die innerste Innenwelt, nämlich die menschlichen Organfunktionen andererseits, sind am rücksichtslosesten der Deutung und Behandlung nach dem Leistungsmaßstab ausgesetzt: mit dem messerscharfen Schluß, daß sie als austauschbare Apparate, Prothesen, Retorten mit meßbaren Effekten aufgefaßt und eingesetzt werden. Das Herz: eine Pumpe. Das Auge: eine Fernsehkamera. Das Gehör: ein Mikrophon. Das Gehirn: ein Computer. Die Hand: eine Prothese. Beine und Füße: Transportmittel. Die Haut: eine Folie. Der Mensch selbst: ein Konsument. Soweit die Organe nicht die Leistungshöhe der Apparate erreichen, sind sie auszuschalten.

Wir wollen uns hier mit dem Hörorgan, dem Ohr befassen; mit dem innigen Wunsch, davor bewahrt zu bleiben, dem Denkweg des Professors Klöhn zu folgen; sondern umgekehrt mit dem Bemühen um die Einsicht, daß das Gehör noch etwas anderes ist als ein Apparat zum Hören – noch und in erster Linie. Würden wir nämlich Professor Klöhn folgen, so müßten wir von der Auffassung ausgehen, daß für die Wahrnehmung von Schallwellen, die auf den menschlichen Körper über dessen Grenzflächen, die Haut, eindringen, allein das Ohr zuständig sei; und was dann von diesem nicht wahrgenommen würde, sei sozusagen nicht vorhanden; oder unerheblich; könne hinsichtlich seiner Wirkung vernachlässigt werden. So, wie man von einem Verwaltungsapparat verlangt, daß er nach den Zuständigkeiten von Ressorts zu funktionieren hat. Mit dieser Klöhnschen Auffassung würden wir an der entwicklungsgeschichtlich begründeten Quelle der Hörfähigkeit vorbeizielen.

Es ist anders; ganz anders. Von diesem ganz anderen wollen wir ausgehen. Es betrifft alle Organe. Die Funktion keines Organs beruht auf einer ausschließlich ihm möglichen Leistung. Mit anderen Worten: Kein Organ ist ausschließlich oder spezifisch. Um diesen (gerade auch für die Heilkunde) wesentlichen

Sachverhalt zu verstehen, müssen wir die Entstehungsgeschichte der Organe befragen. Die »funktionale Anatomie« befaßt sich mit dieser Frage. Sie beobachtet und beschreibt, wann, wie und in welchem Zusammenhang mit anderen einzelnen Organen und dem Organismus als dem Zustand des Zusammenspiels aller Organe ein einzelnes entsteht und sich entwickelt.

Dabei erhalten wir eine Auskunft, die uns auferlegt, gerade unsere am meisten eingefahrenen Denkgeleise zu verlassen.

Maschinen werden konstruiert zum Zwecke der Erfüllung von vorprogrammierten Funktionen. Diese können erst dann einsetzen, wenn sämtliche in dem Konstruktionsplan vorgesehenen Einzelteile hergestellt und zusammengefügt sind. Das erfordert Zeit. Das Funktionieren erfolgt zu einem späteren Zeitpunkt als die Planung. Es gibt da ein Vorher und ein Nachher; ein Früher und ein Später. Dieses für den Maschinenbau ganz selbstverständliche Vorgehen hat man nach Klöhnscher Manier bedenkenlos als Modell für die Entstehung von Organen angewandt. Jedoch, dort ist es eben ganz anders:

Organe legen sich nicht an zum Zwecke später zu erfüllender Funktionen. Sie entstehen nicht für, sondern durch und als Funktionen. Der hier geltende Unterschied der Wörtlein »für« und »durch« ist ein folgenschwerer und tiefgreifender.

Auf das Gehör angewandt, besagt er, daß seine Entstehungsfunktion eine andere sein muß als die von uns ihm nach Klöhnscher Art zuerkannte nachgeburtliche Funktion, nämlich Annahme und Verarbeitung nur derjenigen von außen andringenden Schallwellen, die reizwirksam sind für das Hören. Denn das Ohr entsteht in der vom Ei zum Embryo reichenden Entwicklungsgeschichte des Keimlings zu einem Zeitpunkt, in dem dessen Außenwelt nicht die ist, mit der er sich nach seiner Geburt auseinanderzusetzen hat. Zum Zeitpunkt der Gehörbildung ist die Außenwelt (d.h. die Welt) des Embryos einmal der mütterliche Leib und zum anderen der eigene Leib mit seinem Wachstumsdrängen. Hier könnte man stutzen und fragen: Wieso kann der eigene Leib dem Embryo Außen- oder Fremdwelt sein? Bei dieser Fragestellung vergessen wir jedoch, daß wir überhaupt nur leben, weil wir uns fremd sind, um uns unausgesetzt aus diesem Fremdsein heraus neu zu finden. Um mich dessen zu vergewissern, brauche ich ja nur etwa mit meiner linken Hand meinen rechten Arm anzufassen. Ist es dann nicht sogleich so, daß sich die anfassende Hand wie eine fremde anfühlt, die sich meines rechten Armes bemächtigt hat? Oder: Man reibe mit dem Zeigefinger der einen die Zeigefingerkuppe der anderen Hand. Die reibende Fingerspitze ist, solange sie reibt, gefühllos; die geriebene fühlt. Überhaupt: das Rechts-Links-Verhältnis unserer ganzen Körperlichkeit entspricht dem eines jeweils handelnden und behandelten Teils. Man frage sich, während man morgens unter der Brause steht und sich wäscht: »Wer wäscht jetzt wen?« Man erfährt: Man ist zweierlei. Einer, der handelt, und einer, der behandelt wird. Da hat sich, während man sich so fragt, ein Vogel auf einen Zweig niedergelassen. Sogleich – so sieht man – fängt er an, sich zu putzen. Sorgsam zieht er Feder um Feder durch seinen Schnabel und legt sie zurecht. Da ist eine Fliege. Kaum sitzt sie, so fährt sie mit ihren Vorderbeinen über ihre Augen, wonach sie die Hinterbeine aneinander reibt. Alles Lebendige behandelt und macht sich (... »macht sich« im rein technischen Sinne!) aus dem zwiefachen oder paarhaften Zustand der Selbstabgewandtheit und der Selbstzugewandtheit.

Zurück zum Embryo zum Zeitpunkt der Gehörbildung.

Es ist doch noch nicht lange her, als man in Amerika entdeckte, daß das rätselhafte plötzliche Herzversagen von Säuglingen, die in den Isolierbetten der Entbindungsanstalten liegen, zu beheben ist: einfach dadurch, daß dem gefährdeten Kind über einen Kopfhörer der Herzton eines Erwachsenen zu Gehör gebracht wird.

Die Überlegung, die zu dieser Behandlung führte, ging von dem Sachverhalt aus, daß die Kinder bei Naturvölkern noch lange nach der Geburt von den Müttern nahe dem Herzen getragen werden. Das »Unter dem Herzen getragen sein« setzt sich fort in einem »Am Herzen getragen sein«. Neun Monate lang vollzog sich die Entwicklung des Kindes unter der ständig empfundenen Einwirkung des schlagenden Herzens der Mutter. Was doch wohl etwas anderes ist, als ein belangloses Hintergrundgeräusch; vielmehr ein unentrinnbarer rhythmischer Impuls, der die Eigenbewegung der embryonalen Wachstumsschritte nicht nur begleitet, sondern auf sie einwirkt und sie herausfordernd bedrängt. Um sich ihrer »Einmischung« gegenüber behaupten zu können, ist der Embryo gezwungen, ein Organ herauszubilden, von dem in Abwehr dieser rhythmischen Bedrängung das Sich-Selber-Machen ungeschmälert gewährleistet ist. Dieses Organ ist das Gehör. Es wirkt wie ein Herzschrittmacher beim gefährdeten Säugling deshalb, weil es so entstand. Und nicht von ungefähr bildet sich mit der Anlage dieses Organs auch das der Lageempfindung (der Drei-Bogengänge, genannt »Gleichgewichtsorgan«).

Was ist nun eigentlich Schall?

Zur Entstehung von Schall muß sich ein Körper so schnell vor- und zurückbewegen, daß er eine Welle aussendet, die sich in dem Medium bewegt, in dem der Körper gerade schwingt. Das muß nicht Luft, es kann auch Wasser, Metall oder die Erde sein. Ist Luft das Medium, so übt der schwingende Gegenstand (etwa eine Glocke) Druck auf die Luftmoleküle seiner Umgebung aus. Dabei stoßen diese an ihren Nachbarn, schnellen zurück, werden von neuem angestoßen. Zusammenstoß führt zu Verdichtung, Zurückschnellen zu Verdünnung im Feld der Luftmoleküle. Verdichtung und Verdünnung breitet sich in Form von Druckwellen aus. Sie werden vom Ohr als Schall gehört. Wechseldrücke unter 16 mal und über 16.000 mal in der Sekunde werden nicht vom Menschen als Schall wahrgenommen. Sie wirken aber durch das Medium seines Körpers über dessen Grenzfläche, die Haut, worauf sie zunächst auftreffen, auch auf alle äußeren und inneren Organe ein. Die Einwirkungsweise ist u. a. die des sogenannten Piezoeffektes. Man kennt ihn vielleicht noch aus der Frühzeit der Radiotechnik als Detektoren, wonach ein kleiner Quarzkristall durch die mit einer Stahlnadel auf ihn geleiteten elektromagnetischen Schwingungen in mechanische Schwingung gerät, die dann auf eine Membran übertragen wird. Dieser Vorgang gilt auch umgekehrt, so daß mechanische Schwingungen in elektrische umgewandelt werden. Luftdrücke, die auf die Haut treffen, werden umgekehrt zu nervenelektrischen Schwingungen. Als derartige piezo-elektrische Strukturen sind Organe und deren Oberflächen aber zugleich auch »pyro-elektrische«. Der Pyroeffekt wirkt sich als Temperaturänderung durch elektrische Oberflächenladungen aus. Außer diesen beiden Wirkweisen wirken Wechseldrücke aber auch durch den Mitschwingungseffekt auf die Organe (z. B. auf Hände und Hohlräume).

Jeder Mensch hat ein – ähnlich wie bei Fingerabdrücken – ihm personeneigenes ständiges Mikrozittern (von 7-18 Hz, genannt Tremor). Der Tremor hält z. B. die Endolymph-Flüssigkeit des Innenohrs in einer dem wachenden und schlafenden Organismus angepaßten Rhythmik. Störung dieser feinsten Vibrationsrhythmik durch solche Wechseldrücke, die unhörbar, aber körperwichtig sind (z. B. bei den Büromaschinen und deren Trägern bis zu Böden und Wänden), besonders bei längerer Dauer, sind Störungen der Lageempfindlichkeit (wirksam als Schwindelanfälle), verursachen den Reizzustand einer Alarmbereitschaft, die in allgemeine Ermattung übergeht; verursacht Störung des Tages- und Nachtrhythmus (mit der Folge von Schlaflosigkeit); ständige Müdigkeit, Störung der Herz-Atmungs-Frequenz; Blutdruckschwankungen bis zu Höchst- und Tiefstwerten; Magenverstimmung; Gefäßverengungen – einmündend in Depression. Die Wirkungsfelder (mit der Haut als Fühlfläche) solcher organ-ungemäßer Wechseldrücke sind unter anderem: Knochenhohlräume, Knochenform. (Hohlräume des menschlichen Körpers verhalten sich gegenüber Schwingungen wie etwa der Resonanzkörper einer Geige. Knochenformen etwa wie Schlaghölzer. Häute wie schwingende Spannflächen, bei denen darauf gestreuter Sand symmetrische Muster bildet (Chladnifiguren). Weiter: Die Körper-, Glieder- und Kopfform. Kopfhohlräume. Körperhohlräume (z. B. Magen). Stirn-, Kiefer-, Keilbeinhöhlen. Durch Infraschall wird die Hautspannung (auch der Knochenhaut und der Knochenresonanz) deformiert, wobei je nach dem Schwingungswert der elektrische Hautwiderstand bis zu seinem Zusammenbruch verändert wird. Die Umformung erfolgt durch die abstufbare Eigenschwingung der Zellkörper. Infolge seiner Körpertemperatur umgibt jeden Menschen ein schwaches Hochfrequenzfeld. Eine selbst schwächste Veränderung dieses Feldes ergibt vermittels der durch Schwingungen geprägten Hautoberfläche Energieumformungen in der Molekularstruktur der Zellen, die sich als erhebliche Störungen vegetativer Regelkreise auswirken können, bemerkbar als störende Beeinflußung des Hautsinnes, des Hörens, Sehens, Riechens, Schmeckens. Ständige Störung der elektrischen Hautwiderstände (meßbar als Asymmetrie elektrischer Hautleitlinien-Muster rechts und links der Wirbelsäule), des Wärmehaushaltes (»Frieren«), des Energiehaushaltes, der Alarmbereitschaft, der Biologischen Uhr – und anderes mehr. Der Mensch wird durch organwidrige Schwingungen über- oder untersteuert. Er antwortet mit Verstimmung und Krankheit. Die für den Leistungspegel des Organismus zuständigen Felder des Hirnstamms sowie gewisser Teile des Hypothalamus-Areals werden durch druckverursachte Störungen negativ beeinflußt. Die damit verbundene Störung der durch den Muskeltonus anfließenden Erregungsimpulse übt einen rückkoppelnden Einfluß auf die Hirnrinde aus mit der Auslösung von Überreizungen, die teils nicht zu Bewußtsein kommen, teils als Ohrensausen und -pfeifen quälen.

Entwicklungsgeschichtlich entsteht – wie wir sahen – das Gehörsystem als Alarmierungsanlage für Schwingungen. Infolgedessen wirken sich organwidrige hörbare oder unhörbare Drücke auf das Gehör trotz Gewöhnungsfähigkeit – insbesondere bei geschädigten Systemen (z. B. bei Bluthochdruck) höchstempfindlich auf den Gesamtorganismus aus. Die mengenmäßig faßbaren (unhörbaren und hörbaren) Schwingungen werden über Fühlfelder (Rezeptoren) vielfältiger Art umgewandelt in mengenmäßig nicht faßbare gesamthafte Verfassungen, die Gesundheit oder Krankheit sein können. Unter die Ursachen von organwidrigen Schwingungen (nicht nur mechanischer wie Lärm, sondern auch elektromagnetischer und elektrostatischer) sind organwidrig angelegte umbaute Räume, also Gebäude, die wie Fabriken, Büros, Schulen, Institute, Krankenhäuser zu Daueraufenthalten zwingen. (Von organwidrig verbauten Gebäuden- und Straßen-Komplexen, also Stadtanlagen, zu schweigen.)

Das Gehör legt sich, wie seine Entstehungsgeschichte zeigt, als Organ an, durch das sich der Embryo mit den auf ihn einwirkenden Schwingungen (fremde wie eigenen) auseinandersetzt, um sich ihnen gegenüber zu behaupten. In Verbindung mit dem Lageempfindungsorgan der drei Bogengänge ist das Gehör ein spezifisch auf durch Räume (sprich Medien) übertragene Druckschwingungen eingerichtetes Organ. Davon und dazu lebt es. Aus diesem Grunde müssen – wie es bei Diktaphonen der Fall ist, die den realen Umraum des hörenden Menschen ausschließen – Druckschwingungen des Kopfhörers entsprechend ihres Gegensatzes zur Entwicklungsgeschichte des Gehörs wirksam werden. Erfolg: bei stundenlanger Dauer entsprechend tiefgreifende Verstimmungen, Schwächungen und Schädigungen der Primärschichten des Organismus. Derartige Zuwiderhandlungen gegen die Anlagebedingungen des Gehörs äußern sich im Falle des Aufenthaltes in schalltoten Räumen (also ebenfalls »raumlos«) durch Brechreiz und Gleichgewichtsstörungen.

Es gehört zum Erscheinungsbild unserer derzeitigen industriellen Zivilisationsgesellschaft, daß diese solcherart hervorgerufenen Tiefschädigungen nicht nur nicht zur Kenntnis genommen werden, sondern deren Kenntnis unterdrückt wird. Die Leiden der Opfer (meist Frauen) schlagen in der Leistungsveranstaltung nicht zu Buch. Das Gleiche gilt für die durch die Organwidrigkeit gleichförmiger und schattenloser Kunstlichthelligkeit hervorgerufenen Schwächungen und Tiefschichtschädigungen des Organismus: weltweit praktiziert in Schulen, Fabriken, Büros, Kaufhäusern, Universitäten, Krankenhäusern.

Im Falle eines Organs ist mit der Frage nach dem WAS seiner Verrichtung (»Was wird gehört?«) die nach dem WIE (»Wie hört das Ohr?«) derart innig verbunden, daß Lösungen der einen Seite Licht auf die andere Seite werfen.

Das Außenohr, jenes muschelförmige Gebilde aus Haut und Knorpel, endet an der druckempfindlichen Membran des Trommelfells. Hinter diesem liegt das mit drei winzigen Ohrknöchelchen ausgestattete Mittelohr. Diese leiten die durch auftreffende Schallwellen entstehenden Schwingungen des Trommelfells weiter; aber nicht nur weiter: sie verstärken sie auch und zwar durch Hebelwirkung, weil die drei Knöchelchen (Hammer, Amboß, Steigbügel) ein Hebelsystem bilden. Die Spannfläche des Trommelfells ist so empfindlich, daß es schon um weniger als den Durchmesser eines Luftmoleküls schwingen kann. Es ist gewissermaßen selber von lufthafter Beschaffenheit. Die Schallquelle kann vom Gehör geortet werden. Selbst durch die Verzerrung eines Telefons ist eine einmal bekannte Stimme noch erkennbar. Am Geräusch ihrer Schritte werden Personen erkannt. Das Sirren einer Mücke kann durch geschlossene Fensterscheiben gehört werden. Damit bewegt sich die Hörfähigkeit im Bereich von Mikroenergien, die noch unterhalb derer des Sehsinnes liegen, der noch die subatomare Größe eines Lichtquantes wahrnehmen kann. Ein normales Gehör unterscheidet zwischen vierhunderttausend Klängen. Ein musikalisches Gehör hat ein noch ausgedehnteres Unterscheidungsvolumen.

Das Gehör hat sich in der Geschichte der Lebewesen aus Anfängen entwickelt, die infolge ihrer Einfachheit als die Grundfunktion der späteren feineren Ausbildungen wirksam geblieben sind. Seine Entwicklung ist verfolgbar bis zu Lebewesen, die vor 300 Million Jahren in den warmen Meeren des Erdaltertums lebten. Danach muß sich das Gehör aus dem Gleichgewichtsorgan eines urzeitlichen Fisches entwickelt haben: Es war ein einfacher, mit Flüssigkeit gefüllter Sack, der mit Sinneszellen ausgekleidet war. Die auf sie wirkenden Flüssigkeitsbewegungen wurden – piezoelektrisch – in Nervenimpulse umgesetzt. Sie ließen den Fisch erfahren, ob er aufrecht steht, sich dreht, sinkt oder sich sonstwie bewegt. Diese Lageempfindungen waren noch kein Hören, jedoch ein Empfinden von Wechseldrücken des Mediums Wasser (das übrigens Schallwellen dreimal so schnell wie Luft leitet) mit niedrigen Frequenzen.

Das Gehör selbst stellte sich erst mit der Bildung von Schwimmblasen bei einigen Fischarten ein. Wie ein Ball wird diese kleiner, wenn sie zusammengedrückt wird, um sich bei Nachlassen des Drucks wieder auszudehnen. Bei Druckänderungen durch Schallwellen zieht sie sich zusammen und schwillt wieder an. Auf die Flüssigkeiten, von denen die Blase im Fischkörper umgeben ist, sprechen Sinneszellen im Innenohr an. Damit kommt es zu einem im herkömmlichen Sinn stattfindenden Hörvorgang. Aber erst, als die Tiere vom Leben im Wasser zum Leben auf dem Lande überwechselten, wo sie im Medium Luft, das den Schall weniger schnell überträgt als das Wasser, lebten, kam es zu einer Verfeinerung des Hörvermögens. Der Gleichgewichtssack wölbt sich blasenartig vor, womit sich Raum für eine Verrichtung schallempfindlicher Zellen ergab. Bei Krokodilen und Alligatoren erweitert sich die Blase zu einer geschwungenen Röhre, die dann bei den Säugetieren zu der enggewundenen Spirale, der Schnecke (Cochlea), geworden ist. Sie ist dicht mit Zellen besetzt, die Schallschwingungen in Nervenimpulse umwandeln. Ein Hören im Medium Luft war erst nach Ausbildung eines Mittelohres möglich. Im Wasser lebende Tiere bedürften keines Mittelohres. Die Schallwellen, die, um gehört zu werden, Bewegungen in einer Flüssigkeit hervorrufen müssen, setzen die Flüssigkeit in Schwingung, in der die Schwimmblase ruht. Diese Schwingungen können ohne Umweg auf die Membran übertragen werden, die die Flüssigkeit des Innenohrs umschließt. Bei Tieren jedoch, die in der Luft leben, muß das Organ so gebaut sein, daß die Schallwellen nicht unmittelbar mit der Membran, die das Innenohr abschließt, in Berührung kommen. Denn in dem Falle würde diese Membran auf der einen, der äußeren Seite, in Luft, einem

Gas von leichter Zusammendrückbarkeit, schwingen; auf der anderen, der inneren Seite, im nicht zusammenpreßbaren Medium Wasser. Damit würde die Schallenergie an der straff gespannten Membran am Eingang des Innenohrs zurückgeworfen und käme nie bis zur Flüssigkeit des Innenohrs.

Die Vorrichtungen des Innenohrs sind so beschaffen, daß sie diese Barriere überwinden, und zwar dadurch, daß sie die Widerstände einander angleichen.

Um die Mitte des 19. Jahrhunderts sah das Bild vom Bau und der Arbeitsweise des Außen- und Innenohrs folgendermaßen aus:

Der Gehörgang, in den die Öffnung an der Seite des Kopfes einmündet, mißt im Durchmesser siebeneinhalb Millimeter, bei einer Länge von zweieinhalb Zentimetern. An der Außenseite offen, am Trommelfell geschlossen, umschließt diese nach Art einer Orgelpfeife geformte Röhre eine schwingungsfähige Luftsäule. Die Luftschallwellen enden am straffgespannten Trommelfell, wobei sie es in Schwingung versetzen. Das Hebelsystem von Hammer, Amboß, Steigbügel verstärkt die Kraft, mit der die Schwingungen auf das Trommelfell treffen, um das Zwei- bis Dreifache. Der »Steigbügel« überträgt sie an das »Ovale Fenster«, das als eine Membran über einer Öffnung des knöchernen Gehäuses der Schnecke gespannt ist. Damit kann die Schwingung auf die innerhalb der Cochlea befindliche Flüssigkeit einwirken. Das Trommelfell ist 15 bis 30 Mal so groß wie das ovale Fenster. Zu der Verstärkung der Kraft, mit der die Schallwellen auf das Trommelfell treffen durch das Hebelsystem, kommt es somit zu einem Anwachsen der Schwingungsstärke um das 15- bis 30-fache. Die gesamte Kraft des großen Trommelfells ist also auf das winzige ovale Fenster verdichtet. Damit sind die schwachen Luftschwingungen soweit verstärkt, daß sie in einer nicht zusammenpreßbaren Flüssigkeit Druckwellen erzeugen können. So hat also mit der Verdoppelung durch die Orgelpfeifenresonanz des Gehörgangs und die Verdreifachung des Hebelsystems und dem 30-fachen Anwachsen durch den Größenunterschied Trommelfell – Ovales Fenster eine Verstärkung um das 180-fache stattgefunden.

Hinter dem ovalen Fenster beginnen die eigentlichen Geheimnisse des Hörens.

Sie sind enthalten in den Fragen: Wie wandelt sich im Innenohr der Schall aus einer Schwingung in einen Nervenimpuls um? Und wie erkennen wir die Tonhöhe? Oder: Wie gelingt die Unterscheidung von Frequenzen? Das Kennenlernen dieser Zusammenhänge erstreckte sich bis zum heutigen Wissensstand unter Bildung von Theorien, deren jede einen Schritt weiter kam in Richtung Lösung des Geheimnisses, über vier Jahrhunderte – wenn wir nicht schon bei Pythagoras anfangen wollen. Sie ist geknüpft an Namen wie Gaspard Bankin (1560-1624) – Hohlraumtheorie; Joseph Duvenyl (1822-1876) – Lamina-Theorie; Alfonso Cortil (1822-1876) – Entdeckung der Basilar-Membran mit den tausenden Haarzellen (Cortisches Organ, 1851). Ludwig Ferdinand von Helmholtz (1821-1894) – Theorie, wonach jede in das Ohr gelangende Schallwelle eine bestimmte Faser der Basilarmembran in Schwingung versetzt, die dann über Reizung des Cortischen Organs zum Gehörnerv gelangt (Resonanztheorie). Später entdeckte man, daß die Fasern der Basilarmembran nicht für sich schwingen können. Der ungarisch-amerikanische Biophysiker Georg Békésy (*1899) erbrachte 1928 den Durchbruch zum heutigen Verstehen der Hörvorgänge. Er ging von dem Modell einer wassergefüllten Röhre aus, über deren ganze Länge ein Schlitz verlief, der mit einer Membran abgedeckt war. Die Röhre sollte die spiralige Schnecke im Zustand der Streckung darstellen. Als eine wellenförmig an der Membran entlangstreichende Ausbuchtung zeigte sich die Bewegung der im Rohr befindlichen Flüssigkeit. Bei Änderung der Membranspannung drängte sich die Ausbuchtung in einem jeweils besonderen Bereich zusammen. Die Töne mit hoher Frequenz bilden sich – wie auch Helmholtz annahm – an der straffgespannten Basis, die mit niedriger Frequenz an der schlaffgespannten Spitze des Rohrs. Auf der Schnecke selbst konnte die gleiche Wellenbewegung beobachtet werden. So kam es zu Békésys »Wanderwellen-Theorie«, nach der die Wanderwelle auf der Basilarmembran die Grenze bezeichnet, von der aus die Schallschwingung in Nervenimpulse umgewandelt wird; mit anderen Worten – wo aus Schall Empfindungen werden.

Es muß irgendwo im Ohr eine Umwandlung nach dem Piezo-Effekt stattfinden, durch die aus einer mechanischen elektrische Energie hervorgeht. Das Prinzip des Cortischen Organs ist auch bei den Fischen erkennbar; nur, daß es sich dort nicht innerhalb des Schädels befindet, sondern in einer Reihe dicht unter der Haut entlang des ganzen Körpers verläuft. Sie nimmt die leiseste Wellenbewegung wahr. Beim menschlichen Ohr ist es mit einer Flüssigkeit gefüllt, die von einer anderen Flüssigkeit umgeben ist. Schallwellen lösen die Bewegung dieser Flüssigkeiten aus, auf die dann das Cortische Organ anspricht.

Die tatsächlichen Wandler sind die Haare. Die Zellen, in denen die Haare wurzeln, verschieben sich der Bewegung der Basilarmembran folgend. Die Spitzen der Härchen sind beweglich eingebettet in der Deckmembran; die Wurzeln sind fest verankert. Durch die Bewegung der Basilarmembran werden sie also nicht verschoben, sondern gebeugt, gedreht, gezogen und gestoßen. Damit gelangt der Piezo-Effekt zur Wirkung. Die Verformungen der Haarspitzen werden zu elektrischen Signalen, die den Hörnerv reizen.

Beinahe hätte diese Tatsache zu der Theorie verführt, das Cortische Organ arbeite wie eine Telefonsprechmuschel, in der Schallwellen in elektrische Wellen von gleicher Form, Frequenz und Amplitude umgewandelt werden. Damit entspräche der Gehörnerv einem Telefonkabel, der elektrische Werte ins Gehör überleitet. So hätte Wilhelm Buschs Professor Klöhn den Vorgang gesehen.

Aber so ist es nicht. Nerven sind keine Klingelleitungen.

Um zu verstehen, was im Nerv in Wirklichkeit vor sich geht, muß man sich grundsätzlich klar machen, daß irgendwelche Wahrnehmung sich nicht bezieht auf den Gegenstand, der sie jeweils auslöst, sondern:

Sie bezieht sich auf den durch die Wahrnehmung des Gegenstandes veränderten Zustand meiner selbst.

Wenn ich einen Sonnenaufgang sehe, in der Frühe einen Drosselruf höre – oder gar als etwas ganz Äußerstes: Wenn ich eine Sonnenfinsternis verfolge, so gerate ich in den diesen Ereignissen entsprechenden Zustand. Dieser ist es, den ich als Wahrnehmung bezeichne.

Die Zustandsänderungen ihrerseits beziehen sich auf während des Entwicklungsgeschehens des vorgeburtlichen Organismus durchlaufenen Zustandsgrundweisen. Etwa die der Streckung – der Beugung; des Zusammenzugs – der Weitung – der Engung; der Starrheit – der Weichheit. Des Festen – des Losen; der Wärme – der Kälte; der Symmetrie – der Polarität; des Elementarischen von *flüssig*, *lufthaft*, *feurig*, *irdisch*.

Diese alle durchaus im Sinne des Platonischen: »Erkennen: ein Sich-Erinnern.«

Im Nerv (...und als Nerv: Man darf nicht in den Fehler verfallen, die begrifflich vorgenommene Trennung von Nerv und Funktion, von Organ und Prozeß, als der Wirklichkeit entsprechend zu behandeln. Beide bilden eine Einheit) – im Nerv kommen elektrische Impulse zur Bildung eines Code, dessen einzelne Elemente in dem aus der Leibesgeschichte stammenden »Entwicklungsgedächtnis« verankert sind: und zwar in geweblich-substantieller Form.

Es verhält sich mit dem (dem Gehirn zugeschriebenen) Erkennen durch Vergleichen und Unterscheiden anhand von vorgeprägten oder besser: »eingelebten« Mustern wie mit der Alltagserfahrung, wonach ich undeutlich geschriebene oder gesprochene Worte lese und verstehe durch Er-kennen des der Verzerrung oder Veränderung des Zeichens oder Wortes zugrunde liegenden Musters als eines solchen, das auch mir eingeprägt ist.

Die Schallempfindung wird also nicht durch eine elektrische Quelle ausgelöst, sondern durch Nervenimpulse. In ständig zunehmender Genauigkeit und Dichtfülle von Vorgängen schreitet das Schallereignis zur Empfindung fort. Erst wandert der Schall im Außen- und Mittelohr über eine einfache Membran (Trommelfell) und das Hebelsystem. Viel komplizierter als das Trommelfell ist die im Innenohr liegende Basilarmembran und das Cortische Organ mit seinen 23.500 Haarzellen. Vom Innenohr zum Gehirn laufen die Nervenimpulse über mehr als 100.000 vielschichtig vernetzte Zellen. Der Ohr und Gehirn verbindende Nerv (Gehörnerv Nervus acusticus – oder Achter Gehirnnerv) ist ein Bündel von 30.000 Einzelfasern, das sich unmittelbar über der Basilarmembran in Abertausende einzelner Nervenzellen, die Neurone, ausfächert; wobei jedes Neuron nahe einer Haarzelle im Cortischen Organ endet. – Was heißt *endet*?

Der Gehörnerv, der nach Verlassen der Schnecke ins Zentral-Nerven-System einmündet, ist die bekannteste, aber nicht die einzige Bahn vom Ohr zum Gehirn. Mindestens noch zwei andere Parallelwege gibt es. Ferner zeigte sich, daß vom Gehör ausgehende Verbindungswege in Form von Rückkoppelungsschleifen über den ganzen Weg von der Hirnrinde bis zur Schnecke führen. Das Gehirn empfängt Signale vom Ohr dadurch, daß es in gegenläufiger Richtung gleichzeitig Signale an dieses abgibt.

Wir haben bis hierher nur die Vorgänge im Schneckenschlauch betrachtet. Er schwebt aber mit der von ihm eingeschlossenen Flüssigkeit (der Endolymphe) in der Flüssigkeit des Vorhofs (der Perilymphe) – (Frage in Klammern: Welche *Höreigenschaften* kommen diesen *Flüssigkeiten* ihrerseits zu?)

Über die Verrichtungen des Nervensystems macht man sich, um sie sich verständlich zu machen, Modelle, z. B. über die Übertragung der Leitungsvorgänge von einer Nervenzelle zur anderen. Es geht nicht darum, ob dieses Modell »richtig« oder »falsch« ist, sondern darum, ob die daraus gewonnenen Vorstellungen tragfähig sind. So – mit eben dieser Einschränkung – können wir sagen: Schneckenreize wirken überwiegend ins Endhirn. Die aus dem Vorhof kommenden Reize wirken jedoch fast ausschließlich ins autonome Leibnervensystem (oder ins »Vegetativum«). Die ersten Reizbilder nennt man Er-lebnisse; die anderen Lebnisse.

Die zustandhafte Verfassung (oder: die seelische Verfassung) des Menschen ist Wandelergebnis eines allseitig vernetzten Systems. So ist der Hörende Mensch nicht nur ein durch Hör-Lebnisse und Hör-Erlebnisse, sondern auch viele andere Lebnisse und Erlebnisse jeweils verändert. Wenn sich das Zusammenfallen eines Hörerlebnisses und eines anderen Sinneserlebnisses (z. B. des Sehens oder Riechens) öfter wiederholt, dann setzen sich an die beiderlei Erlebnisse jüngere oder ältere Erlebnisschichten fest. Wenn dann später das Hörerlebnis für sich allein auftritt, so wird die Erlebnis-Schicht des anderen Erlebnisses in Mit-tätigkeit gezogen. Solche Vergesellschaftungen verschiedener Erlebnisse spielen bei Hörerlebnissen eine große Rolle.

So können die Hörerinnerungen an die Stimme eines Menschen den ganzen Menschen deutlicher vor Augen rücken als eine Fotografie. In starkem Maße gilt das für Gerüche.

So wie die Schwingungen einer guten Geige (über Boden, Corpus, Stempel, Stock, Steg, Griff usw.) derartig empfindlich untereinander verwoben sind, daß ein Staubkörnchen Einfluß auf den endgültigen Ton haben kann; noch empfindlicher sind im musikhörenden Menschen sämtliche Lebens- und Erlebensschichten, herausreichend aus den Altschichten der Leibwerdung wie in sie hinablotend, zu einem Hörwesen aufgehoben, das die summenhafte Verwobenheit in dem Sinne übersteigt, wie aus dem Rechts–Links eines Gesichtes durch deren Zusammenspiel ein Antlitz leuchtet.

In der nächsten Hörsendung werden derartige tiefschichtig in Lebnissen wurzelnde Hör-Erlebnisse zu Gehör kommen.

ÜBER DAS HÖREN

Rundfunkvortrag
gesendet am ?
im Schweizer Hörfunk

Abschrift des handschriftlichen Manuskripts

Ihnen, meine Hörerinnen und Hörer, soll die nächste dreiviertel Stunde, die vom Hören handelt, gehören.

Seltsamer Zusammenklang von Worten: Hören und Gehören. Doch wohl mehr als bloßer Zufall …

»Mir gehört etwas … mir gehören meine Kinder …«, das besagt doch, daß mir nur das zu eigen ist, was in einem Hörverhältnis zu mir steht, indem sowohl etwas auf mich hört, wie ich es höre.

Das Hörverhältnis kann aber auch abrutschen in die Einseitigkeit einer Hörigkeit. Das aber gerade ist mit dem *Gehören* nicht gemeint. Gehören meint ein Aufeinanderhören. Es meint ein SEIN durch MIT-SEIN.

Mozart, einmal gefragt, was er mit seiner Musik ausdrücken oder bezwecken wolle, antwortete:

»Weder – noch. Ich mache die Musik, weil ich sie *höre.* Ich bedaure nur, daß ich nicht so schnell schreiben kann, wie ich sie höre.«

Mozart hört die Frage. Er »beantwortet« die Frage – sagt die Sprache. Er erwidert die Frage durch Worte. Hören und Sprechen, Gehör und Sprache, Hörorgan und Sprechorgan, dieses auch im anatomischen Sinne, bilden eine Einheit. Ihre *Einheit* besteht darin, daß sie zwiefältiger und paariger Natur ist.

Wenn wir alsbald in dieser Sendung eine Auswahl von Schall, Ton, Klang, Geräusch zu Gehör bekommen, sollten wir im Geiste oder – besser noch – Papier und Stift zur Hand – uns

Worte dazu einfallen lassen und sie festhalten, indem wir sie notieren.

Hör-Szene: Zum Beispiel dieses:

(Skizze: Füße im Herbstlaub)

Was ist das?
Oder: Wie kommt einem das vor?
Wie ist einem dabei zumute?
Hören wir noch einmal hin:

Hör-Szene: (Skizze: Herbstlaub auf dem Boden)

Kinderfüße laufen durch Herbstblätter. Wir können es derzeit überall beobachten. Es macht ihnen einen Heidenspaß. Es fühlt sich genau so *an*, wie es sich an-hört.

Hier haben wir einen unmittelbaren Zusammenhang zwischen Haut-Empfindung und Hör-Wahrnehmung. Der Spaß, der es den Kindern macht, beruht auf der Lust, wenn beides in eins zusammenfällt. Es rauscht und raschelt nicht nur im Gehör, sondern auch auf der Haut. Und wenn man sich in einem Haufen Herbstblätter herumwälzt, wird das Rauschen zum Rausch.

Hör-Szene: (Skizze: Kinder spielen im Herbstlaub)
Kindergeschrei – Raufen im Blätterhaufen

Wie ist uns zumute, wenn wir dieses Geräusch hören? (Übrigens: Das Wort »Geräusch«! Das meint nicht Ton, nicht Klang, nicht Schall … es ist ein Gemisch aus allem.)

Hör-Szene: (Skizze: nackte Füße in einer Pfütze)
Füße (oder Hände) patschen oder planschen im Wasser

Wie wär's, wenn wir außer, daß wir passende Worte dazu finden, zu dem, wie es sich anhört, und zu dem, was wir dabei empfinden und wie es uns vorkommt – wir das Gehörte pantomimisch mit den Händen nachmachen?

Hören wir noch einmal zu.

Hör-Szene: (Skizze: Regentropfen in eine Wasserpfütze)

Welche Art von Linien würden wir dabei in die Luft schreiben? – Offenbar doch geschwungene, schweifende, rollende, kreisende Linien.

Und vorher? Bei dem Blätterrascheln? Irgendwie doch wohl zittrige und wackelnde Handbewegungen. Da haben wir nun zweierlei: Schweifendes und Zittriges.

Und wie ist es mit diesem Geräusch?

Hör-Szene: (Skizze: 5 hochhackige Damenschuhe nach rechts)

Hohe spitze Absätze laufen über Asphalt an Schaufenstern vorbei.

Es trappelt, trippelt, klappert, klappt. Welche Gesten würden wir mit den Händen, mit den Fingern machen, um das Gehörte ohne Laut widerzugeben?

Wir würden mit gespreizten Fingern kurze, stoßende, hakkende Bewegungen machen.

So sagt man zu dem Schuh=

[Ende der Manuskriptseite: Rest nicht mehr lesbar.]

Als Kinder gingen wir doch nie an einer Höhle, einem Tunnel, einem Brunnenschacht vorbei, ohne hineinzurufen. Wir riefen in den Wald, in Schluchten, Täler, Gebirge … Was geschieht oder genau: Was widerfuhr meinem Ruf dabei?

Hören wir zu:

Hör-Szene: (Skizze mit Text)

Echo einer *Stimme* – über Hall
*Hände*klatschen – über Hall
Rufen – über Hall

Was war's? –

Der Schall geht von mir aus; so, als wenn ich einen Stein nehme und ins Wasser werfe. Erinnern wir uns! Es entsteht nach dem Aufklatschen eine Rundwelle. Sie pflanzt sich durch stetig größer werdende Rundwellen fort. Sie stoßen an ein Ufer. Dabei bilden sich von allen Vorsprüngen des Ufers aus neue Rundwellen, die in Richtung des Ursprungs zurück- und über diesen sogar hinweglaufen – abermals zu einem Ufer hin ... Ähnlich verfährt man beim Ballspiel gegen eine Wand. Ähnlich beim Billard.

Die Schallwellen, die mein Ruf erregte, wandern von mir fort, stoßen an Widerstände, Wände der Höhlen, Felsen, Bäume ... und kehren zurück. Wir nennen es Echo. Kurz: Im Echo erfährt man *hörend:* Es ist noch anderes da. Ich bin nicht allein auf der Welt. Wenn die Widerstände nahe bei mir sind – etwa in einem Zimmer – erfolgt das Echo schnell.

Hör-Szene: Szene mit Händeklatschen

Sind die Wände aber weit von mir, im Gebirge oder in einer Halle – etwa einem Dom –, so dauert es eine Weile, bis das Echo kommt und zwar vervielfacht, weil die Schallwellen von vielen Wänden zurückgeworfen werden.

Hör-Szene: Wir hören jetzt einen Gewehrschuß im Gebirge und in einer Halle – einer Kirche.

(Skizze: Gebirge mit Schütze), Text: Gebirge Schuß
(Skizze: Kirche mit Schütze) Text: Halle – Kirche – Schuß

Wohl jedes Kind – besonders in den Wohnsilos der Städte – fühlt sich isoliert; verlassen, allein, einsam. Die industrielle Zivilisation hat mit ihren Ballungszentren wie mit Keulenschlägen die Heimat und das Heimatgefühl erschlagen.

Kindheit und Jugend sind in besonders hohem Maße die Opfer. Kein Wunder, daß sie – mehr unbewußt als bewußt – sich fragen: Was haben wir in dieser Welt zu suchen? Es ist ja nichts zu suchen da! Alles steht nackt und hart und undurchdringlich präsent. Fertig abgefüllt und verpackt. Alles ist kaufbar. Die ganze Welt ist Ware.

Wo nichts zu suchen ist, hab ich nichts zu suchen. Ich bin von Gott und der Welt verlassen.

Der Lärm erschlägt das Echo. Mein Ruf erstickt. Ich selbst ersticke. Der Lärm erschlägt das Gehör. Er erschlägt mich.

Die Gebirgsbewohner, die in den Tälern wohnen und denen der Horizont klein ist und wo die Sonne spät auf- und früh untergeht, holen sich mit dem Alphorn und dem Holldrioh die Weite dessen heran, was hinter den Bergen sich ausdehnt, in ihre Enge herein und fühlen sich daher mit allem verbunden.

Hör-Szene: (Skizze: Gebirge, Sonne und drei Alphornbläser)
Alphornblasen

Versuchen wir nun, zu dem, was uns als Echo zu Gehör kam, die passenden Worte zu finden. Was empfinden wir jeweils dabei?

Es kann im Grunde zweierlei sein: unser Verlangen, aus der ängstigenden Enge (Angst hängt mit Enge zusammen) heraus ins Freie und Weite zu gelangen, findet sich erfüllt. Eine Sehnsucht sieht sich gestillt. Es kann aber auch sein, daß die Echoweite uns veranlaßt und befähigt, die Geborgenheit der Nähe zu entdecken. Dem Echo sind beide Wirkweisen zu eigen: Die Weite der Welt wird erfahren und zugleich die Geborgenheit in der Nähe. Beides zusammen ist Heimat.

Es kann nicht wundernehmen, daß dem Hören von Echo eine im therapeutischen Sinne Heilwirkung zu eigen ist.

Man sollte in Kindergärten, Heimen, Schulen, Kliniken Echoräume als architektonische Elemente des Bauwerks einfügen. Hier verliert man seine Ängste. Mit dem Hören des Echos der eigenen Stimme können Stotterer die Beengungen verlieren, sofern diese die Ursache ihres Stotterns sind. Außerdem macht es Spaß, zumal, wenn man es mit einem Spiel verbindet.

Echohöhlen sind in der ganzen Menschheitsgeschichte und in allen Erdteilen die Stätten gewesen, in denen die Menschen sich des Einklangs mit dem Willen der Götter versicherten: Denn der *Gott* ist es, der gewährt, daß mein Ruf nicht verhallt.

Jahrhundertelang wallfahrte das Klassische Griechentum nach Syrakus zu den dortigen riesigen Echodomen aus natürlicher Gebirgsformation, die sie das »Ohr des Dionysos« nannten. Und wie sehr sind die Basiliken, Kapellen, Krypten, Hallen und Dome der frühen Christenheit Räume aus Hall und Widerhall! Da waren die Gebete und Hymnen zuhause dadurch, daß sie sich mit der Steinwelt ringsum zu vielfältig hallenden Chören geisterhaft verbanden.

Hör-Szene: (Skizze) Gregorianik in einem Dom

Hör-Szene: Straßenszene: Sich raufende Knaben – Geschrei-Schimpfe

Da ist was los. Die Jungen haben einen an einen Marterpfahl gebunden und schicken sich an (natürlich nur im Spiel), mit Pfeilen auf ihn zu schießen.

Ich gehe auf einen der Jungen zu, der gerade anlegt. Ich habe zufällig eine leere Papprolle von Armeslänge bei mir, in der Zeichnungen waren. Ich sage zu ihm: Komm mal her, ich will dir was Tolles zeigen, was du noch nicht kennst. Ich halte ihm das eine Ende der Pappröhre ans Ohr.

Frage: Wie hört sich das an? –
Antwort: Wie Rauschen in einer Muschel.

Jetzt gehe ich auf den Jungen am Marterpfahl zu und richte es so ein, daß das eine Ende der Röhre am Ohr des Bogenschießers, das andere genau über dem Herz des Opfers liegt.

Was kommt zu Gehör?

Hör-Szene: (Skizze: Marterpfahl mit zwei Figuren)

Man hört über Verstärker eine Weile den dumpfen Schlag eines Herzens.

So etwas sollte man nicht nur mit wirklich balgenden Jungens – sondern überhaupt mit Jung und Alt anstellen: den Herzton eines anderen zu Gehör bringen.

Die schießenden Knaben kriegen jedenfalls einen heilsamen Schreck. Daß der andere ein Herz hat – wie sie selbst –, das hatten sie nicht bedacht. Es wird ihnen wie uns, die wir es hier hören, sehr beklommen zumute sein. –

Diese Beklommenheit hat nun sehr ihre Ursache in dem entwicklungsgeschichtlich innigen Zusammenhang von Herz und Gehör. Die Erforschung des pränatalen Hörens (vergleiche die Arbeiten Adolf Portmanns) und die Beobachtung der Entstehung des Hörorgans beim Embryo (vergleiche Erich Blechschmidts: *Vom Ei zum Embryo*) lassen erkennen, daß das Gehör als ein Organ des Herzens des Embryos entsteht mit der Funktion, die Entwicklung des Organismus auf den Pulsschlag der Mutter einzustimmen. Aufgrund dieser Einsicht wurde das klinische Verfahren entwickelt, das bis dahin so rätselhafte und plötzlich eintretende Herzversagen bei Neugeboren aufzufangen – durch Anlegen eines Kopfhörers, in dem der Herzton eines Erwachsenen zu Gehör kommt. In Minutenschnelle ist

[Ende der Manuskriptseite: Rest nicht mehr lesbar.]

Der Wirkzusammenhang ist leicht einzusehen: Noch lange nach der Geburt wird bei Naturvölkern das Kind nahe dem Herzen der Mutter getragen.

Nun liegt so ein armes Wurm in einem Hospitalbett. Neun Monate lang lag es unter dem Herzen der Mutter. Manche Kinder können die plötzliche Trennung nicht (wie man es sagt…) »verkraften«.

Anatomischer Aufbau des Hörorgans.

Bei dieser Gelegenheit ist etwas Entscheidendes über das Bildungsprinzip von Organen zu sagen: entscheidend insofern, als seine Anerkenntnis eine kopernikanische Wendung unserer Vorstellung von Organen und ihrer Wirkweise und ihren Funktionsbedingungen erfordert. Nämlich gänzlich anders wie bei Maschinen. Wir – Hörige des Maschinenzeitalters – haben die Konstruktionsweise von Maschinen auf die Entstehung von Organen übertragen – mit dem Effekt einer verhängnisvollen Einengung und Vereinseitigung der Schaltvorgänge im Stirnhirn, die wir »Denken« nennen. Maschinen werden zusammengebaut, um nach dem Anziehen der letzten Schraube die vorgeplante Funktion zu erfüllen. Mit anderen Worten: Maschinen werden konstruiert zum Zwecke später zu erfüllender Funktionen. Ganz anders verhält es sich aber bei Organanlagen: Sie entstehen nicht für, sondern durch und als Funktionen.

Die Ur-Funktion, durch die Organe sich embryonal anlegen, ist die Basis der Funktionen, die sie nach der Geburt erfüllen.

So zeigt sich beispielsweise, daß das Auge durch eine mit dem Hormonhaushalt verbundene Funktion am Hirnstamm entsteht. Sehen ist ein endokriner (drüsiger) Prozeß. Was bedeutet: Nicht das Auge sieht, der ganze Mensch sieht – nicht nur in einem sogenannten »psychologischen«, sondern in einem streng physiologischen, neurischen und hormonalen Sinne. Lichteinwirkungen auf das Auge, die seinen Funktionsbedingungen zuwiderlaufen, attackieren den ganzen Organismus. Teils in Form direkter Schädigungen (z. B. der Nieren), teils – schlimmer noch – durch Schwächungen.

Das gilt in katastrophalem Maße für das in konstanter Helligkeit und Schattenlosigkeit geführte Leuchtröhrenlicht (sogenanntes Neonlicht) an den Arbeitsplätzen der Büros, der Warenhäuser, der Fließbänder und – nicht zuletzt – bei den wehrlosesten Opfern: den Kindern in den »modernen« Schulen.

Wenden wir uns wieder dem Hörbaren zu:

Hör-Szene: (Skizze: eingeklemmte Stricknadel)

Eine Stricknadel zwischen zwei Tischplatten ...
Sie kommt zu Gehör ...

Was war das? – Wir hatten es als Kinder erprobt: Wir steckten eine Stricknadel zwischen zwei Tischplatten. Und erfuhren: ein tiefes Brummen, wenn sie lang herausragt und zur Schwingung gebracht wird.

Ein helles Schwirren, wenn sie kurz herausragt. Bei lang schwingt sie langsam. Bei kurz schwingt sie schnell.

Langsame Schwingung wird gehört als
dunkel
tief
dumpf
weich
warm
Schnelle als
hell
hoch
schrill
hart
kalt

Ganze Ketten von Assoziationen stellen sich ein, bis zur Farbe, bis zu Formen, bis zu Tastempfindungen.

Man versuche, dem allen einen Namen zu geben. Man schreibe die Worte in zwei Gegen-Tabellen auf. Man wird erstaunt sein, wieviel mehr man erlebt, wenn wir das Erlebte »zu Wort kommen lassen«.

In der Tat ist es so: Nur das mit Namen Benannte, nur das Sprachliche ist erlebt.

Hör-Szene: (Skizze: Mensch vor einem Hohlkörper)
Summton in einem Hohlkörper

Was war das?

Jemand hat seinen Kopf in einen Eimer gesteckt und darin gesummt. Gesummt in einem tiefen Ton. Solches sollte man tun. Jeder Mensch hat einen eigenen, nur ihm allein zugehörigen sogenannten *Tremor* –

Damit ist eine Vibration, ein Zittern von einer personeneigenen Schwingungszahl (Frequenz) bezeichnet. Durch das Summen, das sich in einem Hohlgefäß oder Loch enorm aufschaukelt, bis zu einem Dröhnen, wird der Eigentremor des Organismus »aktiviert« mit einer den ganzen Organismus belebenden Wirkung.

Hör-Szene: (Skizze: Zacken von zwei Blitzen)

Das Knallen eines einschlagenden Blitzes – und das anschließende Donnerrollen.

Wir hörten soeben einen Donnerschlag – Luftmassen prallen zusammen wie bei einer aufgeblasenen Tüte, die wir zusammenschlagen.

Hör-Szene: (Skizze: aufgeblasene Tüte und zwei Hände)

Danach rollt das Getöse in die Ferne abklingend.

Die Germanen deuteten das Donnerrollen als das Kegelspiel der Götter.

Hör-Szene: (Skizze) Kegelrollen

Gibt es nun auch Vibrationen, die unhörbar sind?

Allerdings! Unter Lärmschädigung verstehen wir gemeinhin nur die von meßbaren Frequenzen ausgehenden Einwirkungen auf das menschliche Gehör. Dafür sind bestimmte Toleranzen angegeben.

Viel schlimmer aber als die hörbaren Vibrationen sind die unhörbaren. Verhängnisvollerweise werden gerade diese in der Behandlung der Lärmfrage – unterschlagen.

Grundsätzlich gilt: Unterschwellige Einwirkungen (physikalischer oder psychischer Art) dringen tiefer als die vordergründig registrierbaren. Sie führen weniger zu Schäden als zu Schwächungen, und was Schwächung in Hinsicht auf Anfälligkeit bedeutet, braucht nicht erst ausgemalt zu werden!

Hör-Szene – Ausklang

Regentropfen in einer Lache –
Rauschen des Windes im Laub eines Baumes. –

HUMANISIERUNG DER ARBEIT, BEIM WORT GENOMMEN

Rundfunkvortrag
gesendet am 12.7.1981
im Radio Zürich

Abschrift des maschinengeschriebenen Manuskripts

Hörsendung am 12.6.1981. Wird wiederholt im Juli aufgrund des starken Echos. Die Sendeleitung hatte in der Radiozeitung eine Woche vorher eine Kurzfassung gebracht. Diese wurde mit einem Brief, der auf die Sendung aufmerksam machte, gezielt an verschiedene Schweizer Unternehmensleitungen und Behörden verschickt. (Handschriftliche Anmerkung von Herrn Kükelhaus auf der ersten Seite.)

Humanisierung der Arbeit,
beim Wort genommen.

»Human« kommt vom lateinischen »homo« = Mensch. Was aber heißt das: »Mensch«?

Für die Beurteilung einer Sache kommt es auf den Blickwinkel an, aus dem heraus ich sie betrachte.

Beispiel:

In der Mitte einer runden Tischplatte befindet sich auf einem Sockel ein aus Marmor gemeißelter Portraitkopf. Angeleuchtet wird er von einer seitlichen Lichtquelle. Ringsherum sitzen Leute, die den Kopf betrachten. Der eine sieht das Gesicht von vorn, weil er frontal davor sitzt; für ihn kommt das Licht von links. Der andere sieht das Gesicht entsprechend seines Sitzes am Tisch im Profil. Ein dritter sieht das Hinterhaupt; ein vierter sieht den Kopf von rechts, ein weiterer von halbrechts; ein anderer sieht ihn mehr von schräg oben; andere mehr von unten. Einige sehen den Kopf im auffallenden Licht, andere im Gegenlicht. Jeder Betrachter sieht den Kopf seinem Gesichtswinkel entsprechend anders als alle anderen, wobei mit der wechselnden Ansicht das Antlitz jeweils einen anderen Gesichtsausdruck annimmt; das Minenspiel ändert sich für den Betrachter im Zusammenhang mit seinem Sitzplatz, oder – falls er steht – mit seinem Stand-Punkt.

Mit dem Wechsel des Minenspiels: traurig, düster, heiter, lächelnd, grinsend, drohend, grüßend, erscheint auch das Charakterbild verändert: herrschsüchtig, gutmütig, großherzig, engstirnig, starr, beweglich u. s. f.

So und nicht anders verhält es sich mit der Auffassung davon, was das sei: ein Mensch.

Vor 150 Jahren, im Anbruch des Maschinenzeitalters, nahm man keinen Anstoß daran, daß die Kinder armer Leute vom sechsten bis 15. Lebensjahr in Fabriken als Maschinen verwendet wurden; mit täglich zwölf Stunden Laufzeit; um nach dem 15. Jahr als Soldaten eingesetzt zu werden. Und es waren keineswegs humanitäre Gründe, die dagegen vorgebracht wurden. Es waren die *Generäle*, die sich darüber beklagten, daß das aus den Fabriken angelieferte Menschenmaterial infolge Knochen- und Muskelschwund und anderer Schäden für den Militärdienst zu leistungsschwach wäre. Die Kirchen nahmen keinen Anstoß, weil ihre Theologie sich diese Vorgänge als das Walten einer göttlichen Ordnung zurechtgelegt hatte. Womit dann diese Einrichtungen nicht nur als völlig legal dastanden, sondern auch als legitim sanktioniert waren.

Pestalozzi bekam zu spüren, was es bedeutete, im Abseits von dieser Legalität tätig zu sein.

Frage: Kann »der Mensch« in einer anderen Weise betrachtet werden als der Portraitkopf von der Tischkante her?

In einer solchen Fragerichtung ginge es dann nicht mehr darum, was ein Betrachter am Menschen anders als andere sieht, sondern darum, ob es etwas gibt, das bei aller Verschiedenheit des Blickwinkels allen Betrachtern beim Betrachten gemeinsam ist und sie vereint. Was anderes könnte dieses sein als die Tatsache, daß sie

a) sehen, und daß
b) ihr Sehen geleistet wird
von dem Organ »Auge«?

Das Organ, mit dem Menschen den Menschen ansehen, ist auch das Organ, mit dem dieser Mensch sie ansieht. Unser Beispiel bezieht sich auf die alles mit allem verbindende Fähigkeit der Wahrnehmung; einschränkend auf die des Sehens. Womit also das allen gemeinsame Organ Auge die Ansehenden in derselben Weise untereinander verbindet wie diese mit dem Angesehenen und umgekehrt.

Kurz: Wollen wir das Thema »Mensch« jenseits eines »Tischkanten-Standpunktes« behandeln, so müssen wir

a) nach der menschlichen Organik fragen; müssen fragen nach den Leistungseigenschaften und den Verrichtungsbedingungen der einzelnen Organe (z. B. des Auges ...)

b) wir müssen nach der Art fragen, wie Anforderungen und Beanspruchungen mit den Funktionen dieses Organs in Einklang zu bringen sind.

Diese Forderung klingt selbstverständlich. In Wahrheit ist aber die Mißachtung dieser Forderung selbstverständlich. So selbstverständlich, wie vor 150 Jahren die Verwendung von Kindern als Maschinen.

Die Selbstverständlichkeit der Mißachtung des Menschen als einer Erscheinung organischen Lebens, oder anders gesagt, der organismischen Natur des Menschen, hat ihre Wurzel in der Blickrichtung, der alles, was sich ihr darbietet, als Maschine mit Maschinenfunktion erscheint, dazu hergestellt, sich alles verfügbar zu machen.

So ist nur folgerichtig, wie z. B. das Auge und der Sehprozeß – besonders seit und mit der Erfindung der Photographie – als eine Art Kamera und das Sehen als einer Art Belichtungseffekt und das Licht als eine dafür geeignete Energie aufgefaßt und behandelt wird. Es ist aber in Hinsicht auf die Wirklichkeit und die Wirkweise organischen, hier des menschlich organischen Lebens, *alles anders!*

Wie anders und mit welchen Folgerungen für unsere Lebens-Praxis (Leben ist eine Praxis!) in Familie und Beruf, in Haus, Heim, Schule, Krankenhaus, am Arbeitsplatz und für das Verhalten der Gesellschaft – darüber erhalten wir Auskunft, wenn wir aufs Einzelne und ins Genaue den Bedingungen und Leistungsformen unserer Organe, besonders der Organe, die beim heutigen Menschen geradezu die Zielscheibe mechanistischer Lebensblindheit sind, nachgehen und Folge leisten.

Im Einzelnen:
Ernährung und Nahrung
Atem und Luft
Raumklima und Befinden
Licht, Auge, Organismus
Gehör, Rhythmik, Körperhaltung
Erinnern, Denken, Lernen
im physischen Gesamtverbund

Um Einsicht in das Verhältnis von »Mensch und Arbeitsplatz« zu gewinnen, ist es naheliegend (Einsicht kommt von Sehen), von der Behandlung des Zusammenhangs von »Licht – Auge – Organismus« auszugehen.

Licht ist, besonders im Wirkverbund mit organischem Leben, hinsichtlich seiner optischen Eigenschaften, nicht einfach gleich »Helligkeit«. Wobei ohnehin die »Optik« eine Form der Lebensenergie »Licht« ist. Licht ist ein im Raum sich bewegendes Zustandsgefälle von Hell und Dunkel. So wie wir es draußen unter freiem Himmel sehen: Mal ist es östlicher heller als nördlich, mal westlich heller als südlich, mal im Zenith heller als am Horizont, mal umgekehrt, je nach dem Dichtespiegel der Atmosphäre. Licht ist wie alles Lebendige ein rhythmisch veränderliches Medium.

Das Licht, das die Technik bis zum heutigen Tage produziert, ist konstruiert auf Gewinnung eines Maximums unveränderlicher (konstanter) Helligkeit. Überwiegend dargestellt durch Leuchtstoffröhren. (Die Bemühung, in der Zusammensetzung der Farbwerte – Frequenzen – des Lichtes dem Spektrum des Sonnenlichtes möglichst nahe zu kommen, operiert zur Zeit noch an der Erst-Notwendigkeit lebendiger Dynamik *vorbei).*

Das Auge ist ganz spezifisch ein Lichtorgan. Aber es ist sowohl ein Organ des Lichtes *zum Menschen hin*, als auch ein Organ des Menschen *zum Lichte hin!* Das Auge ist Mittler von Licht und Mensch, Mensch und Licht. Darin liegt begründet seine allverbindende Vernetzung mit der Gesamtheit des menschlichen Organismus. Auskunft darüber gibt seine Entwicklungsgeschichte beim Embryo:

Das Auge entsteht nicht zum Zwecke des Sehens nach der Geburt. Es entsteht nicht als ein nach der Geburt zu funktionierender optischer Apparat. Es entsteht durch die Funktion und *als* die Funktion, am Hormonhaushalt des keimenden Lebens regelnd mitzuwirken. Damit ist auch die nach der Geburt weitergeführte Wirkweise des Auges, nämlich »das Sehen«, in *erster* Linie ein *hormonales Geschehen.* Es vollzieht sich über die primär angelegte, die sogenannte »energetische« Sehbahn. (Literatur hierzu wird am Schluß angegeben); wogegen die erst *nach* der Geburt beanspruchte und damit ausgebildete »optische« Sehbahn die sekundäre ist. Das bedeutet: Nicht das Auge sieht; der *Mensch* ist es, der sieht. Fehlsteuerungen einer auf konstante Helligkeit erpichten Technik treffen nicht das Auge, sondern über das Auge die ganze menschliche Physis.

Produktion von konstanter Helligkeit ist *Reduktion* von Licht, Auge, Mensch.

Was ist zu tun im Sinne des Themas? Entwicklung und Anwendung eines räumlich bewegten Hell-Dunkel-Gefälles; einer sogenannten »sphäro-dynamischen Dimmung«. Damit hätte die Licht-Technik den Weg zur Entwicklung einer alle Organe ergreifenden Anthropo-Technik eingeschlagen.

Was kommt dabei heraus? Diese Frage, soweit sie aus der Ecke »Was kostet der Mensch« kommt, kann nur beantwortet werden mit: »Nichts«.

Der Mensch jedoch, dem das Leben keine *Kostenfrage*, also *heilig* ist, kann diese Frage nur im Sinne seines Bemühens um dessen Heilighaltung stellen. Und da erweist sich, daß das Bestreben, ein der Lebensdynamik entsprechendes Kunstlicht zu produzieren, dazu *nötigt*, die bisher aufgebrachte Energie bis auf 40% und weniger zu *senken*. Kalkulatorisch gesprochen: physiologisch richtiges Licht ist *energie-* und *kostensparend*. (Das dürfte die Sprache sein, die »die Wirtschaft« versteht.)

Eine organgemäße (organlogische) Technik richtet sich ein auf den Sachverhalt, wonach ein einzelnes Organ in einem System jeweils *der Ort* ist, an dem sich die Summe seiner Teile zu dessen Ganzheit erwirkt. Und umgekehrt auch der Ort, an dem Fehlsteuerung sich auswirkt (und allerdings auch auszahlt ...) als Zerfall des Ganzen in einem Haufen von Stücken.

Man muß sich die harte Sprache der Fallberichte anhören, falls ernstlich daran gelegen ist, Einblick in die Zustände an der Front der Arbeitsbedingungen zu gewinnen. Was spielt sich dort im alltäglichen ab; wie geht es dort zu? Was ist nicht Einzelfall oder Ausnahme, sondern Nenner für das allgemein Übliche?

Eine Stenotypistin beklagt sich bei ihrem Bürochef über Beschwerden, die eine oberhalb ihres Kopfes angebrachte »Neonröhre« ihr bereite. Der Bürochef antwortet: »Die Unternehmensleitung hat sie angebracht, weil diese Anlage längst in aller Welt die normale ist. Außerdem ist Leuchtstofflicht im Verbrauch erheblich billiger als das von Glühlampen. Wenn Sie Beschwerden haben, gehen Sie zum Arzt. Vielleicht sind Sie für diese Tätigkeit nicht geeignet. Ihre Kolleginnen jedenfalls beschweren sich nicht.« Nicht selten auch sagt man einer Beschwerdeführenden durch die Blume, ihre Empfindlichkeit sei neurotischer Art. Angesichts solchen Bescheids werden sich die Angestellten hüten, sich ein zweites Mal in dieser Richtung bemerkbar zu machen.

Der Abteilungschef eines Warenhauses oder Supermarktes sagt einer Verkäuferin, die sich ähnlich beklagt: »Das starke Neonlicht hebt die Auslagen hervor. Wir brauchen Umsatz. Ihr Arbeitsplatz auch.« Eine Prüfstelle der Lichtindustrie bringt Gutachten bei, wonach die Leistung proportional mit der Helligkeit hochschnellt, z. B. bei 2000 Lux. Ein Vergleich: Für die Physiologie des Auges liegt das Maximum der Kunsthelligkeit bei 450 Lux. Ja, die Leistungskurve schnellt bei 2000 Lux hoch. Das stimmt! Aber was bedeutet dieser *Anstieg* für den Organismus, der ihn aufzubringen hat? Tatsache ist, daß die schöne Kurve bald danach *unter* Normal abstürzt. Es gibt Unternehmensleitungen, die ihren Bürotätigen die Fenster, falls die Räume noch nicht, wie üblich, fensterlos sind, mit Gardinen oder Vorhängen verhüllen, wechselweise mit zwei Begründungen: der freie Ausblick störe bei der Arbeit, oder: das Frontbild werde gestört durch die sonst sichtbaren Blumenstöcke.

Wie steht es mit der Farbgebung der Räume. Allgemein üblich ist die Verwendung von monochromen Synthetikfarben. Wer aber weiß schon, daß Monochromie sich wie konstante Röhrenhelligkeit zu Auge und Organismus verhält? Die Farben der Natur schwingen polychrom ähnlich den Ober- und Untertönen musikalischer Klänge.

Um es zu wiederholen:

Das Auge ist ein Organ der Natur zum Menschen hin; und es ist ein Organ des Menschen zur Natur hin.

Ferner: Wie weit hat es sich bis in die »vorderen Frontlinien« durchgesprochen, daß die farbigen Synthetik-Substanzen ebenso giftig vergasen wie die PVC-Bodenbeläge, die so »hochglänzend pflegeleicht« sind? Die Farbgebung wird – bestenfalls – zwischen Leitung und Belegschaft nach Mehrheitsbeschluß bestimmt. Beide aber sind nicht unterrichtet.

Zu bedenken ist noch, daß insgesamt diesen anti-organischen Technologien (gar nicht zu reden von den Schulkindern) der weibliche Organismus am meisten ausgesetzt ist. Zusätzlich zu der Tatsache, daß er gegenüber diesen technischen Fehlsteuerungen weit verletzbarer ist als der männliche. Aber ausgerechnet die Männer sind es, die das Lebensklima der Arbeitsplätze, besonders auf der »unteren Etage«, bestimmen.

Die aus der Quelle der Gleichgültigkeit und des Erpichtseins auf Erfolg um jeden Preis genährte *Ignoranz über das Lebensgefüge des menschlichen Organismus*, von der sich keine Berufsgruppe, keine Behörde, keine Institution ausnehmen kann, ist an der öffentlichen Widerstandslosigkeit meßbar, die möglich machte, daß es – beispielsweise – kaum noch eine Universität gibt, deren Hörsäle nicht, unter Totalausschluß von Naturlicht, direkt oder indirekt durch Leuchtröhren ausgehellt sind; oder, was auf das Gleiche hinausläuft, unter Anwendung von Totalverglasung, durch die das Tageslicht ohne die ihm notwendige Brechung, Beugung und Streuung an Körpern und Oberflächenstrukturen einbricht. (Wie Lichtwunder der Sonne, wenn sie hinter Wolken wandert, im Walde, im Gebirge …)

Wer sich auch nur einigermaßen Gedanken gemacht hat über das empfindliche Zusammenspiel von Gehör und Befinden, den kann es nicht wundern, wenn von Frauen über Beschwerden geklagt wird, die ihnen das stundenlange Abhören von Kopfhörer-Diktaten in Verbindung mit dem Schreiben und dem gleichzeitigen Vergleichen des Schwarz-auf-Weiß-Textes mit dem Grün-auf-Schwarz-Text des Bildschirms. Der Chef sagt: »Wir haben Mitarbeiter, denen das gar nichts ausmacht. Jedenfalls beklagen sie sich nicht. Wahrscheinlich sind Sie nicht geeignet.« Inzwischen ist die Büromaschinen-Industrie dabei, die Grün-Schwarz-Schrift des Monitors auf Schwarz-Weiß zu ändern. Die Hemmschwelle liegt nicht bei der Technik, sondern beim Preis. Man konnte sich aber den Klagen nicht weiter verschließen. Doch die Begründung für Änderung, nämlich: der Blickwechsel sei »lästig«, geht mit dieser Verharmlosung am Kern der Sache vorbei. In Wahrheit ist es *Körperverletzung*, wenn man den Begriff »Körper« in seiner vollen Bedeutung nimmt. Der Organverbund ist folgender:

Die Netzhaut (das bedeutet der *ganze* Organismus) braucht nach der *Grün*-Schwarz-Reizung eine Pause, um das komplementäre *Rot* zu erzeugen. Diese Regenerationspause ist abgeschafft. Deshalb hat man in einigen Fällen die Wand gegenüber den Frauen purpurrot gestrichen (monochrom selbstverständlich) und damit den Teufel durch Beelzebub abgelöst. Grüngetönte Wände in Grün-Schwarz-Bildschirmräumen ist Verschärfung der Situation.

Wie steht es mit dem Kunststoffmaterial auf Fußböden (PVC-Belag), Schreibtischen, Vorhängen, Tapeten, Wand-Anstrich?

Die inzwischen wirksam werdende Forschungsrichtung »Baubiologie« untersucht Produkte, die seit vielen Jahren angewandt werden mit der Parole: »Jede Technologie ist bis zum Beweis des Gegenteils unschädlich.«

Wie steht es mit der elektrostatischen Aufladung des Organismus durch Arbeiten an entsprechenden Maschinen? Ihre Entstörung hat man im Auge. Aber: der Mensch hinter der Maschine ... was ist mit dem?

Was hat es auf sich mit der Vollklimatisierung von Räumen? Forschungen legten einige Quellen der Schadeinwirkungen frei (Asbest im Versorgungssystem z. B.). In den USA werden solche Anlagen, die einmal hoch im Kurs standen, wieder ausgebaut.

Die Liste der Verfahren und Produkte, die das Leben *abschaffen*, wäre leicht zu verlängern. Aber was wäre damit gewonnen? Was wäre gewonnen, wenn alles solches durchschaut und abgestellt sein würde? Und wenn alles »richtig gemacht« würde? – *Nichts!*

Nichts, solange der Mensch – der Mensch bin allemal ich selbst, der Einzelne – nicht lebt in und aus der Ehrfurcht vor der Heiligkeit des Lebens.

Sie allein kann menschliches Handeln in Einklang bringen mit den Ordnungen, die Himmel und Erde zusammenhalten.

Frage: Wie und wo ist anzufangen *von mir als Einzelnem?*

Antwort: Der Mensch weiß nur das, was er tut. Was Du lernen willst, zu tun, lernst Du, indem Du es tust (so Aristoteles).

Je weniger Anstrengung das Tun erfordert, desto heilsamer ist es; für den, der tut; und für die anderen.

Nachfolgend einige Hinweise für ein *heilkräftiges geringes Tun.*

Barfußgehen über eine Wiese oder Meeresstrand ist wohlgetan für Leib und Seele. Der Grund dafür: Gelenk und Sohle des Fußes sind infolge ihrer vorgeburtlichen Entwicklungsgeschichte innig verbunden mit allen, besonders den *inneren* Organen. Daher »Fußsohlen-Reflexmassage«.

Die beste Fußmassage ist das Barfußgehen zuhause, auf Matten aus Grobgeflecht. Sisal- oder Kokos-Türvorleger selber zusammennähen zu einigen Quadratmetern. Beim Nachhausekommen von draußen: Schuhe ausziehen. In Nah- und Fernost ist es *Lebenssitte.* Bei den Kindern, die ohnehin das Bedürfnis dazu haben, anfangen.

Lebenssitte sei: abends Kunstlicht löschen. Kerzen anzünden.

Lebenssitte sei: Einige Male in der Woche einen Brotfladen selber backen. Besonders zum Frühstück. Ruhe dazu nehmen. Roggen oder Weizen selber mahlen, zu feinerem Schrot. Mit nur Wasser verkneten zu einem apfelgroßen Ballen. In einer Eisenpfanne dünn wie Knäckebrot ausstreichen. Bei mäßiger Hitze einseitig von unten backen. Ist in acht Minuten ein duftender Fladen. Riechen – Schmecken – mit Bedacht.

Lebenssitte sei: Handschreiben. Nicht Kugelschreiber, sondern mit Federhalter, Stahlfeder, Tintenfaß. Viel Briefe schreiben, von Mensch zu Mensch.

Lebenssitte sei: Märchen-Vorlesen vor kleinen und großen Kindern. Lesen und Vorlesen aus Werken der Dichter aller Welt.

Lebenssitte sei: öfter mal eine Blume lange, lange ansehen. Eine Blume *sehen* ist eine gute Tat.

DEN ANFANG ANFANGEN

Rundfunkvortrag
gesendet im Frühjahr 1980
im Radio Zürich

(Abschrift des handgeschriebenen Manuskripts)

Verehrte Hörerinnen und Hörer!

»Eigentlich weiß der Mensch nur das, was er tut.«

Heute ist die Wissenschaft von den Verrichtungseigenschaften der menschlichen Organe in der Lage, dieses Wort *Goethes* als den tatsächlichen Verhältnissen entsprechend zu bestätigen. Das Denkvermögen ist eine auf Handlung beruhende Organleistung. Und zwar in einem so bestimmten Sinn, wie es das Wort »Be-greifen« ausdrückt; wonach das denkende Handlungsgeschehen mit besonderen Verrichtungsweisen der Hand verbunden ist. Wie eine *äußere*, so gibt es, zur Einheit mit ihr verwoben, auch eine *innere* Händigkeit des Menschen. Und eben diese innere Händigkeit ist es, die sich in den Vorgängen des Denkens und Vorstellens auswirkt; und sogar darstellt. Das Bewegungsbild (und die Gebärdensprache), das ein Dirigent während des Dirigierens bietet, veranschaulicht den organbedingten Zusammenhang von Gedanke-, Körper-, Arm- und Handbewegung. Hier ist die Form der Bewegung gebietende Geste, der das Orchester gehorcht. (Gehorchen kommt von Hören!)

Wir haben vor, uns im Laufe der nächsten Stunden mit dem zu befassen (… »befassen«!), was wir unter dem Begriff des Anfangs zu verstehen haben; so zu verstehen, daß wir damit in *den Zustand des Anfangs* geraten sind. Denn gerade dieser Begriff ist es, der, falls uns ernstlich daran liegt, ihm auf die Spur zu kommen, dazu zwingt, ihn bei seinem eigenen Wort zu nehmen. Erst als *Handlungsvollzug* erfüllt der Begriff seinen Sinn.

Zum Beispiel:

Wir atmen ein. Dazu gehört, daß wir zuvor alle Luft, die sich im Lungengewebe befindet, ausgeatmet haben.

Bitte tun sie es.

»Was du lernen willst, zu tun,
lernst du, indem du es tust.«
So Aristoteles.

Damit ist schon über das Eigentliche eines Anfangs Entscheidendes zur Erfahrung gekommen: Denn das Einatmen ist ja der Anfang, der dem Ende der Ausatmung folgt. Das Einholen der Atemluft erfolgt wesentlich unwillkürlicher als das Ausstoßen der verbrauchten Luft. Der willentlich tätige Teil des Atmens ist das Ausatmen. Das Einatmen geht eher erduldend, unwillentlich, geradezu zwanghaft vonstatten. Das Ausatmen ist eine Tätigkeit. Daher kommt es, daß die meisten Menschen so wenig richtig ausatmen, wie sie umgekehrt nicht tief einatmen. Die tätigste Form des Ausatmens ist das Singen und Sprechen. Sprache ist Ausatmung in Tätigkeit. Die anfänglichste Form des Singens und Sprechens ist – wie bei den Säuglingen zu beobachten – das Lallen, Summen und Murmeln. Es beginnt so leise und ungewiß, wie es umgekehrt gewaltsamer Schrei ist.

Zwischen Ausatmen und Einatmen ist eine Pause, ein Weder-Noch, ist eine Verhaltung, ein Anhalten. Ähnlich wie bei einer Schaukel am höchsten Punkt des Pendelschwungs als Übergang zwischen Steigen und Fallen momenthaft die Schwerkraft aufgehoben ist. Als Kinder haben wir diesen Augenblick genossen. Genossen auch, daß das Hinabsausen kein Sturz, sondern eine sachte beginnende Beschleunigung ist. Im Summen, Murmeln, Lallen waltet eine Stimmung von Erwartung und Vorfreude. Man muß das alles sehr aufmerksam bei sich selber verfolgen. Man muß sich gewissermaßen selbst ganz leise anschleichen, um »dahinter« zu kommen, was eigentlich mit uns und durch uns geschieht, und so geschieht, daß wir dadurch leben. Mit solchen geduldigen Versuchen im Bereich des Alleranfänglichsten geben wir dem sonst leeren Begriff »Anfang« seinen Sinn; er wird etwas ganz faßbar Wirkliches und erst dadurch die Möglichkeit weiterer Entwicklungen.

»Aller Anfang ist schwer.« – sagt man. Das stimmt nicht. Er ist leicht. Seine Schwere liegt darin, daß das Leichte zu verrichten schwerfällt; ja sogar das Schwerste überhaupt ist.

Aber man sagt sich – mehr oder weniger bewußt – :

»Etwas Leichtes tun?
Was soll schon dabei herauskommen?«

Mit solcher Frage berühren wir den Kern dessen, was einen Anfang vor allem anderen auszeichnet. Er beginnt dort, wo die Spekulation auf Wirkung und Erfolg endet. Der Anfänger wagt den Schritt ins Ungewisse. Die Redensart, wonach jeder Neubeginn eine Art »Sprung ins Wasser« ist, hat recht. Das Schwere des Sprungs liegt in der Tat darin, daß ich unter Preisgabe meiner Eigenschwere leicht werde. In diesem Zusammenhang aufgefaßt, erkennen wir das Christuswort: »Meine Last ist leicht, und mein Joch ist sanft« als eine Aussage des Lebens selbst.

Anders herum gesagt: Alles Anfängliche ist zart und verletzlich. Sobald wir es gewagt haben, Anfänger zu sein, haben wir uns zugleich dem Leisen, dem Schwachen, dem Zarten, dem Knospenhaften und dem Quellenden zugewandt. Nicht nur das: In solcher Zuwendung sind wir solches Anfängliche.

Indem wir, verehrte Hörerinnen und Hörer, diese gesprochenen Bedenkungen hören, ist nichts damit gewonnen, daß wir sie nur anhören. Sie wollen getan sein. Während wir es bedenken, ist es erforderlich – bleiben wir beim schon erörterten Beispiel –, die Empfindungen des Atemholens mit gesammelter Aufmerksamkeit zu verfolgen. Es genügt, es für *wenige* Male zu tun.

Einatmen durch die Nase, langsam und tief. Durch die Nase. Warum? Der durch die Nase eingesogene Atemstrom streift mit seiner Kühle die oberhalb des Gaumens liegenden

Bereiche des Hirnstamms (oder des Stammhirns), in dem sich die dem Willen entzogenen, der übersummenhaften Ganzheit des Organismus zugeordneten Steuerungen kreuzen, binden und lösen. Der rhythmische Wechsel des kühlen und warmen Luftstroms, der beim Ein- und Ausatmen diese Bereiche durch die Nasengänge berührt, ist ebenso unabdingbar für das Wohl des Ganzen wie sein Unterbleiben durch Mundatmung alle Organbereiche, überraschenderweise insbesondere des Knochenbaus, schwächt und schädigt.

Wohlgemerkt: Es geht uns bei diesen Besinnungen nicht um die Erörterung von Organverrichtungen aus medizinischem Gesichtswinkel, sondern ganz und gar und grundlegend um das *Innewerden* unserer anfänglichsten leiblichen Lebensvorgänge.

Wir selber sind es, die anzufangen sind.

Auf der Fährte des Leichten, Leisen, Zarten, Schwachen, und nur dieser Spur folgend, erweist sich, daß aller Anfänge Anfang nichts anderes ist als das Anfängliche unserer eigensten Lebensvorgänge.

Zu der Einholung der Atemluft durch die Nase ist überaus bemerkenswert: Dieser Atemstrom verläuft, da er einem *Sog* (Sog ist das Umgekehrte von Druck) unterliegt, in *spiraliger* Form. Eingesogene Medien vollführen spiralige Bewegungen, im Gegensatz zu ausgepreßten, die gradlinig abströmen. So kommt es, daß die Anatomie der Nasengänge eine Spiralform aufweist. Hierzu sei – obwohl es weit hergeholt erscheinen mag, in Wirklichkeit aber ein Allernächstes ist – bemerkt:

Wenn wir Spiralbewegungen sehen, sei es als inneres Bild oder als eine äußere Naturerscheinung (etwa an einer Brandungswelle, einem Tannenzapfen, einer Sonnenblume oder einer Galaxie im Weltraum): so ist dieses Sehen zugleich – man sagt unterschwellig – ein Atemholen durch die Nase. Das Anschauen »Innerer Bilder«, die wir auch *Inbilder* nennen können (und die ihrerseits von äußeren Bildern angeregt sein können), sofern sie leiblichen Ordnungen entsprechen, beeinflussen diese Ordnungen im Sinne ihrer Wirkweisen. Ja, sogar: Sie würden kümmern und versagen, wenn wir sie nicht als *Inbilder* wahrnehmen!

Wenden wir uns – als einem Beispiel des Anfänglichen – dem Bild und Inbild einer Quelle zu.

Wir lauschen dem Anfang von Friedrich Smetanas symphonischer Dichtung »Die Moldau« unter dem Dirigenten Ferens Fricsay. So haben wir das Glück der Teilnahme an der sanften Heiterkeit und der zärtlichen Fröhlichkeit einer Quelle, ihrer Lustigkeit und ihres Übermuts.

Hier sieben Minuten
Smetana – Fricsay
»Moldau«
Anfang

Wie eindringlich und wie genau ins feinste Einzelne gehend bemüht sich der Dirigent, seine Musiker zu bewegen, sich in den Zustand der Quelle zu versetzen; er malt ihnen das Bild der Quelle aus, damit sich, vom *Inbild* bewegt, die Musik aus ihnen herauslöst – oder aus ihnen herausquillt.

Eine ganze Weile erklingen
anschließend Harfentöne

Wir lauschen den schwirrenden Klängen einer Harfe. Wir achten auf die Resonanztöne, mit denen der Hohlraum des Harfenkörpers der schwingenden Saite antwortet: Sogleich spüren wir, daß es das Hohle, das Leere und Freie, Schwebende *in mir selber* ist, dessen ich dabei gewahr werde.

In der Tat verhält es sich mit allen Musikinstrumenten – den Trommeln, Saiten- und Blasinstrumenten, den Rasseln und Schwirren – so, daß sie ihre Entstehung der *Gleichsetzung* des Menschen mit den Bewegungen und Eigenschaften der Gegenstände verdanken, der *Erschütterung*, die sich dem Gehör als Schall, Ton und Klang mitteilt:

Den Gegenständen, als da sind: die Luft, erschüttert durch das im Kreise geschwungene Schwirrholz.

Hier
folgt das sausende
Brummen eines Schwirrholzes

Die Luft, erschüttert durch das Anschlagen eines langen Holzrohres.

Skizze: ca. 1/5 Seitenhöhe,
(drei Holzrohre und ein Schlegel)

oder die Luft, in Schwingung versetzt durch das Anblasen von Flöten.

Hier folgen
die Klänge verschiedener
Flötenarten – einschl. Alphorn –
vor allem der Panflöte
mit ihren Hauchtönen … zum Ausklang
dieser Passage

Des weiteren Erschütterung der Luft durch Anschlagen an die Flanken eines von Termiten ausgehöhlten Baumstamms (oder dessen Nachbau): Dunkel, dumpf – wie aus Höhlen und den Tiefen der Erde; – oder damit gleichgesetzt – aus den Knochen-, Adern- und Gewebehohlräumen des eigenen Leibes – wobei dann allemal das Uranfängliche als das Wesen des Leeren und Hohlen zum Erleben gelangt.

»Das Leere und der Anfang«:
oder »Das Hohle und der Anfang«:

Die Sprache verleiht dem Zusammenhang dieser beiden das Wort »Schöpfung«. Mit Recht; denn: Ich muß hohle Hände machen, damit Schöpfung ihren Anfang nehmen kann als etwas, was mit hohlen Händen geschöpft wurde. Das Wort Anfang sagt dasselbe: Ich fange etwas von etwas an, was längst vorhanden ist. So wie ein netzauswerfender und netzanziehender Fischer einen An-Fang macht. Das Netz selber – soll es Sinn haben – ist inhaltsfrei, ist leer. Und was ich als Fischer anfange, ist nicht der Inhalt des Meeres, sondern nur das von ihm, was den Maschen des Netzes entspricht. Was kleiner ist als diese, schlüpft hindurch. Solches sollte sich nicht eindringlich genug unsere Wissenschaft sagen. Nur in Besinnung auf diese ihre Beschränktheit kann sie fruchtbar sein.

Ob Sie, die jetzt zuhören, sitzen oder stehen (am günstigsten ist, Sie stehen): Halten Sie parallel ausgestreckt in Augenhöhe Ihre Hände vor sich. Heften Sie den Blick beider Augen zugleich auf beide hochgestreckten Daumen.

Nun spreizen Sie langsam die Arme auseinander,

während
dieser Übung
ertönt das lang hingezogene
Glissando der Lionardo da Vinci-Flöte
von dunkel bis hell

während der Blick, ohne nach rechts oder links zu schielen, stetig auf die beiden sich voneinander entfernenden Hände zugleich geheftet bleibt. Versuchen Sie, die beiden Daumen, während sie langsam die beiden Arme bis zur Bildung einer geraden Linie ausbreiten, unverrückt im Blick zu behalten. Es ist erstaunlich, daß es bei einiger Geduld gelingt, die Hände noch dann wahrzunehmen, wenn der Sichtwinkel fast 180 Grad beträgt; zumal, wenn wir sie leicht flatternd bewegen.

Wir erfahren Wesentliches: Indem das Blickfeld sich auf diese Weise bis zur Grenze eines elliptischen Horizontes weitet, entleert sich das Auge, genauer der Augenhintergrund, jedes Sehgegenstandes. Der Blick geht ins Leere. Es nimmt wahr, was das Ohr bei der Urwaldholztrommel und der Harfe als den »Klang des Hohlen« hört.

Das Auge ist *anfangbereit.*
Und *mit dem Auge ich selbst.*

Hier wird
wiederholt:
Harfe und Holztrommel

Skizze: ca. 1/5 Seitenhöhe
Baumstamm mit Schlitz als Trommel

Lenken wir unsere Aufmerksamkeit auf die Empfindungen, die sich während des Sehens mit ausgebreiteten Armen im Hinterhaupt, Nacken und Rücken bemerkbar machen. Wir empfinden dabei, daß sich unsere meist nur nach vorn gerichteten Wahrnehmungen und Tätigkeiten ihre Wurzeln im Rückwärtigen haben. Unser frontalgerichtetes Auge wird als die besondere Ausformung eines »Rundumauges« entdeckt. Wir empfinden außerdem, als eine geheime Mahnung, die Notwendigkeit, uns bei unserem einseitig nach vorn gerichteten Tätigsein dessen Entstehungsgrund im Rücken, Nacken, Becken, Wirbelsäule, Schultern inbildhaft bewußt zu bleiben. Er ist der Anfang. Die Rückbindung auf ihn ist bei jedem Vorwärtsschritt aufrecht zu erhalten. Methodisch. Allein schon dadurch, daß wir ab und zu rückwärts gehen.

Die Lebenserregungen, deren Wirkbereiche die Tiefenschichten und -gewebe des Organismus sind, gehen von den oberflächigen Zartbemühungen der Oberfläche, d.h. der Haut, aus. Man kann sich dessen leicht vergewissern. Man streiche mit einer Fingerspitze äußerst fein über die Haut des Handrückens oder des Handinneren und der Fingerwurzeln. »Es fühlt sich«, als wenn dadurch ein nervenelektrisches Feld erregt würde, und zwar bis an die Grenze des Schmerzes. Die außerordentliche Tiefen- bzw. Gesamtwirkung der Lymphdrainage gründet in diesem Zusammenhang. Ebenso beruht die Wirktiefe und -breite der Akupunktur auf dem wechselseitigem Verbund der Haut (als Ober- und Grenzfläche) mit allen inneren Organen und Organsystemen.

Die Neugeborenen haben an ihren Fingerkuppen drei- bis viermal mehr Tastsensorien als Erwachsene. Das Abtasten von Gegenständen gewinnt bei ihnen den Charakter einer Einswerdung mit dem Betasteten. Auf diese Weise lebt der Blinde mittels seiner Oberflächen- bzw. Grenzempfindungen im Verein mit der Welt. Und es würde uns Sehbegabten nur Gewinn an Lebensfülle bedeuten, wenn wir uns einmal als Blinde versuchen würden. Der damit gewonnenen Erfahrungswelt können wir uns leicht teilhaftig machen und wären damit abermals wahre Anfänger: Ein einstündiger Gang durch einen nachtdunklen Wald würde genügen. Wir würden erfahren, daß unsere Füße sich als Tastorgane bewähren. Wir würden bemerken, daß unser Hörsinn Radareigenschaften entwickelt, geeignet, uns den nicht gesehenen Umraum zu erschließen. Wir bekommen ein Rückengefühl, das sich wie ein Rieseln vom Nakken abwärts ausbreitet, bei dem sich die Haare sträuben. Unsere Beinbewegungen werden als das empfunden, was sie sind: Pendelschwingungen aus dem Becken heraus. Unsere Augen werden auf die Weise eines Rundherumauges sehen.

Die Erscheinung des durch Sinneseindrücke ausgelösten Haarsträubens oder der Gänsehautbildung bringt uns den organhaften Zusammenhang von Haut und Sinnesglied und Haar und Haarzellen und Fibrillen unmittelbar zur Fühlung. Dieser physiologische Wirk- und Leistungszusammenhang erschließt uns eine Form der Wirklichkeit, die in Wahrheit die anfänglichste überhaupt ist; und diejenige, von der sich alle anderen sinneserschlossenen Wirklichkeiten bis in die durch reflektierende, abstrahierende und formalisierende Denkleistungen erschlossene Wirklichkeit auszweigen.

Hier folgen Klänge verschiedenartiger
Xylo- und Metallophone
Dumpfe Hohlklänge

Wir schlagen auf einem Holzklangzeug mit wechselnden Intervallen den immer gleichen Ton (d. h. das immer selbe Holz) an.

Die dabei sich ergebenden melodieähnlichen Klanggestalten und -figuren sind so verschieden wie die eingesetzten Intervalle. Das bedeutet: Was die gleichbleibenden Töne zu derartig verschiedenen Klangfiguren bindet, sind die Pausen, ist das Leere zwischen ihnen …

> Schlagzeugklänge
> werden ein ganze Weile
> vielfältig abgewandelt erklingen.
> Zungenschlitztrommeln – Röhrenglocken

Ein derart ganz dem Wechselspiel von »Leer und Voll«, von »Nichts und Etwas« gewidmetes Klanggeschehen versetzt uns wie nichts sonst in den Zustand des Anfangs, der Rhythmus heißt.

Die Menschen des Anfangs, die lebenstiftenden Anfänger, die wir die Primitiven nennen, die die Primären, die *Erstlinge* sind und die ihr Leben, *das* Leben so *gegen* wie *mit* den unberechenbaren Gewalten der Elemente zu behaupten haben, geben sich ihnen – tage- und nächtelang tanzend – hin bis zum Entrücktsein in den vielnamigen Anfang aller Anfänge.

Ein letztes Anfängliches, anknüpfend zugleich an den Beginn unserer Besinnung und Bedenkung, läßt uns wirklich Anfängliche sein: die nasenatmende Vereinigung mit der Welt des Lebendigen durch ihre Düfte und Gerüche, durch ihre Aromen und Fluiden, die so flüchtigen und vergänglichen! Das Ätherische, Atmosphärische …

Wahrgenommen in des Wortes Doppelsinn, nämlich *erkannt und gehütet*, am Grunde unseres Irdischseins:

> Am Mahl und seiner gottgeweihten Feier.

> Ausklang in
> langsam leiser werdenden
> Vogelflöte-Zirpen und Harfenklängen

Hinweise auf drei wichtige Bücher:

1) Erich Blechschmidt: *Die Entstehung des menschlichen Lebens* (Christiana Verlag)

2) Fritz Hollwich: *Der Einfluß des Lichtes auf die Entwicklung von Pflanze, Tier, Mensch* (Springer Verlag)

3) Frederic Vester: *Neuland des Denkens* (Deutsche Verlags-Anstalt

Über den Autor

Hugo Kükelhaus (1900-1984) ließ sich nie auf einen einzigen Beruf festlegen. Er wirkte im Bereich von Pädagogik, Design, Architektur, Ökologie und Philosophie. Sehr früh hat er Entwicklungen vorausgesehen, die uns erst heute richtig treffen: Umweltzerstörung, Entkörperlichung durch Städte- und Schulbau sowie durch den Computer, Verlust unserer Sinnestätigkeit, für die wir einen hohen psychischen Preis zahlen. Er hielt viele Vorträge (besonders für den WDR) über die vielfältigen Themen, die ihn zeitlebens beschäftigten. Zahlreiche Buchveröffentlichungen.

Weitere Informationen und Literaturhinweise unter:
www.hugo-kuekelhaus.de